Sexualität als Liebeskraft leben

Sexualität als Liebeskraft leben

Orientierung und Hilfen

WeG
Verlag

Autoren: Leo Tanner in Zusammenarbeit mit Birgit und Corbin Gams

WeG
Verlag

Kontakt: sekretariat@weg-verlag.ch

Druck: Fuck, Druckerei und Verlag, D-56072 Koblenz

1. Auflage 2016

ISBN 978-3-909085-97-2

Inhaltsverzeichnis

Geleitwort

Es geht um Liebe, immer und in allem. Liebe ist das, was uns antreibt, was uns Begeisterung und Motivation schenkt, was dem Leben Sinn und Erfüllung gibt. Unser Leben ist bestimmt durch die Sehnsucht nach Lieben und Geliebt-werden. Gleichzeitig erleben wir, dass gerade diese Sehnsucht mit all ihrer Kraft, mit all ihrem Antrieb alles andere als eindeutig ist. Wir erhoffen uns die Erfüllung unserer Liebessehnsucht von Beziehungen, Menschen, Dingen, Tätigkeiten, die wir allzu häufig mit dieser Sehnsucht überladen oder überfordern. Wir werden enttäuscht, wir sind eifersüchtig, wir steigern uns in Begierden hinein, die krank machen können. Die Sehnsucht nach Liebe ist nicht nur Antrieb zur Suche nach Glück und Erfüllung, sondern, wenn sie zu Sucht und Eifersucht pervertiert, ist sie zugleich Auslöser für menschliche Dramen, Tragödien, Verzweiflung, Depressionen, Schreckenstaten und sogar Kriege aller Art.

Das Ideal der romantischen Liebe samt sexueller Erfüllung zwischen Zweien wird in unserer Gesellschaft häufig so aufgeladen, dass es Vielen zur Ersatzreligion wird: Ultimatives Glück ist nur zu finden, mit dem Partner, mit dem ich absolut und in allem harmoniere! Und weil das so selten funktioniert, geht die Suche oftmals immer wieder von vorne los, bis sie irgendwann vereinsamte oder frustrierte Herzen hinterlässt. In denselben Gesellschaften, in denen diese romantische Überhöhung stattfindet, nehmen Produktion und Konsum von Pornographie flächendeckende Ausmaße an, die jede Vorstellung sprengen. Auf Millionen von Webseiten werden durch Milliarden von Konsumenten Milliarden verdient und Hunderttausende, vor allem Frauen, ausgebeutet und entwürdigt. Außerdem werden millionenfach Abhängigkeiten erzeugt, Beziehungen zerstört und insbesondere die Beziehungsfähigkeit von Heranwachsenden torpediert.

Die katholische Kirche scheint hier allzu häufig in der Rolle der einerseits Verbietenden aber andererseits zugleich in der Rolle der Sprachlosen: Wirkliches Mitgehen und Suchen nach Antworten von Fragen Jugendlicher in der Pubertät, von Menschen mit homosexuellen Neigungen, von ungewollt Schwangeren, von Geschiedenen oder schlicht von Menschen mit Beziehungsfragen erwarten Viele heute nicht mehr von der Kirche.

Dabei täte Unterscheidung Not und wäre ein Tiefenblick auf das großartige Menschenbild des christlichen Glaubens so wohltuend, einschließlich seiner Perspektive auf die Sexualität. Pfarrer Leo Tanner, seit Jahrzehnten aktiv in der Entwicklung und Verbreitung neuer katechetischer Modelle der Glaubensverkündigung, stellt sich dieser Aufgabe. Behutsam, gläubig, in verständlicher Sprache legt er Schritt für Schritt das Geheimnis von Liebe und Sexualität auf der Grundlage des christlichen Menschenbildes dar. Unterstützt wird er dabei vom Ehepaar Gams, das sich im deutschsprachigen Raum theoretisch wie praktisch um die Verbreitung der „Theologie des Liebes“ von Papst Johannes Paul II. verdient gemacht hat – einer wahrhaft lichtvollen Durchdringung des Geheimnisses der menschlichen Person als Wesen aus Leib, Seele und Geist, das dafür geschaffen ist, ein Wesen der Liebe zu sein.

Ich wünsche dem Buch reiches Studium und reiche Verbreitung. Es ist sehr geeignet zu zeigen, wie unser Glaube, wie seine Sicht auf den Menschen und wie die Begegnung mit Christus zum heilenden Ereignis schlechthin für unsere Menschenseele werden kann, die sich so sehr nach Liebe sehnt.

Bischof Dr. Stefan Oster

Einführung

Am 5. Februar 2015 sagte Papst Franziskus bei der Frühmesse in Santa Marta: „Ich habe in der Vergangenheit von der Kirche als einem Feldlazarett gesprochen. So ist es! Es gibt so viele Verletzte! Es gibt so viele Menschen, die der Pflege bedürfen! Das ist der Auftrag der Kirche: Pflegt die Wunden des Herzens, öffnet Gott die Tore, denn Er ist gut und vergibt alles, weil Gott ein zärtlicher Vater ist. Gott wartet immer auf uns!"

In unserer Zeit leiden viele Menschen unter den Verletzungen, die ihnen im Bereich der Sexualität zugefügt wurden. Dies kann durch sexuellen Missbrauch geschehen sein, durch die Vermittlung fragwürdiger Lehren über die Sexualität, durch eigene unkluge Entscheidungen, durch Süchte und Abhängigkeiten und vieles mehr. Dabei sind gute Beziehungen, erfüllende Sexualität in der Ehe und starke Familien das grosse Anliegen unseres himmlischen Vaters.

Zugleich leben wir in einer Zeit, in der Gott vielen Menschen – selbst solchen, die die Gottesdienste in der Kirche besuchen – fremd geworden ist. Die Kirchen leeren sich, der Glaube und das Glaubenswissen verdunsten. So entstehen immer mehr Glaubenswüsten.

Doch mitten in dieser Situation bewirkt der lebendige Gott, dass Menschen in den unterschiedlichsten Lebenssituationen Ihn ganz neu entdecken. Sie entscheiden, sich mit Gott, den sie als das grösste Geschenk ihres Lebens erfahren haben, ihr Leben zu gestalten. Da diese neue Beziehung zu Gott alle Lebensbereiche erhellt und durchdringt, werden sie früher oder später auch unweigerlich auf die Frage stossen: Wie können wir jetzt – vielleicht nach vielen schmerzlichen Erfahrungen, Wunden und Scheitern – beginnen, unsere Sexualität neu als eine Liebeskraft zu leben. Wie können erste und dann auch weitere Schritte dazu aussehen?

Information

Diesem Anliegen will diese Schrift dienen. Eine erste Hilfe besteht in der Information. Die Tradition der Kirche nennt eine der sieben geistlichen Werke der Barmherzigkeit *„Die Unwissenden lehren"*. Dazu der grosse Theologe Thomas von Aquin (1225–1274): „Die grösste Wohltat, die man einem Menschen erweisen kann, besteht darin, ihn vom Irrtum, zur Wahrheit zu führen." So besteht einer der fundamentalen Dienste des Menschen darin, anderen den göttlichen Sinn ihres Lebens und die damit verbundene Vision Gottes für die menschliche Liebe und die Sexualität aufzuzeigen.

Information über das Thema Sexualität ist heute wichtiger denn je. Denn einerseits wurde in den vergangenen Jahrhunderten kaum über Sexualität gesprochen. Sie wurde weitgehend tabuisiert oder auf Verbote reduziert. Andererseits hat das Pendel der Zeit heute in das völlige Gegenteil umgeschlagen: Wir leben in einer noch nie dagewesenen sexualisierten Zeit, in der Sex allgegenwärtig ist und zu einer Ware, zu einem Konsumgut geworden ist. Das führt zu neuen Herausforderungen und Gefährdungen, wie zum Beispiel der Internetpornografie.

Wie wichtig eine gute Information ist, kann ich (Leo Tanner) im Blick auf mein Leben nur bestätigen. Nicht aufgeklärt und mit der Prägung ins Leben entlassen, dass Sexualität etwas Schlechtes sei, war der Weg nicht einfach. Ich wäre mit Informationen, wie sie in dieser Schrift vorliegen, wohl vor manchen Irrwegen, Demütigungen und Verletzungen bewahrt geblieben. So sind Informationen über dieses Thema wichtiger denn je.

Hilfen und Ermutigung

Das Thema Sexualität ist viel zu umfassend und komplex, als dass man in einer Schrift wie dieser auch nur annähernd alle Informationen und Erkenntnisse vermitteln könnte. Wir beschränken uns daher auf einige erste – uns wichtig erscheinende – Startinformationen. Diese sollen als Wegweiser dienen. Für alle, die sich in das Thema Liebe und Sexualität aus christlicher Sicht weiter vertiefen möchten, geben wir Hinweise, wo sie weiterführende Literatur finden können.[1] Ergänzend finden Sie Adressen, an die Sie sich wenden können, wenn Sie in einem Bereich Hilfe oder Beratung in Anspruch nehmen oder Andere darauf aufmerksam machen möchten.

---

[1] Bei evangelisch-freikirchlichen Christen und katholischen Gläubigen (die sich an das Lehramt der Kirche halten) gibt es in den meisten Fragen der Sexualethik eine einheitliche Sichtweise. Unterschiede können in der Frage der Empfängnisverhütung, Empfängnisregelung und der Wiederverheiratung nach einer Scheidung bestehen. Auch wenn wir auf Hilfen (Bücher, Webseiten, ...) hinweisen, in denen vielleicht diese genannten Aspekte nach der jeweiligen Kirchenzugehörigkeit dargelegt werden, vertreten wir die katholische Sichtweise, die jeweils auch in den entsprechenden Kapiteln explizit erwähnt wird. Für evangelisch-freikirchlichen Christen kann die katholische Sichtweise eine wertvolle Information sein. Für alles gilt der Rat von Paulus: *„Prüft alles, und behaltet das Gute" (1 Thess 5,21).*

Menschen, die uns in dem, was wir als innerste Sehnsucht spüren, vorangehen und auch nach Rückschlägen nicht aufgegeben haben, ermutigen. Solche Ermutigungen tun gut und geben Hoffnung. Daher begegnen Sie in dieser Schrift auch verschiedenen Menschen, die ihre Erfahrungen mit uns teilen. Sie wollen helfen, dass wir unseren eigenen Weg finden und gehen können. Da ihre Berichte sehr persönlich sind, wurden Namen und Orte geändert. Damit diese persönlichen Erfahrungen sofort ersichtlich sind, werden sie *in dieser Schriftart kursiv* dargelegt.

Zum Umgang mit dieser Schrift

Wer das Inhaltsverzeichnis anschaut, entdeckt eine ganz Fülle von Themen. Hilfreich ist es die Schrift fortlaufend von vorne nach hinten zu lesen. Auf diese Weise können sich Schritt für Schritt neue Sichtweisen erschliessen. Dadurch lassen sich die einzelnen Themen auch besser im Gesamtzusammenhang einordnen.

Im ersten Kapitel *Vor dem Start...* weisen wir auf die „Lesebrille" hin, die ein Verständnis des Kommenden erst ermöglicht.

Grundlegend ist die Botschaft der Bibel. *Die Vision Gottes* zeigt den ursprünglichen Plan Gottes für die Sexualität. Die Sexualität ist eine Gabe Gottes, eine Kraft Liebe zu empfangen und Liebe zu geben.

Viele Menschen erleben die Sexualität allerdings nicht mehr nur als schön und Heil bringend. Weshalb dies so ist und wie wir Heilung und Befreiung in diesem Bereich finden können, erfahren Sie im dritten Kapitel *Der grosse Bruch – Heilung im Reich Gottes.*

Im 2. Hauptteil legen wir die heutigen *Herausforderungen – Verletzungen – Leiden* dar.

Der 3. Hauptteil zeigt von Beginn an die *Entwicklungs- und Reifungswege*, zu denen wir eingeladen sind.

Je nachdem, wo jemand im Leben steht oder was er bereits alles erlebt hat, wird ihn das eine oder andere Thema oder Kapitel mehr ansprechen. So kann diese Schrift auch ein Stück weit als Nachschlagewerk verwendet werden, in dem Sie immer wieder zu einzelnen Themen Anregungen finden können.

Formale Hinweise

Zur Sprache: In diesem Buch ist nur aus Gründen der Lesbarkeit und des sprachlichen Flusses stets die männliche Sprachform gewählt. Wir bitten alle Leserinnen und Leser dafür um Verständnis.

Beim Lesen dieser Schrift wird auffallen, dass die Pronomina für den dreifaltigen Gott (ausser bei Zitaten) mit einem grossen Anfangsbuchstaben beginnen. Damit wollen wir auch optisch darauf hinweisen, dass wir es beim dreifaltigen Gott mit der „Grossen Realität" unseres Lebens zu tun haben.

Dank

Wir danken allen herzlich, die uns durch ihr Fachwissen und ihre Hinweise unterstützt haben. Es sind dies unter Anderen: Elisabeth und Rainer Barmet, Phil Bösch, Hildegunde Brunner, Dr. Ute Buth, Urban Camenzind, Christoph Casetti, Jutta Hartl, Markus Hoffmann, Dr. Gudrun Kugler, Dominik Lusser, Daniel Palmanshofer, Paul Riedmann, Michèle Rossi, Karolin Wehler, … Wir danken allen, die uns ihre Erfahrungen zur Verfügung gestellt haben. Herzlichen Dank an Bischof Dr. Stefan Oster für das ermutigende Geleitwort.

Möge dieses Buch vielen Menschen helfen, ihre Sexualität als Liebeskraft zu leben, zu ihrem Heil, zum Segen der Mitmenschen und zur Freude Gottes.

Leo Tanner und Birgit & Corbin Gams

Vor dem Start ...

Die Menschen werden heute in eine gesellschaftlich und kirchlich wesentlich andere Welt hineingeboren als noch vor 50 oder 60 Jahren. Wie kam es dazu und was hat sich verändert? Das wollen wir gleich zu Beginn in einem kurzen Überblick anschauen.

Veränderungen ...

Wir erleben seit den 60er Jahren des vergangenen Jahrhunderts einen tiefgreifenden globalen, in der ganzen Geschichte der Menschheit noch nie dagewesenen Umbruch. Dieser Umbruch betrifft Werte, Lebensformen und Geisteshaltungen. So sah unsere Gesellschaft noch bis vor 40–50 Jahren wesentlich anders aus als heute: Wenn ein Paar ein Hotelzimmer buchen wollte, musste es sich als Ehepaar ausweisen. Sex gehörte nach allgemeiner Auffassung ins Schlafzimmer eines Ehepaares. Zusammenleben vor der Ehe und Abtreibung waren verboten. Der öffentliche Raum war frei von sexualisierten Bildern. In Liebesfilmen war allenfalls ein Kuss zu sehen. Internet und damit auch die Millionen Pornoseiten gab es nicht. Wie kam es zu diesem tiefgreifenden Wandel?

Die moralische Welt, in der wir heute leben, wurde geprägt von der Generation, die um die Mitte des letzten Jahrhunderts geboren wurde. 1968 brach ein Grossteil dieser Generation mit der Wertetradition ihrer Eltern, man könnte auch sagen mit der Wertetradition unserer abendländisch-christlichen Kultur. Es entstand die Parole der Hippies: „Make love not war." Damit begann die sogenannte **sexuelle Revolution**.

Zur gleichen Zeit schrieb Simone de Beauvoir, die Lebensgefährtin des atheistischen Philosophen Jean-Paul Sartre, in ihrem weltweiten Bestseller „Das andere Geschlecht": „Man kommt nicht als Frau zur Welt, man wird es." Ehe und Mutterschaft werden als Sklaverei dargestellt. Da der Embryo, der in der „Mutter haust", nichts anderes als „Fleisch", ja, ein „Parasit ist, der auf ihre Kosten lebt", kann er getötet werden, damit die Frau wieder „als Herrin über ihren Leib verfügt."[2] Ein Leben nach den Vorstellungen von Simone de Beauvoir wurde möglich durch die Erfindung der Pille, die von den Frauen damals begeistert begrüsst wurde. Zum ersten Mal in der Geschichte war es möglich, dass

[2] Vgl. Simone de Beauvoir: Le Deuxième Sexe / Das andere Geschlecht. Zweites Buch, Zweiter Teil, VI. Mutterschaft. S. 482.

die Frau ebenso wie der Mann sexuell aktiv sein konnte, ohne die Folgen einer unerwünschten Schwangerschaft tragen zu müssen.

Diese sexuelle Revolution führte zu einem umfassenden Wandel der öffentlichen Sexualmoral. Sie bewirkte, dass immer mehr Jugendliche immer früher ihre Sexualität auf verschiedenste Weise auszuleben begannen. Sex wurde zu einem Konsumgut, auf das jeder ein Recht hat und dies losgelöst von Treue und personaler Liebe.

Eine weitere Folge der sich weltweit ausbreitenden sexuellen Revolution war die moderne **Homosexuellenbewegung**. Jahrhundertelang war Homosexualität ein Tabu. Homosexuelle wurden je nach der vorherrschenden Kultur teilweise schwer diskriminiert, sodass sich kaum jemand dazu zu bekennen wagte. Heute fordert die Lesben- und Schwulenbewegung durch ihr Auftreten die öffentliche Akzeptanz und versucht die rechtliche Gleichstellung von Homosexualität mit Heterosexualität zu erreichen. Das heisst: Eine Homo-Ehe soll in allem einer natürlichen Ehe zwischen einem Mann und einer Frau gleichgestellt werden, inklusive des Adoptionsrechts von Kindern.

Auch die **Rolle der Frau** änderte sich im allgemeinen Bewusstsein. Wurde bis weit ins 20. Jahrhundert hinein weitgehend akzeptiert, dass die Hauptberufung der Frau in der Mutterschaft und der damit verbundenen Erziehung der Kinder bestand, rückte nun die Selbstverwirklichung der Frau in den Mittelpunkt und damit verbunden auch die Berufstätigkeit der Frau. War es bis dahin üblich früh zu heiraten, begannen Paare nun ohne Trauschein zusammenzuleben und heirateten, wenn überhaupt, erst relativ spät. Die Zahl der Kinder nimmt bis heute in den Familien immer mehr ab. Scheidungen werden gesellschaftlich akzeptiert und als Folge davon werden immer mehr Zeitpartnerschaften eingegangen.

Durch das Internet hat die **Pornoindustrie** unvorstellbare Dimensionen erreicht. Ein grosser Teil der Bevölkerung ist von der Pornographie betroffen, grösstenteils Männer, wobei der Pornokonsum der Frauen in den letzten Jahren beständig steigt. Pornographie kann leicht zur Sucht werden, verletzt die eigene Würde und die der Anderen, zerstört häufig auch eheliche Beziehungen und kann beziehungsunfähig machen.

Dazu breitet sich rasant das **Gender Mainstreaming**[3] aus, nach dem jede sexuelle Ausrichtung gleichwertig ist und daher auch so ausgelebt werden soll, wie es der jeweiligen Person entspricht. Um dieses Ziel zu

---

3 Der engl. Begriff „Gender“ bezeichnet das soziale Geschlecht des Menschen im Unterschied zu dem engl. Begriff „Sex“, der das biologische Geschlecht des Men-

erreichen soll mittels Gesetz erreicht werden, dass den Kindern bereits im Kindergarten und in der Schule eine obligatorische Sexualerziehung im Sinn von Gender vermittelt wird. Die Gender-Ideologie will durch ein langfristig angelegtes Gender Mainstreaming erreichen, dass ihre neue Geschlechtsordnung eine alle Lebensbereiche bestimmende Gültigkeit erfährt.

Gleichzeitig wird das Normalverhalten der Menschen und ihr bisheriges Denken in ein anrüchiges Licht gestellt wie z. B.: eheliche Treue, Erziehungsrecht der Eltern, Respekt für Frauen, die sich entscheiden nicht berufstätig zu sein, solange ihre Kinder klein sind, der Schutz der Ehe im bisherigen Sinn.

Diese Veränderungen sind nur möglich geworden, weil sich in der Gesellschaft eine Entwicklung ausbreitete, die sich gegen eine objektive, für alle verbindliche Wahrheit auflehnte und sich davon verabschiedete. An ihre Stelle trat der **Relativismus**, der besagt: Alles sei relativ. Es gebe nur einen Pluralismus von Wahrheiten und keine absolute Wahrheit, und daher auch keine absoluten ethischen Normen. Die einzige übergeordnete Wahrheit bestehe darin, dass es keine absolute Wahrheit gebe.

Das führte in einem weiteren Schritt zum **Subjektivismus**. Wahrheit gibt es nur noch als „Wahrheit für mich". Und diese Wahrheit kann sich im Laufe eines Lebens mehrfach verändern. Auf diesem Hintergrund ist es möglich, dass sich jeder seine eigene Weltanschauung so zusammenstellen kann, wie es ihm entspricht, ohne für wissenschaftliche Fakten wie auch für die Dimension Gottes offen sein zu müssen. Diese Weltanschauung muss weder in sich stimmig sein, noch muss an ihr festgehalten werden. Entscheidend ist, dass die eigene Weltanschauung für den Einzelnen in seiner jetzigen Lebenssituation „passt". Als höchster Wert gilt die Toleranz als ein „Stehen lassen" des Anderen, frei nach dem Motto: „Wenn es gut für dich ist, wenn es dir hilft ..., dann ist es okay." Dabei gilt bereits eine Diskussion über unterschiedliche An-

---

schen bezeichnet.

„Gender Mainstreaming" ist eine politische Strategie der Vereinten Nationen (UN), der Europäischen Union (EU), vieler Regierungen und globaler Organisationen. Seit 1999 ist Gender Mainstreaming Leitprinzip und Querschnittsaufgabe der Politik, ohne dass es je eine öffentliche Debatte im Parlament zu diesem Thema gegeben hat.

Jeder Mensch soll, unabhängig von seinem biologischen Geschlecht, sein Geschlecht und seine sexuelle Orientierung frei wählen und ausleben können. Er soll selbst bestimmen, ob er sich als hetero-, homo-, bi- oder transsexuell verstehen und ausleben will.

sichten, oder ein Zweifel, an der Richtigkeit der anderen Position, vielen als intolerant: „Wie kommst du dazu, mir zu sagen, dass dies falsch sein soll?"

Der Verlust der objektiven Wahrheit führte in einem nächsten Schritt dazu, dass das Individuum mit seinen Gefühlen, Wünschen und Meinungen zum Mittelpunkt des Denkens wurde. Entscheidend ist, wie *ich* die Dinge sehe und erlebe. Weder kirchliche noch gesellschaftliche Traditionen und Muster, noch Vorstellungen aus der Herkunftsfamilie sind verbindlich. Vielmehr will und muss *ich selbst* in allen Bereichen entscheiden, wie ich leben will. Damit wird das Leben zum Projekt der „Ich-AG" mit dem Ziel möglichst viel Spass zu haben.[4]

Relativismus und Subjektivismus fördern die Orientierungslosigkeit und die Unverbindlichkeit in menschlichen Beziehungen und Lebensentscheidungen. Damit gehen der Verlust von Geborgenheit und das schleichende Gefühl der Sinnlosigkeit einher. Umgekehrt aber eröffnen sich dem, der verantwortlich mit der Freiheit umgehen will heute viel grössere Gestaltungsmöglichkeiten als es in früheren Zeiten der Fall war.

Diese Veränderungen haben auch die **Kirche** erfasst. Besonders das Zweite Vatikanische Konzil führte zu einem neuen Aufbruch. Obwohl das Zweite Vatikanische Konzil in Bezug auf die Sexualmoral nichts Neues gelehrt hat, wurde in seiner Folge sehr intensiv über die Frage der künstlichen Empfängnisverhütung und über die Sexualität diskutiert. Dabei wurde die Erkenntnis vertieft, dass sexuelles Einswerden nicht nur auf die Fortpflanzung ausgerichtet ist, sondern ebenso Ausdruck der gegenseitigen Liebe ist.

Diese neue, positive Sicht der Kirche über die Sexualität war für viele Menschen, die unter einer falsch vermittelten Sexualmoral und dadurch oft unter Skrupeln und Angst litten, eine wirkliche Befreiung. Viele Ehepaare begannen nun (langsam) das Geschenk und die Freuden der Sexualität ohne Schuldgefühle zu geniessen.

Doch wie so oft wurde auch hier das Kind mit dem Bad ausgeschüttet. Die Schönheit der ehelichen Sexualität und der freiere Umgang mit ihr wurden zur Legitimation, die eigene Begierde und ungeordnete Sexualität auszuleben und die Leitlinien des Evangeliums, die einem unbequem erschienen, wurden über Bord geworfen.

---

[4] Die vorausgegangenen Beschreibungen stammen weitgehend von Klaus-Peter Nanz: Was macht die Postmoderne aus dem Menschen? Weisses Kreuz, Zeitschrift für Lebensfragen Nr. 48. IV/2011. S. 4–6.

Parallel dazu trat ging die prägende Kraft des Evangeliums in vielen Bereichen des ehelichen und familiären Lebens immer mehr in den Hintergrund. Immer weniger Menschen nahmen das Evangelium zum Massstab ihres Handelns. Die Menschen verliessen und verlassen die Kirche. Die öffentliche Meinung lehnte mehr und mehr die moralische Botschaft der Kirche ab. Der gängige Mainstream findet die Werte der Kirche im Bereich der Sexualität oft nur noch lächerlich. Dies führte dazu, dass viele in der Kirche nicht mehr überzeugt sind, dass die Normen des Evangeliums richtig sind und dem Leben der Menschen heute noch dienen.[5] So ist die Kirche heute hin- und hergerissen zwischen öffentlicher Meinung und der Botschaft des Evangeliums.[6]

Die allgemeine Verunsicherung sowie die Angst vor Ablehnung führten dazu, dass in der Kirche in den vergangenen 30 Jahren kaum noch über den göttlichen Sinn der Sexualität gesprochen, gepredigt und gelehrt wurde. Man wollte die restlichen „Schäfchen" nicht mit Botschaften und Normen konfrontieren, die Widerspruch hervorrufen und dazu führen konnten, dass auch sie vom Gottesdienst fern bleiben. So entstand ein grosses Vakuum.

In dieses Vakuum hinein will diese Schrift einerseits Orientierung geben und den Sinn der Sexualität erschliessen. Zugleich möchte sie aber auch aufzeigen, wie die Kraft des Evangeliums die Schönheit der Sexualität zum Leuchten bringt. Wir ermutigen alle Leserinnen und Leser, da wo sie jetzt stehen, einen Schritt weiter auf das schöne Ideal des Evangeliums zuzugehen.

Nicht für alle ...

Dennoch ist diese Schrift alles andere als beruhigend und süss, auch wenn (oder gerade weil) es um Liebe und die Kraft zu lieben geht. Denn was ist überhaupt „Liebe"?

Liebe ist ein Wort, dass heute für vieles, auch gegensätzliches verwendet wird. Aus Liebe kann Heroisches vollbracht werden. Aus Liebe können Unschuldige getötet werden. *Make love – Liebe machen* wird für Sex verwendet, unabhängig davon, ob zwei sich von Herzen mögen oder nicht. Unter „Liebe" versteht die heutige Gesellschaft weitgehend

5 Vgl. Papst Franziskus in EG 79: Die Medienkultur und manche intellektuelle Kreise vermitteln gelegentlich ein ausgeprägtes Misstrauen gegenüber der Botschaft der Kirche... Daraufhin entwickeln viele in der Seelsorge Tätige, obwohl sie beten, eine Art Minderwertigkeitskomplex, der sie dazu führt, ihre christliche Identität und ihre Überzeugungen zu relativieren oder zu verbergen.

6 Das zeigte die 2014 durchgeführte Umfrage zur Familienpastoral. Etwa 90% der noch eher engagierten Mitglieder der Kirche teilen nicht mehr – oder nicht mehr in allem – die Lehre der Kirche.

jedoch anderes: Liebe – so die weitverbreitete Auffassung – ist ein tolles, angenehmes Gefühl, das ich für eine anderen Person empfinde. Wo dieses Gefühl nicht mehr da ist, da ist dann auch die Liebe gestorben. Wenn eine so verstandene „Liebe" dann zu einer Person ausserhalb der Ehe „geschenkt" wird, dann habe man das Recht, dieser Liebe zu folgen. Denn wo keine Liebe mehr ist, macht auch die Ehe keinen Sinn mehr. Dieses Verständnis von Liebe reduziert die Liebe auf ein Gefühl. Doch Liebe ist viel mehr.

Die griechische Sprache, in dem der Urtext des Neuen Testamentes geschrieben wurde, kennt für das deutsche Wort *Liebe* drei Begriffe: *Eros* bezeichnet die sinnlich-erotische Liebe, die Leidenschaft, das Begehren des geliebten Menschen und den Wunsch nach Geliebt-Werden. Sie ist eine Liebe, die nicht aus dem Denken und Wollen kommt, sondern von starken Emotionen begleitet wird und den Menschen manchmal geradezu überwältigt.

Philia ist die Freundesliebe. Freundschaft entsteht, wenn zwei oder mehr Menschen entdecken, dass sie eine Einsicht, ein Interesse oder einen Geschmack teilen. Man entdeckt im Anderen etwas Sympathisches, Angenehmes, Schönes, Liebenswertes, Wohltuendes. Die Freundesliebe beruht immer auf Gegenseitigkeit und sie besteht nur solange es eine Gemeinsamkeit gibt und diese Freundschaft uns bereichert.

Agape bezeichnet die sich selbstlos schenkende und fördernde Liebe. Im Gegensatz zur Freundesliebe ist sie nicht an Bedingungen geknüpft. Sie beschreibt also eine Liebe, die bemüht ist, für das Wohlergehen der geliebten Person zu sorgen, unabhängig davon, ob in ihr etwas Liebenswertes zu finden ist oder sie diese Liebe erwidert. Sie ist somit eine Liebe, die sogar ihre Feinde lieben kann.

Die Liebe, um die es in diesem Buch geht, fasst alle drei Aspekte zusammen. Eros ohne Agape und Philia degradiert die erotische Liebe zu blossem Sex. Diese Liebe wird dann zur Ware, zu einer „Sache", die man kaufen und verkaufen kann. Der Mensch selbst wird dabei käuflich. Daher ist es notwendig, dass die schenkende Agape-Liebe die erotische und die freundschaftliche Liebe durchdringt. Diese Liebe ist nicht etwas, was uns in den Schoss fällt. Sie ist ein herausfordernder Lernprozess. Doch das scheint vielen zu unromantisch und zu anspruchsvoll. Man möchte es lieber einfach und bequem haben und sucht schnelle einfache Lösungen, die nicht viel kosten.

Andere haben vielleicht noch nie einen Blick auf den Schatz werfen können, der in der Liebe und in der Sexualität verborgen liegt. Was sie bisher gehört und erlebt haben, war einseitig geprägt und nur ein schwacher Abglanz dessen, was möglich wäre. Wir laden diese Menschen ein, sich mit uns auf einen Weg zu machen, tiefer in diese Wahrheiten einzutauchen. Dazu gehört die Bereitschaft, den eigenen Standpunkt zu überprüfen.

So kann und wird diese Schrift herausfordern. Sie kann Kritik und Widerstand – auch im eigenen Innern – hervorrufen. Manche werden nichts damit anfangen können oder sogar enttäuscht sein. Und doch machen wir Mut, dran zu bleiben,
... sich eine eigene reflektierte Meinung zu verschaffen,
... sich an der einen oder anderen Stelle auch hinterfragen zu lassen,
... bisherige Ansichten oder vertraute Erkenntnisse nochmals zu überprüfen,
... zu überlegen, an welchen Stellen auch ein gegen den Strom schwimmen dran sein könnte,
... offen zu sein für das, was Gott Ihnen zu diesen Themen ganz persönlich mitteilen möchte.

Wir freuen uns über alle Leser,
... die sich mit diesen herausfordernden Themen auseinandersetzen und bereit sind, den eigenen Standpunkt zu hinterfragen,
... die offen sind, auch für neue, unangenehme und schmerzliche Erkenntnisse,
... die nach tiefer Erfüllung suchen und segensreich leben wollen,
... die niemanden (auch nicht sich selbst) verletzen möchten,
... die ehrlich und offen fragen: Was ist die Idee und das Geschenk des Schöpfers in allen diesen Fragen.

Mein jetziger Standort...

Mit allen Personen, die offen für Neues sind, machen wir uns auf eine Entdeckungsreise. Dabei fängt niemand bei Null an. Wir alle bringen schon viel an bewussten und unbewussten Erfahrungen, Urteilen, Vorstellungen und Prägungen mit. Bevor wir uns also auf die Reise machen, ist es gut den eigenen Standort zu klären. Denn der Ort an dem ich stehe, entscheidet, was ich sehen kann und was nicht.

Werfe ich zunächst einen Blick auf **meine Geschichte**: Wir alle werden durch das Leben geprägt. Aus der Psychologie weiss man, dass bereits pränatale Erfahrungen während der Schwangerschaft tiefe Spuren im Menschen zurücklassen können. Auch wurden wir durch die Atmosphäre in unserem Elternhaus, durch unser erweitertes Umfeld und durch alles, was wir erlebt und wie wir darauf reagiert haben, geprägt. Da niemand perfekte Eltern und ein durch und durch heiles Umfeld erfahren hat, erlebt jeder neben vielen positiven, auch negative Prägungen oder Verletzungen, wodurch unser Empfinden, Denken und Urteilen in Mitleidenschaft gezogen werden kann. Unsere Erziehung kann zu lasch, zu streng, zu wenig liebevoll, zu verwöhnt gewesen sein. Die Erlebnisse und Erfahrungen des Elternhauses prägen.

Auch die Art und Weise unseres persönlichen sexuellen Empfindens und Reagierens, unserer Wünsche, Ängste und unserer Scham, werden durch die Erfahrungen im Elternhaus und der frühen Kindheit wesentlich geprägt. Da kann es gut sein sich zu fragen: Welche Werte und Vorstellungen haben mir die Eltern mit auf den Weg gegeben? Welche kann und will ich annehmen und welche nicht? Weshalb?

Damit sind wir bei der grundsätzlichen Sicht des Lebens: In unserer Gesellschaft herrscht weitgehend eine rein innerweltliche, irdische Sicht auf den Menschen und das Leben. Dieser Sicht entsprechend geht es für den Menschen darum, so lange, so angenehm und lustvoll wie möglich, die Zeit seines irdischen Lebens zu gestalten. Dementsprechend wird alles nach dem irdischen Nutzen beurteilt: „Was bringt es mir?“ und „Warum soll ich mir das antun?“ Somit neigen wir dazu, die einfachsten und bequemsten Lösungen auf die Herausforderungen des Lebens zu suchen und ihnen zu folgen.

Der christliche Glaube bietet hier eine wesentlich andere und weit grössere Perspektive an. Ob unser Leben kurz oder lange währt, das Ziel ist die Ewigkeit. Dieses unser irdisches Leben ist wesentlich eine Zeit der Vorbereitung auf die Ewigkeit, eine Zeit der Reifung und Heiligung. Wir sind berufen in der Liebe zu wachsen und „himmelsfähig“ zu werden. Dazu hat Gott uns dieses Leben gegeben und uns darin eine Sendung anvertraut.

Damit wir uns auf dieser Erde nicht zu sehr zuhause fühlen, hat uns Gott so tiefe Sehnsüchte ins Herz gelegt, dass sie auf dieser Erde niemals ganz erfüllt werden können. Wir sind für etwas viel Grösseres geschaffen als uns diese Erde je geben könnte, denn *„unsere Heimat aber ist im Himmel“ (Phil 3,20)*. Wir sind für eine Ewigkeit voller Liebe in der Gemeinschaft mit Gott geschaffen.

So kann ich mich fragen: Welche Sicht auf mein Leben habe ich? Was würde sich verändern, wenn ich mir die christliche Sichtweise zu Eigen machte?

Das führt zu einer weiteren entscheidenden Frage: **Woran orientiere ich mich heute?** Ein Kind orientiert sich an seinen Eltern. Doch schon bald spürt es seinen eigenen Willen und folgt seinen Eltern nicht mehr in allem. Je älter das Kind wird, desto mehr Einflüsse kommen von aussen hinzu: von Spielkameraden, Schulkolleginnen, Freunden, von Medien und Internet. „Umgang färbt ab" lautet ein Sprichwort. Wenn jemand sagt: „Das tun doch heute alle so! Das ist doch normal!", dann zeigt dies die Prägung durch den Zeitgeist. Er färbt auf uns ab, oft ohne, dass uns dies bewusst wäre. Als wache Menschen der heutigen Zeit sind wir gefordert, uns dem Zeitgeist zu stellen. Doch von welchem Standpunkt aus?

Wenn ich die Kirche betrachte, so gibt es eine Sicht der Kirche von aussen und eine Sicht von innen. Nehmen wir als Beispiel eine Kathedrale. Wenn wir die Glasfenster einer Kathedrale von aussen betrachten, sind sie nicht besonders schön. Meist erscheinen sie dunkel und schmutzig. Es sind oft auch Lötstellen, Defekte oder Flicke auszumachen. Wenn wir im Innern der Kathedrale stehen und durch die gleichen Fenster das Licht der Sonne durchscheint, dann zeigen die Fenster ihre wunderbare, farbige Pracht. Es ist das Licht, welches die Fenster zu Schmuckstücken, macht. Von aussen ist diese Schönheit nicht sichtbar. Ob ich die Kirche von aussen oder von innen betrachte, entscheidet mein Standort. Der Weg zur Innenansicht geht durch das Eingangstor.

Hier berühren wir das grösste Problem der Kirche von heute: Viele Gläubige, selbst solche, die mit grossem Engagement in der Kirche arbeiten, stehen geistlich draussen vor der Kirche. Von dort aus schauen sie auf die „Glasfenster der Kathedrale" – auf die Sichtweise des Evangeliums zum Leben, zur Sexualität und finden diese völlig veraltet und überholt. Ja, von aussen sehen sie auch beim besten Willen nicht schön aus! Wer nicht in der Taufe den „Standort" gewechselt hat und von innen her auf die Glasfenster schaut, wird ihre Schönheit niemals sehen können.

Was zuerst kommt

Dieses Eingangstor, das unsere Sichtweise wechselt, ist die Taufe. Hier geschieht ein Standortwechsel. Wir treten ins Innere der Kirche ein, und nun können wir die Schätze und Schönheiten der Kirche erst richtig sehen.

Was geschieht *denn* in der Taufe? In der Apostelgeschichte lesen wir von der Wirkung der Pfingstpredigt des Petrus: *„Als sie das hörten, traf* *es sie mitten ins Herz, und sie sagten zu Petrus und den übrigen Aposteln: Was sollen wir tun, Brüder? Petrus antwortete ihnen: Kehrt um, und jeder von euch lasse sich auf den Namen Jesu Christi taufen zur Vergebung seiner Sünden; dann werdet ihr die Gabe des Heiligen Geistes empfangen" (Apg 2,37).* Als erstes wurden die Menschen von der Liebe Jesu berührt. Es traf sie mitten ins Herz! Diese gewaltige Erfahrung der Liebe weckte in ihnen die Sehnsucht, mit Jesus zu leben. Als Folge davon liessen sie sich auf den *Namen Jesu Christi taufen*, wodurch sie ihr Leben Jesus anvertrauten, um von nun an mit Ihm und aus Seiner Liebe heraus zu leben. Als Folge davon empfingen sie den Heiligen Geist.

Das zeigt Grundlegendes: Zuerst kommt die Erfahrung der Liebe Gottes und dann erst kommen die Gebote! Das haben die Israeliten erfahren. Gott hat die Hebräer aus der Sklaverei und Unterdrückung Ägyptens befreit. Er hat sie zu einem Volk gesammelt und ihnen Wert und Würde gegeben. Nun gibt Er ihnen am Berg Sinai die zehn Gebote und sagt: Ich gebe euch zehn Hilfen, um in der neuen Freiheit zu leben.

Ohne die vorgängige Erfahrung der Liebe Gottes und die daraus entstandene Sehnsucht im Herzen von nun an mit diesem Gott der Liebe leben zu wollen, werden Seine Gebote nicht als Hilfen, sondern als Druck und Einengung verstanden – wie, viele Menschen dies in der Vergangenheit erfahren haben und es auch heute noch tun. Erst aus der Erfahrung der Liebe, des Glücks und der Freude des Evangeliums heraus, kann die Moral als Hilfe verstanden und begrüsst werden.

Für die Kirche heisst dies, dass an erster Stelle die Evangelisierung steht. Die Menschen von heute können mit bestem Wissen und Gewissen erst dann die Sichtweise des Evangeliums in Bezug auf die Sexualität erkennen und annehmen, wenn sie Gottes Liebe erfahren und sich Ihm geöffnet haben. Im Bild gesprochen: Die Kirche muss nicht den Platz *vor* der Kathedrale möglichst gemütlich machen, damit die Menschen wenigsten noch „zur" Kirche kommen. Sie muss die Menschen vielmehr durch das Eingangstor ins *Innere* der Kathedrale führen, damit sie die wahre Schönheit der Kathedrale sehen können. In den ersten vier Jahrhunderten gab es dazu Einführungswege ins Christsein, Katechumenat genannt. Heute gibt es verschiedene katechumenale Glaubenswege und Treffen, welche zu dieser Glaubenserfahrung und Entscheidung hinführen und ohne die der Glanz und die Schönheit des Evangeliums nicht gesehen werden können.

Auf diese Reihenfolge hat auch Papst Franziskus im Apostolischen Schreiben „Evangelii Gaudium" (Die Freude des Evangeliums) hingewiesen: „Im Mund des Katechisten erklingt immer wieder die erste Verkündigung: ‚Jesus Christus liebt dich, er hat sein Leben hingegeben, um dich zu retten, und jetzt ist er jeden Tag lebendig an deiner Seite, um dich zu erleuchten, zu stärken und zu befreien.' ... Diese Verkündigung ist die ‚erste' im qualitativen Sinn, denn sie ist die hauptsächliche Verkündigung, die man immer wieder auf verschiedene Weisen neu hören muss und die man in der einen oder anderen Form im Lauf der Katechese auf allen ihren Etappen und in allen ihren Momenten immer wieder verkünden muss." (164)

„Es ist gut, dass jede Katechese dem ‚Weg der Schönheit' besondere Aufmerksamkeit schenkt. Christus zu verkündigen, bedeutet zu zeigen, dass an ihn glauben und ihm nachfolgen nicht nur etwas Wahres und Gerechtes, sondern etwas Schönes ist, das sogar inmitten von Prüfungen das Leben mit neuem Glanz und tiefem Glück erfüllen kann." (167)

„Was die Darlegung der Moral in der Katechese betrifft, die zum Wachsen in der Treue gegenüber dem Lebensstil des Evangeliums einlädt, ist es angebracht, immer das erstrebenswerte Gute aufzuzeigen, den Entwurf des Lebens, der Reife, der Erfüllung, der Fruchtbarkeit, in dessen Licht unsere Anklage der Übel, die ihn verdunkeln können, nachvollzogen werden kann. Es ist gut, dass man in uns ... frohe Boten sieht, die befreiende Lösungen vorschlagen, und Hüter des Guten und der Schönheit, die in einem Leben, das dem Evangelium treu ist, erstrahlen."(168)

Kehren wir zurück zur Taufe: Paulus schreibt im Kolosserbrief über den geistlichen Schritt der Taufe: *„Ihr habt Christus Jesus als Herrn angenommen" (Kol 2,6).* Christwerden bedeutet *Jesus als Herrn* annehmen, sich persönlich für Ihn zu entscheiden, sich nach Ihm zu richten und mit Jesus als seinem Herrn zu leben. Dieser Schritt wird Bekehrung genannt.

Jesus Christus in einer persönlichen Berührung und Erkenntnis als seinen persönlichen *„Herrn"* und Erlöser anzunehmen ist der zündende Funke, der unser Christsein von innen her belebt. Diese Bekehrung öffnet den Menschen, so dass der Heilige Geist nun machtvoll in ihn einströmen kann. Mit Jesus als unserem *„Herrn"* zu leben ist unser Glück, denn Er ist die Sonne, die unser Leben erleuchtet.

Neues Sehen wird möglich

Mit dieser Entscheidung tritt ein Mensch ins Reich Gottes ein. Gott kann jetzt Seine Liebe, Sein Licht, Seinen Geist hineinströmen lassen.

Damit kommt Neues in unser Leben, etwas, das wir uns selbst nicht aneignen können. Erst durch den Geist Gottes können wir *„das erkennen, was uns von Gott geschenkt worden ist“ (1 Kor 2,12).* Der Heilige Geist öffnet uns einen neuen Horizont, der bisher verschlossen war. So kann nun Schritt für Schritt die Schönheit des Evangeliums und die von Gott geschaffene Ordnung der Schöpfung erkannt werden. Der Heilige Geist bewirkt, dass Gottes Weisungen nicht als Last, sondern als tiefste Sehnsucht, als Wunsch „so leben zu können“ erkannt werden.[7]

Damit beginnt ein Wachstumsprozess, der uns vor immer neue Entscheidungen stellt, denn zur Aneignung und zum Erkennen der Wahrheit braucht es die Bereitschaft, mich weiterführen zu lassen: *„Noch vieles habe ich euch zu sagen, aber ihr könnt es jetzt nicht tragen. Wenn aber jener kommt, der Geist der Wahrheit, wird er euch in die ganze Wahrheit führen“ (Joh 16,12–13).*[8]

Die Taufentscheidung gibt mir ein festes Fundament. Mein primärer Orientierungspunkt ist nun Jesus Christus geworden, der durch die Bibel – und für katholische und orthodoxe Christen darüber hinaus durch das Lehramt der Kirche – zu mir spricht. Er liebt mich über alles und will mein Leben gut und schön machen. Von daher werde ich immer wieder nach dem Willen Gottes fragen. Dies ist nicht einfach, denn es stellt mich immer wieder neu in eine Entscheidungssituation und immer wird die Versuchung gegenwärtig sein, mich der Mehrheit anzupassen und den bequemeren Weg zu wählen.

Folgender Versuch verdeutlicht dies: Auf einer Tafel waren drei Striche von klar unterschiedlicher Länge. Nun wurde mehrmals einer Gruppe

---

[7] Darauf hat bereits Gott bei der Ankündigung des Neuen Bundes hingewiesen: *„Denn das wird der Bund sein, den ich nach diesen Tagen mit dem Haus Israel schließe – Spruch des Herrn: Ich lege mein Gesetz in sie hinein und schreibe es auf ihr Herz“ (Jer 31,33).* Mit anderen Worten: Die Gebote im Neuen Bund werden nicht mehr von aussen auferlegt, sondern werden etwas, was zum eigenen Herzen gehört: ein Herzensbedürfnis, eine innere Energiequelle.

[8] Der Frage der persönlichen Verwurzelung im christlichen Glauben in der katholischen Sichtweise, kann ein längerer Prozess des Hineinwachsens vorausgehen. In der frühen Kirche war dies der Weg des Katechumenats. Dieser Weg begann mit der Entscheidung Christ werden zu wollen. Schritt für Schritt lernte man – vergleichbar einer Berufslehre – die Inhalte und den praktischen Umgang des Christseins kennen. Dann kam es mit dem Empfang der Taufe zum sogenannten Herrschaftswechsel. Ohne diesen Herrschaftswechsel fehlt in der Regel das, was wesentlich zum Christsein gehört: Herzenserneuerung, Freude an Gott, innere Entschiedenheit und Hingabe an den Herrn, … Und die Gefahr besteht, dass vieles, auch in der Kirche, mit den Augen der Welt und nicht mit den Augen des Glaubens betrachtet und beurteilt wird.

von zehn Personen die Frage gestellt: Welches ist der längste Strich? Der Clou war: Jeweils neun wurden vorher gebeten, sie sollen für den zweitlängsten Strich ihre Hand erheben. Das Resultat: In den meisten Fällen hob die eine Person zunächst beim längsten Strich die Hand. Doch dann zögerte sie, als sie die Anderen sah und in 75% aller Fälle passte sie sich dann der Mehrheit an.

Paulus sagt: „*Gleicht euch nicht dieser Welt an, sondern wandelt euch und erneuert euer Denken, damit ihr prüfen und erkennen könnt, was der Wille Gottes ist: was ihm gefällt, was gut und vollkommen ist" (Röm 12,2).* In der bewussten Verankerung im Willen Gottes habe ich ein festes Fundament für mein Leben. An Seinem Willen richte ich mich aus, auch wenn ich nicht sogleich alles verstehe und sich manches in mir dagegen sträubt.

Auch hier ist es gut sich zu fragen: Woran orientiere ich mich? Wo stehe ich? Bin ich verwurzelt? Habe ich mich bewusst und eindeutig für Jesus als meinen Herrn und für die christliche Sichtweise entschieden? Möchte ich die biblische, die göttliche Sicht der Sexualität kennenlernen?

Vielleicht schwanke ich zwischen verschiedenen Betrachtungsweisen? Vielleicht habe ich die Liebe Jesu nie persönlich erlebt und wünsche mir dies? Dann genügt es einfach offen zu sein, denn die göttliche Sichtweise des Lebens entspricht den tiefsten Sehnsüchten des Menschen.

* * *

http://www.

Wer den christlichen Glauben neu kennenlernen möchte, kann dazu oft vor Ort oder in der Region verschiedene Möglichkeiten und Angebote finden. Eine Möglichkeit besteht darin, übers Internet einen Glaubenskurs persönlich oder im kleinen Kreis durchzuführen. Dazu eignen sich „Komm und sieh! – den christlichen Glauben neu entdecken", „Neu anfangen – Impulse für ein lebendiges Christsein" und auch der Alpha-Kurs. Audio- und teilweise auch Videovorträge sowie weitere Hilfen sind auf der Webseite: „Der Glaube kommt vom Hören!" **www.leotanner.ch** / Vorträge zu finden.

Unter **www.alphakurs.de/at/ch** können aktuelle Kurse in der Region angefragt werden.

1. Teil: Die Botschaft der Bibel

Wir alle werden im Laufe unseres Lebens immer wieder mit entscheidenden Fragen konfrontiert. Wer bin ich als Mensch? Was bedeutet mein Frausein? Wer bin ich als Mann? Ist mein Mann- oder Frausein anerzogen? Wie finde ich Liebe und Erfüllung in der Ehe? Wie gehe ich mit meiner Sexualität um? Für alle, die sich in diesen Fragen an Gottes Wort orientieren wollen, kommt eine weitere Frage hinzu: Welche Sicht und welchen Plan hat Gott für unser Leben und für die Sexualität?

1. Die Vision Gottes

„Da kamen Pharisäer zu ihm, die ihm eine Falle stellen wollten, und fragten: Darf man seine Frau aus jedem beliebigen Grund aus der Ehe entlassen? Er antwortete: Habt ihr nicht gelesen, dass der Schöpfer die Menschen am Anfang als Mann und Frau geschaffen hat und dass er gesagt hat: Darum wird der Mann Vater und Mutter verlassen und sich an seine Frau binden und die zwei werden ein Fleisch sein? Sie sind also nicht mehr zwei, sondern eins. Was aber Gott verbunden hat, das darf der Mensch nicht trennen. Da sagten sie zu ihm: Wozu hat dann Mose vorgeschrieben, dass man (der Frau) eine Scheidungsurkunde geben muss, wenn man sich trennen will? Er antwortete: Nur weil ihr so hartherzig seid, hat Mose euch erlaubt, eure Frauen aus der Ehe zu entlassen. Am Anfang war das nicht so (Mt 19,3–8). Jesus verweist auf den Anfang. Nur von dort her können wir die Vision Gottes, den Plan Gottes für die menschliche Liebe und die Sexualität verstehen.

1.1. Der Erste Schöpfungsbericht

Wenn Christen und Juden die Geschichte der Menschheit, die Geschichte der menschlichen Liebe erzählen, dann beginnen sie „Am Anfang“, – damit, dass Gott die Welt erschuf. Die Bibel beginnt mit der ersten Schöpfungserzählung, die das Schöpfungswerk in sechs Tagen besingt: Gott schuf den Tag und die Nacht, den Himmel und das Meer, die Gestirne, die Vögel des Himmels und die Fische im Meer, Er erschuf die Tiere des Feldes. Um Sein Werk zu krönen erschafft Gott am sechsten Tag den Menschen: *„Dann sprach Gott: Lasst uns Menschen machen als unser Abbild, uns ähnlich. … Gott schuf also den Menschen als sein Abbild; als Abbild Gottes schuf er ihn. Als Mann und Frau schuf er sie“ (Gen 1,26–28).*

Hier fällt auf, dass allein der Mensch ohne irgendeinen Hinweis auf die bereits bestehende Materie geschaffen wurde. Auch spricht Gott nur bei der Erschaffung des Menschen von sich in der ersten Person. Dabei überrascht, dass Gott in der Mehrzahl spricht: *„Lasst uns Menschen machen…“* Dies kann als ein erster Hinweis der Schrift auf die Dreifaltigkeit Gottes gesehen werden.

Als *Abbild Gottes* ist der Mensch nicht aus sich selbst heraus zu verstehen, sondern nur von Gott her, der das Urbild des Menschen ist. Als *Abbild Gottes* ist der Mensch auf Gott hin geschaffen und findet seine tiefste Identität in seiner Beziehung zu Gott. Er ist *Abbild Gottes*, weil Gott etwas von sich selbst in ihn hineingelegt hat. Indem er *Abbild Gottes* ist, hat der Mensch etwas, das alle anderen Geschöpfe nicht haben: Anders als ein Tier ist der Mensch nicht primär durch Instinkte geleitet und bestimmt. Er ist eine Person und daher zu einer persönlichen Beziehung mit Gott und mit anderen Menschen fähig. Der Mensch hat ein inneres Leben. Er kann denken, sich künstlerisch betätigen und bewusste Entscheidungen treffen. Nur der Mensch hat die Freiheit, sein Leben selbst zu bestimmen und es nach seinen Bedürfnissen zu gestalten. Ein Tier kann dies nicht. Warum bekam der Mensch diese Freiheit? Weil er zur Liebe berufen ist, und ohne Freiheit ist Liebe unmöglich.

Gott ist die Liebe und wir sind nach Seinem Bild geschaffen. Wir sind so beschaffen, dass wir nur dann wirklich glücklich sein können, wenn wir lieben und geliebt werden. Die Liebe ist unser Weg zum Glück, den Gott tief in unser Herz eingeschrieben hat.

Johannes Paul II. schreibt: „Der Mensch kann nicht ohne Liebe leben. Er bleibt für sich selbst ein unbegreifliches Wesen; sein Leben ist ohne Sinn, wenn ihm nicht die Liebe geoffenbart wird, wenn er nicht der Liebe begegnet, wenn er sie nicht erfährt und sich zu eigen macht, wenn er nicht lebendigen Anteil an ihr erhält.“[9]

Weiterhin bedeutet *Abbild Gottes*, dass der Mensch berufen ist, etwas von Gott in seiner sichtbaren und leibhaften Existenz widerzuspiegeln. Er ist – im Bild gesprochen – der Repräsentant Gottes in der Schöpfung. Dies wird im Buch Genesis weiter entfaltet: Gott erschuf den Menschen *„als Mann und Frau“ (Gen 1,27).* Hier werden nicht die sonst üblichen hebräischen Wörter für *Mann – ish* und *Frau – isha* verwendet, sondern *sachar* und *kebah*, was wörtlich *männlich* und *weiblich* beziehungsweise *männliches* und *weibliches Geschöpf* bedeutet. Von Anfang an ist der Mensch männlich oder weiblich. Das Geschlecht eines Kindes liegt

---

[9] Johannes Paul II., Redemptor Hominis, 10

vom Augenblick der Zeugung an fest. Die Geschlechtsidentität wird durch die Wirkung von geschlechtsspezifischen Genen und Hormonen festgelegt, die durch Erziehung nicht grundlegend verändert werden können. Bis in jede Körperzelle hinein ist ein Mensch weiblich oder männlich.[10]

Auffällig ist, dass im gesamten Schöpfungsbericht nur beim Menschen ausdrücklich die Geschlechtszugehörigkeit erwähnt wird. Somit hat seine Geschlechtlichkeit nicht primär mit der Fortpflanzung zu tun, sondern auch mit seinem Abbild-Gottes-Sein. Der Mann in seiner Männlichkeit ist Abbild Gottes wie auch die Frau in ihrer Fraulichkeit Abbild Gottes ist. Im Mann leuchtet etwas von Gott auf, was in der Frau nicht in gleicher Weise aufleuchtet und umgekehrt. Gott liebt und bejaht also den Mann in seiner Männlichkeit und die Frau in ihrer Weiblichkeit.

Die Frau als Abbild Gottes

Eine der charakteristischen Eigenschaften einer Frau ist es, in allem was sie tut, ihre ganze Person miteinzuflechten. Sie widmet sich ihren Tätigkeiten mit ihrem Geist und ihrem Herzen. So hat Gott der Frau eine besondere Sensibilität des Herzens anvertraut: die mütterliche Liebe einer Frau, die Fähigkeit mitzufühlen, Liebe und Barmherzigkeit den Bedürfnissen anderer gegenüber zu zeigen.

Die Sehnsucht nach Beziehung und Gemeinschaft, welche die Frau so stark empfindet, zeigt uns auch etwas über Gottes Verlangen nach uns. Gott sehnt sich nach einer Beziehung zu uns. Er möchte mit uns in einer Beziehung der Liebe leben. So spiegelt die Frau als Abbild Gottes diese Sehnsucht Gottes wider.

---

[10] In diesem Zusammenhang ist auf das Phänomen der Intersexualität hinzuweisen. Mit Intersexualität bezeichnet die Medizin Menschen, die genetisch (aufgrund der Geschlechtschromosomen) und/oder anatomisch (aufgrund der Geschlechtsorgane) und hormonell (aufgrund des Mengenverhältnisses der Geschlechtshormone) nicht eindeutig dem weiblichen oder dem männlichen Geschlecht zugeordnet werden können. „Eine im Februar 2012 veröffentlichte ausführliche Stellungnahme des Deutschen Ethikrates (DER) befasst sich mit dem Schicksal intersexueller Menschen; in Deutschland wird deren Zahl auf etwa 120.000 geschätzt. Aufgrund einer Störung in der embryonalen Entwicklung ist bei ihnen eine eindeutige sexuelle Zuordnung (männlich, bzw. weiblich) nicht möglich, auch nicht für die Betroffenen – im Gegensatz zu den Transsexuellen." (Quelle: http://www.hmk-leben.de/glossarium/drittes-geschlecht-nein-aber-respekt-und-hilfen-fur-intersexuelle/ 4. August 2015) Bei der Transsexualität ist das Geschlecht eines Menschen eindeutig. Dieser aber hat den Wunsch als Angehöriger des anderen Geschlechtes zu leben und anerkannt zu werden.

Eine andere wesentliche Gabe der Frau ist die Schönheit. Man kann Mädchen stundenlang beschäftigen, wenn man ihnen eine Kiste voller Hüte, Schals, Ketten und Kleider gibt. Eingekleidet tanzen sie durchs Haus und verlangen die Bestätigung, dass sie schön sind. Und auch als Frauen nehmen sie gerne Komplimente für ihre Schönheit entgegen.

Warum spielt die Schönheit im Leben einer Frau oft eine so grosse Rolle? Weil Gott die Schönheit schlechthin ist und sich etwas von dieser Schönheit in besonderer Weise durch die Frau offenbaren will. Doch dabei geht es nicht allein um körperliche Schönheit, denn äusserliche Schönheit ist hohl und leer ohne die Schönheit der Seele, des ganzen Wesens der Person. Eine Ahnung von Gottes Schönheit bekommen wir, wenn uns die Schönheit einer Frau beglückt. Aber ebenso, wenn wir die Herrlichkeit der Schöpfung sehen: Ein sternklarer Himmel, ein Sonnenaufgang, der Duft des Frühlings, strahlende Kinderaugen... Dies sind Momente, in denen wir einen Hauch der unendlichen Schönheit Gottes wahrnehmen.

Der Mann als Abbild Gottes

Worin zeigt sich die Abbildlichkeit Gottes beim Mann? Nehmen wir die Freude an der Herausforderung. Männer lieben Kämpfe, Abenteuer und Gefahren. Sie sind stolz Superman zu sein oder das Fussballtrikot eines Stars zu tragen. Ein Junge möchte ein Held sein, etwas leisten, stark und gefährlich sein. Er will kämpfen, den entscheidenden Treffer erzielen, als erster das Ziel erreichen, den Gegner im Kampf schlagen und den ersten Preis gewinnen. Bei all diesen Spielen geht es um Stärke, Kampfgeist und um die engagierte Hingabe an eine Sache.

Warum lieben viele Männer den Sport und das Risiko? Weil ihre Abenteuerlust etwas von Gott offenbart. Gott hat viel riskiert, als er Sein Geschöpf als Sein Abbild erschuf und ihm Freiheit gab. Gott ist das Risiko eingegangen, dass der Mensch sich gegen Ihn entscheiden und Seine Liebe zurückweisen könnte.

Ein anderer Wesenszug besteht in der Fähigkeit zu initiieren, aktiv zu sein, voranzugehen. Männer fragen: Wo gibt es diesen Ort, diesen Platz in der Welt, wo ich meine Kraft einsetzen kann, wo ich etwas bewegen kann? Warum ist das so?

Der Mann bildet etwas von der Stärke, dem Engagement und der Hingabe Gottes ab. Gott ist aktiv, ein grossartiger und genialer Gestalter der Schöpfung, ein leidenschaftlicher Kämpfer, ein gerechter Richter, ein machtvoller König, dem es zukommt, dass man Ihn ehrt und Ihm mit Ehrfurcht begegnet. Gott kämpft leidenschaftlich für den Menschen und sein Heil. Er ringt um seine Liebe und in dieser Liebe geht Er bis zum Äussersten, bis zum Kreuz.

Mann und Frau

Die Fülle des Abbild-Gottes-Seins kommt Frau und Mann aber nicht einzeln zu, sondern als *Mann und Frau* in ihrer Aufeinanderbezogenheit. Das bringen auch der männliche und der frauliche Körper zum Ausdruck. Für sich allein ergeben die körperlichen Unterschiede des Mannes und der Frau keinen Sinn. Gott hat den Körper von Mann und Frau so geschaffen, dass sie zueinander passen und sich ergänzen.

Dank und durch ihren Körper können sich Mann und Frau einander in Liebe schenken und aus dieser Liebe kann Frucht, neues Leben, ein Kind entstehen. Diese Fruchtbarkeit der gegenseitigen Liebe wird im Bericht über die Erschaffung des Menschen gesegnet: *„Gott segnete sie, und Gott sprach zu ihnen: Seid fruchtbar, und vermehrt euch, bevölkert die Erde, unterwerft sie euch und herrscht über die Fische des Meeres, über die Vögel des Himmels und über alle Tiere, die sich auf dem Land regen“ (Gen 1,28).* In der Fruchtbarkeit der Sexualität sind wir Gott dem Schöpfer nahe, denn durch die Sexualität können wir neues Leben zeugen. Damit erhalten wir Anteil an der Schöpfungskraft Gottes selbst.

In seinem Mann- oder Frausein weist der Mensch von Anfang an auf den Anderen, auf das jeweils andere Geschlecht hin. In dieser Aufeinanderbezogenheit, im sich gegenseitigen Schenken und in der Fruchtbarkeit machen Mann und Frau das Geheimnis der Liebe Gottes sichtbar.

Im Inneren Gottes ist der Vater von Ewigkeit her die sich schenkende Liebe. Der Sohn empfängt diese Liebe vollständig und schenkt Seinerseits diese Liebe ganz zurück an den Vater. Er gibt sich Ihm ganz hin. Vater und Sohn sind eins in der gegenseitigen Hingabe. Daraus entsteht etwas Drittes: die Liebe zwischen Ihnen, eine Liebesbeziehung, ein Bund, eine Person – der Heilige Geist. So leuchtet in der gegenseitigen Liebe von Mann und Frau das Geheimnis der sich schenkenden Liebe Gottes auf. Dieses Geheimnis der Liebe Gottes zu Seinen Menschen, schimmert auch in der verspielten sexuellen Freude eines Paares miteinander, hindurch.

Das erste Kapitel des Buches Genesis weist darauf hin, dass wir gut geschaffen wurden: *„Gott sah alles an, was er gemacht hatte: Es war sehr* *gut" (Gen 1,31).* Alles am Menschen ist gut, ja sehr gut. Die Sexualität ist gut. Das sexuelle Verlangen und die Fähigkeit sexuelle Lust zu empfinden sind ein wunderbares Geschenk Gottes.

Sexualität als Liebes- und Beziehungskraft Gottes

Mit der Erschaffung des Menschen hat Gott die Sexualität geschaffen. Das Wort „Sexualität" bedeutet „Geschlechtlichkeit". Dabei geht es nicht nur um das Körperliche, sondern es geht um den ganzen Menschen, um das, was ihn als Mann und Frau und in seiner Persönlichkeit ausmacht.

Das Wort „Sexualität" selbst kommt vom lateinischen „secare", das „schneiden" oder „teilen" bedeutet. Es deutet jenes Urgefühl an, dass irgendetwas getrennt voneinander ist und danach verlangt, wieder eins zu werden. Die Sexualität ist die Kraft, die danach strebt das Geteilte wieder zu einen – „eins zu werden". Es ist die Kraft, die zueinander drängt, die Beziehung sucht und ermöglicht. Sie drängt uns zur Kommunikation mit Gott, mit den Menschen, mit der Schöpfung und mit uns selbst. Um ihre leidenschaftliche Liebe zu Gott auszudrücken, verwenden Mystiker oft Bilder der erotischen Liebe zwischen Mann und Frau.

Eine zölibatär lebende 40-jährige Frau bekannte, wie sehr sie sich wünschte, keine sexuellen Empfindungen mehr zu haben, denn diese seien ihr lästig und störten sie. Sie frage sich, zu was jetzt ihre Sexualität noch gut sei? Die Antwort: Die Sexualität ist die Urkraft, die auf Beziehung, auf Liebe zueinander drängt. Sie ist die Kraft der Liebe und der Leidenschaft. Diese Kraft zu entdecken, anzunehmen und zur Entfaltung zu bringen, ist die „Seele der Sexualität". Sie ist der Schatz, der unser Leben bereichert und mit innerer Kraft und Glut erfüllt. Nicht der sexuelle Genuss, sondern die innere Kraft der Liebe beglückt den Menschen zutiefst.

Gott hat dem Menschen ein Herz gegeben mit der besonderen Gabe zu lieben. Die erste Beziehung für den Menschen ist die Beziehung zu seinem Urbild, dem Dreifaltigen Gott. Nur von Gott her kann der Mensch den Sinn seiner Existenz verstehen und seine Berufung erkennen. Gott ist der Urgrund jedes Menschen.

Die Sexualität ist die Liebeskraft in uns, die zunächst zum anderen Geschlecht, zum menschlichen Du hin drängt. Der sexuelle, leibhaftige Ausdruck dieser Liebeskraft ist vorübergehend und findet seine bleibende Erfüllung in der Liebe und im Liebesaustausch mit dem Dreifaltigen Gott. Diese Beziehung zu Gott ist jetzt schon das Fundament. Sie ist die Quelle für alle unsere Beziehungen und bewirkt, dass die sexuelle Liebe eine göttliche Schönheit und Erfüllung erfährt.

1.2. Der Zweite Schöpfungsbericht

Im Zweiten Schöpfungsbericht *(Gen 2,4b–25)* geht es um den Auftrag des Menschen, die Erde zu bebauen, den Garten zu hüten, um die Beziehung des Menschen zu Gott und um das Verhältnis von Mann und Frau. Auch der zweite Schöpfungsbericht spricht vom Besonderen des Menschen: *„Da formte Gott, der Herr, den Menschen aus Erde vom Ackerboden und blies in seine Nase den Lebensatem. So wurde der Mensch zu einem lebendigen Wesen“ (Gen 2,7).* Gott „bläst“, das heisst: Er legt etwas von sich in den Menschen hinein.

Dann nahm Gott *„den Menschen und setzte ihn in den Garten von Eden, damit er ihn bebaue und hüte. Dann gebot Gott, der Herr, dem Menschen: Von allen Bäumen des Gartens darfst du essen, doch vom Baum der Erkenntnis von Gut und Böse darfst du nicht essen; denn sobald du davon isst, wirst du sterben“ (Gen 2,15–17).* Doch bevor der Mensch seine Herrschaft über die Welt ausüben kann, soll er lernen, auf Gott acht zu haben und Ihn zu respektieren. Weshalb?

Der Mensch hat weder die Schöpfung, noch das Leben (auch nicht sein eigenes) gemacht. Ihm wurde beides anvertraut. Dies ist vergleichbar mit einer Maschine, die jemand konstruiert hat, damit sie bestimmte Aufgaben erfüllen kann. Damit die Maschine diese Aufgaben erfüllen kann, muss jedoch die Bedienungsanleitung beachtet werden. Wer dies nicht tut, darf sich nicht wundern, wenn das Gerät nicht recht funktioniert oder kaputt geht. So hat Gott dem Menschen als Erstes eine Grenze gesetzt, die er zu seinem Heil und zum Heil der ganzen Schöpfung beachten muss.

Diese Grenze zeigt auch: Der Mensch kann mehr tun, als er darf. Er kann von der verbotenen Frucht essen, soll es aber nicht. Dieses Spannungsfeld zwischen Können und Sollen ist bis heute geblieben. Verantwortliches Handeln zeigt sich gerade darin, dass der Mensch das tut, was er von Gott her tun soll und nicht das, was er alles kann.

Der Erste Schöpfungsbericht sagt, dass Gott den Menschen als Mann und Frau geschaffen hatte und dies „sehr gut“ war. Doch an dieser Stelle spricht Gott überraschend: *„Es ist nicht gut, dass der Mensch allein* *bleibt. Ich will ihm eine Hilfe machen, die ihm entspricht" (Gen 2,18).* Der Mensch ist inmitten aller Tiere einsam. Ihm fehlt etwas, ihm fehlt ein personales Gegenüber. Das hebräische Wort *ezer*, das hier mit *Hilfe* übersetzt ist, bezieht sich fast immer auf die Hilfe, die direkt von Gott kommt und Gott selber ist.

Die Frau ist also für den Mann die Hilfe, in der ihm Gott selbst zur Seite steht. Die Frau ist geschaffen, um Adam zu ergänzen als ein Gegenüber, ihm gleich an Würde. Wir würden das heute als Ehepartnerin bezeichnen. Die Frau ist mit den ihr geschenkten Fähigkeiten die Hilfe Gottes an der Seite des Mannes. Das gilt nicht nur für verheiratete Frauen im Bezug auf ihren Ehemann. Es bezieht sich auch auf die allgemeine Berufung der Frau in der Gesellschaft und der Kirche.

Der Mensch war einsam, nicht weil ihm andere Geschöpfe oder andere Menschen fehlten, sondern weil ihm eine Frau fehlte. Deshalb lässt Gott den Menschen in einen tiefen Schlaf fallen, sozusagen in eine göttliche Narkose und baut *„aus der Rippe, die er vom Menschen genommen hatte, eine Frau und führte sie dem Menschen zu" (Gen 2,22).* Gott baut die Frau nicht aus Erde wie den Menschen, sondern aus dem Körper des Adam. Nicht aus den Füssen oder aus dem Kopf entnimmt Gott diese Hilfe, sondern aus der Seite (Rippe) des Menschen. Dies ist ein wunderbares Bild, um die Ebenbürtigkeit und Gleichwertigkeit von Frau und Mann darzulegen. Damit wird betont: Beide sind aus dem gleichen *Stoff*. Nicht die Frau selbst wird aus dem Menschen genommen, sondern nur das *Rohmaterial*, aus dem Gott die Frau baut.

Danach führt Gott dem Menschen die Frau zu. Wie ist Adams Reaktion beim Anblick der Frau? Der Mann ist begeistert und empfängt sie mit Freude als seine Partnerin: *„Das endlich ist Bein von meinem Bein und Fleisch von meinem Fleisch. Frau soll sie heißen; denn vom Mann ist sie genommen" (Gen 2,23).*

Hier nun kommt das übliche hebräische Wort für *Mann – ish* zum ersten Mal in der Bibel vor. Bisher war nur vom *Menschen – ha-adam* die Rede. Erst indem der Mann, die *Frau – isha* erkennt, erkennt er sich selbst als Mann. Erst jetzt ist die Erschaffung des Menschen vollendet.

Mit dem ersten Menschenpaar tritt etwas ganz Neues in die Welt ein: die Liebe zwischen Mann und Frau! Wie sonst könnte der Mann so von sich absehen und die Frau preisen wenn nicht aus Liebe? Wie könnte er erkennen, dass sie Bein von seinem Bein und Fleisch von seinem Fleisch ist, wenn er sie nicht liebte? Ohne Liebe würde er sich wohl eher abgrenzen. Hier aber bewundert der Mann seine Frau. Dies zeigt: Die

Liebe entspringt nicht aus der Suche nach sich selbst, sondern aus dem Staunen, ja aus dem Begeistertsein vom Du.

Dieses Begeistertsein hat zur Folge: *„Darum verlässt der Mann Vater und Mutter und bindet sich an seine Frau und sie werden ein Fleisch“ (Gen 2,24).* Der Mann verlässt Vater und Mutter um der Frau willen, um in einer einzigartigen Beziehung mit ihr *ein Fleisch* zu werden. Isch – ischa sind sprachlich nahe beieinander. Damit bringt der Mann der Frau gegenüber zum Ausdruck: Du gehörst zu mir. Du gehörst noch stärker zu mir als ein Kind zu seinen Eltern. Damit sagt er zur Frau: Du bist wert, dass ein Mann seine Heimat verlässt, um dich zu gewinnen. Du bist dafür gemacht, dass jemand die kostbarsten persönlichen Bindungen an Vater und Mutter aufgibt, um dir zu gehören. Das ist dein Wert, deine Bestimmung! Du bist es wert so sehr geliebt zu werden, dass es jemanden wirklich etwas kostet!

Einschub: Die Schöpfungsordnung der Ehe

Die Ehe zwischen Mann und Frau hat Vorrang vor allen anderen familiären Bindungen, Beziehungen und Aufgaben. Weil dieser Text so wichtig ist, wird er an drei Stellen im Neuen Testament wiederholt: *(Mt 19,3-9; Mk 10, 7–8)* und *(Eph 5,31).* Dieser Vers beschreibt drei wichtige Schritte:

1. Verlassen: Bevor ein junger Mann eine echte, tiefe Beziehung zu einer Frau eingehen kann, muss er sich zunächst von seinen Eltern und vom Elternhaus lösen. Das bedeutet, dass er auf eigenen Beinen steht, emotional unabhängig von seinen Eltern wird und selbständig Entscheidungen treffen kann. Es bedeutet auch finanziell von seinen Eltern unabhängig zu sein. Wenn dieser Prozess der Loslösung nicht gelingt, wird dies zwangsläufig zu einem Zwiespalt in der Ehe führen, denn der Mann ist zwischen seinen Eltern und seiner Frau hin- und hergerissen ist. Eltern müssen lernen, ihre Kinder nach und nach loszulassen.

2. Sich binden: Nachdem der Mann sich von den Eltern gelöst hat, geht der Mann eine neue Bindung ein. Er bindet sich an seine Frau in einem öffentlichen, rechtlichen Akt, sodass alle nun wissen: Dieser Mann und diese Frau sind ein Ehepaar. Das hebräische Wort für: *Sich binden an* kann mit „verkleben“ übersetzt werden. Mann und Frau werden „verklebt“ mit dem Ziel, dass sie (diese Verklebten) für immer zusammenbleiben. Es geht hier also um eine dauerhafte Verbindung zwischen Mann und Frau, um eine lebenslange Treue. Diese gegenseitige Treue macht es möglich, dass man sich dem anderen seelisch und körperlich ohne Vorbehalte und Angst öffnen kann. Wenn dieses miteinander

„Verklebte" auseinandergerissen wird, wird dabei immer etwas zerstört. Es kommt zu Verletzungen und Wunden.

3. Ein Fleisch werden ist der biblische Ausdruck für Geschlechtsverkehr. Ein Stück Fleisch ist ganz schwierig auseinander zu reissen, weil es eine Einheit ist. So entsteht durch den Geschlechtsverkehr eine körperliche, psychische und geistliche Bindung, aus der neues Leben hervorgeht: *„Adam erkannte Eva, seine Frau; sie wurde schwanger und gebar Kain" (Gen 4,1).*

Das hebräische Wort für *erkennen – yada* zeigt, dass es um weit mehr als nur um einen Geschlechtsakt geht. Yada kann auch heissen: anerkennen, Bekanntschaft, Kenntnis und Umgang haben, entdecken, fühlen, sorgsam sein, wahrnehmen, ... Yada meint ein tiefes Miteinander-vertraut-Werden mit der ganzen Person des Partners. Es ist ein Vertrautsein in einem gemeinsamen Bund, in dem man sich sicher sein kann, dass diese intime Vertrautheit nicht missbraucht wird. In dieser liebevollen Intimität kann sich die Persönlichkeit des andern entfalten und führt so zur Fruchtbarkeit.[11]

„Ein Fleisch werden – eins werden" meint einen Prozess des Zusammenwachsens: Einen gemeinsamen Namen teilen, in einer gemeinsamen Wohnung leben, gemeinsam eine Lebensvision entwerfen und miteinander schlafen sind Aspekte davon. Es geht um eine körperliche und seelische Verbindung, die Mann und Frau gemeinsam erleben. Jesus sagt: *„Sie sind also nicht mehr zwei, sondern eins" (Mt 19,6).*

In allen Texten in denen dieser Vers zitiert wird, wird die gleiche Reihenfolge festgehalten: 1. Verlassen, 2. sich binden, 3. ein Fleisch werden. Das macht deutlich: Sexuelle Gemeinschaft ist erst dann möglich, wenn die ersten beiden Schritte geschehen sind. Bevor also ein Mann nicht seinen Vater und Mutter verlassen hat und einen rechtlich gültigen Bund mit seiner Frau geschlossen hat, kann er nicht wahrhaft „ein Fleisch" mit seiner Frau werden.

Die Schöpfungsordnung verbindet Sexualität, Ehe und Familie (Kinder, Fruchtbarkeit) miteinander. Treue, personale Liebe, liebende sexuelle Vereinigung sowie Offenheit und Bereitschaft zur Übernahme von Verantwortung für neues Leben gehören untrennbar zusammen.

Heute erleben wir eine Trennung dieser drei Aspekte, nämlich die Abkoppelung von Sexualität und Fruchtbarkeit (Verantwortung für neues Leben), die Abkoppelung von Sex und Ehe, die Abkoppelung

---

11 Vgl. dazu Martin Spreer in: Was hat Sexualität mit Gott zu tun? Weisses Kreuz, Zeitschrift für Lebensfragen, Nr. 52. IV/2012. S. 3.

von Sexualität und Beziehung (Spontansex, Prostitution) sowie die Abkoppelung von Sex und einem Gegenüber (in der medialen Welt der Pornographie mit Selbstbefriedigung).
Kehren wir noch einmal zum Zweiten Schöpfungsbericht zurück: *„Beide, Adam und seine Frau, waren nackt, aber sie schämten sich nicht voreinander" (Gen 2,25).* Scham ist eine Form des Selbstschutzes, eine Scheu vor den Blicken und Taten eines Menschen, der unsere gottgegebene Würde nicht respektiert.[12] Wenn Adam und seine Frau sich nicht voreinander schämten, dann gibt uns dies einen Hinweis darauf, wie sie ihr ganzes Sein und auch ihren Körper wahrgenommen haben. Alles im Paradies war auf Gott ausgerichtet und kam von Ihm her. Dadurch war alles ganz rein und gut! Alles war reines Schenken, in völliger Freiheit und dadurch schön. Die sexuelle Begegnung war ein gegenseitiges Schenken in Liebe und Freiheit und bewirkte eine tiefe Erfüllung. Ihr reines gegenseitiges Schenken war ein Bild für Gottes Liebe.

Die grosse Vision

Die Bibel beginnt im Buch Genesis mit der Ehe des ersten Mannes und der ersten Frau, und endet in der Offenbarung wiederum mit einer „Ehe" – der Ehe von Christus und der Kirche: *„Wir wollen uns freuen und jubeln und ihm die Ehre erweisen. Denn gekommen ist die Hochzeit des Lammes und seine Frau hat sich bereit gemacht" (Offb 19,7).* Hier liegt der Schlüssel für alles, was dazwischen liegt.

Es ist Gottes ewiger Plan, sich mit uns zu „vermählen". Jesus ist der grosse Bräutigam, die grosse Liebe auf die wir alle zugehen. Durch Ihn werden wir hineingenommen in Gottes ewigen Liebesaustausch. Abbild dieses ewigen Liebesaustausches Gottes ist das Einswerden von Mann und Frau in ihrer Liebeshingabe. Jean Vanier, der Begründer der internationalen „Arche"- Bewegung, nennt deshalb die Ehe die „Ikone Gottes" auf Erden.[13]
Die Sexualität ist die Kraft der Liebe, die auf diese ewige Hochzeit, auf diese ewige Liebe hin drängt. Wir können sagen: Gott schuf das sexuelle Verlangen als eine Kraft zu lieben, wie Er liebt.

---

[12] Jeder Mensch weiss tief in seinem Herzen, dass er nie, niemals als Objekt für die Befriedigung der sexuellen Bedürfnisse eines anderen Menschen missbraucht werden darf. Doch die Erfahrung lehrt uns schmerzhaft, dass es Männer und Frauen gibt, die den Körper anderer Menschen zur Stillung ihrer Begierde benutzen. Deshalb bedecken wir uns, nicht weil unser Köper schlecht wäre und wir uns für ihn schämen müssten, sondern um unsere Würde vor Verletzung zu bewahren.
[13] Vgl. Christl R. Vonholt: „Ehe – Die Ikone Gottes in der Welt" in: www.dijg.de/anthropologie 19.8.1015

Aufmerksamer, zärtlicher, geduldiger ...

Im September 2005 gab ein befreundeter Priester, den wir (Birgit & Corbin Gams) zufällig auf dem Flughafen in Budapest getroffen hatten, meinem Mann eine MP3 mit Vorträgen eines amerikanischen Theologen über die Liebe und die Sexualität. In den darauf folgenden Wochen sah ich Corbin häufig mit seinem Kopfhörer. Er hörte die Vorträge wieder und wieder. Ich interessierte mich aber nicht weiter dafür.

Allerdings fiel mir auf, dass mein Mann sich veränderte. Wenn man einige Jahre verheiratet ist, neigt man ja häufig zu der Auffassung, seinen Ehepartner genau zu kennen und im Voraus zu wissen, wie er reagieren und sich entscheiden wird, was er denkt und fühlt. Ich machte darin keine Ausnahme.

Doch nun machte ich die Entdeckung, dass mein Mann sich immer wieder überraschend anders verhielt: er war aufmerksamer, zärtlicher, geduldiger – kurz, ich fühlte mich auf eine besondere Weise geliebt. Nach einer gewissen Zeit beunruhigten mich diese Veränderungen schon etwas und ich fragte: „Corbin, was ist passiert, warum bist du so anders?" Und mein Mann schaute mich strahlend an und meinte: „Merkt man das, habe ich mich tatsächlich verändert?"

Und dann gab er mir diese MP3 und sagte: „Hör dir das einmal an!" Ich hörte einen der Vorträge und was ich hier über die Ehe, die Sexualität und die menschliche Liebe erfuhr, begeisterte mich. Ich habe als Kind eine katholische Schule besucht und wir versuchten immer eine christliche Ehe zu führen. Nach unserer Hochzeit verschlang ich alle Ratgeber, die ich zum Thema Ehe finden konnte, aber nie hatte ich etwas Ähnliches gehört. Weit davon entfernt den moralischen Zeigefinger zu erheben erschloss uns der Redner in seinen Ansprachen die Schönheit des menschlichen Körpers und der Sexualität und zeigte uns die Vision Gottes für die Liebe von Mann und Frau.

Das war unsere erste Begegnung mit der Theologie des Leibes[14] von Johannes Paul II. und mit ihr eröffnete sich uns eine neue Welt. Wir lernten über die Schönheit unserer Ehe zu staunen und entdeckten die Liebe in einer ganz neuen Fülle und Tiefe.

---

[14] Die „Theologie des Leibes" ist eine Reihe von 129 Katechesen, die Johannes Paul II. zwischen 1979 und 1984 hielt. Diese Ansprachen sind biblische Betrachtungen über die Bedeutung des Leibes, der Sexualität und der ehelichen Liebe. Wenn wir alles zusammentragen würden, was die katholische Kirche durch die Jahrhunderte zum Thema Ehe, Liebe und Sexualität gesagt hat, hätten wir ein Buch mit ca. 6000 Seiten. Allein 4000 Seiten davon hat Papst Johannes Paul II. verfasst.

2. Der grosse Bruch – Heilung im Reich Gottes

Die Sexualität ist etwas Wunderschönes und zutiefst Persönliches. Sexualität hat mit Freude, mit Leben und Kraft zu tun. Sie ist die Kraft der Liebe, die uns beglücken und unser Leben fruchtbar machen will. Zugleich aber ist die Sexualität der Bereich, in dem es unendlich viel Leid gibt, wo Menschen verletzt, missbraucht, vergewaltigt und entwürdigt werden. Wie kam es dazu?

2.1. Die Krise – der Sündenfall und die Folgen

Die grosse Vision Gottes für die Liebe wurde getrübt durch das Ereignis, das die Bibel den „Sündenfall" nennt. Im Paradies lebte der Mensch in einem Zustand des vollkommenen Glücks, der Reinheit und Schönheit. Doch es gibt einen Feind, den die Schrift den *„Vater der Lüge"* nennt *(Joh 8,44)*. Durch diesen Feind tritt die Versuchung an den Menschen heran: es ist die verführerische Stimme des Teufels, die dargestellt wird als Schlange.[15]

Diese Stimme flüstert Eva zu: *„Hat Gott wirklich gesagt: Ihr dürft von keinem Baum des Gartens essen?" (Gen 3,1)* Mit dieser Lüge sät er Misstrauen in das Herz des Menschen und Eva ist empfänglich für seine Verführung. *„Da sah die Frau, dass es köstlich wäre, von dem Baum zu essen, dass der Baum eine Augenweide war und dazu verlockte, klug zu werden" (Gen 3,6)*. Die Frau streckt die Hand aus und greift nach der Frucht *„und aß; sie gab auch ihrem Mann, der bei ihr war, und auch er aß" (Gen 3,6)*.

Verführt von der Schlange entschieden sich Adam und Eva *„wie Gott" (Gen 3,5)* sein zu wollen und selbst zu bestimmen, was gut und böse ist. Sie stellten sich damit gegen Gott und waren nicht mehr bereit, ihr Glück von Ihm zu empfangen. Stattdessen begannen sie selbst nach dem Glück zu greifen. Durch dieses „Greifen nach dem eigenen Glück" – bildlich dargestellt im Greifen nach der verbotenen Frucht – trat die Begierde in all ihren vielfältigen Formen in das Herz des Menschen ein.

Der Mensch, losgelöst vom Aufblick zu seinem Schöpfer, verlor seine Identität. Er wurde im Tiefsten verwirrt: *„Da gingen beiden die Augen auf und sie erkannten, dass sie nackt waren. Sie hefteten Feigenblätter zusammen und machten sich einen Schurz" (Gen 3,7)*. Sie spürten: Et-

---

[15] Der Katechismus der katholischen Kirche setzt diese Schlange mit Satan gleich und beschreibt die Macht, die er hat, als eine Macht, die verführen und leiblichen und geistlichen Schaden zufügen kann. (vgl. KKK 395)

was in ihrem Innern ist zerbrochen. Sie empfinden Scham, Angst steigt auf und sie beginnen sich zu schützen und zu verstecken.

Gott fragte Adam: *„Hast du von dem Baum gegessen, von dem zu essen ich dir verboten habe? Adam antwortete: Die Frau, die du mir beigesellt hast, sie hat mir von dem Baum gegeben, und so habe ich gegessen. Gott, der Herr, sprach zu der Frau: Was hast du da getan? Die Frau antwortete: Die Schlange hat mich verführt, und so habe ich gegessen" (Gen 3,11–13).* Dies war der Beginn einer Entwicklung, die bis heute anhält: Die Menschen begannen ihre Schuld auf andere zu schieben.

Zugleich kam es zu einem tiefen Riss in der Beziehung von Mann und Frau. Gott sagt: *„Du hast Verlangen nach deinem Mann; er aber wird über dich herrschen" (Gen 3, 16).* Mit diesem *Verlangen* ist nicht nur das sexuelle Begehren gemeint. Da die Frau aus der Liebe Gottes und der Sehnsucht des Mannes hervorgegangen ist, ist es ihre tiefste Sehnsucht geliebt und begehrt, das heisst in ihrer Schönheit erkannt zu werden.

Vor dem Sündenfall erfuhr Eva die Liebe Gottes und die Liebe ihres Mannes als ein Geschenk. Nach dem Sündenfall ist ihre Empfänglichkeit für die Liebe Gottes getrübt. Doch die Sehnsucht danach bleibt und sie sucht die Fülle der Liebe und ihre Bestätigung vom Mann zu erhalten. Ihre ursprüngliche Schönheit und Anziehungskraft kann sie nun verwenden, um ihre Reize einzusetzen und zu verführen.

Der Mann seinerseits ist nach dem Sündenfall nicht mehr in der Lage seine Frau in der ursprünglichen Reinheit zu lieben. Adam und Eva empfanden vor dem Sündenfall sehr wohl sexuelles Begehren in dem Sinn, dass sie einander schön und anziehend empfanden. Doch nun machen sie eine neue Erfahrung: der Mensch empfindet Begierde, die auf sich selbst bezogene Lust.

Der Mann beginnt über die Frau zu *herrschen.* Sie ist nicht mehr die Partnerin ihm gegenüber, sie wird zum Objekt der Begierde des Mannes und manchmal zu einem Spielball der Lust.

So wurde durch den Sündenfall das ursprüngliche partnerschaftliche Verhältnis von Mann und Frau hierarchisch. Die mit dem Sündenfall aufkommende Begierde[16] verdunkelt Gottes schönen Plan. Statt sich in der Sexualität einander in Liebe zu schenken, begannen die Menschen nacheinander zu greifen und den Körper des Anderen zur eigenen Befriedigung zu benutzen, selbst auf die Gefahr hin sich selbst oder die

---

16 Im Wort Begierde steckt das Wort „Gier", haben wollen, selber nach der Frucht greifen.

andere Person zu verletzen. Dabei ist die männliche Begierde oft mehr auf die physische, die Begierde der Frau eher auf die emotionale Befriedigung ausgerichtet. Doch jede Form des „Benutzens“ einer anderen Person widerspricht der wahren Liebe. Begierde verletzt und entwürdigt immer.

Die Folgen des Sündenfalls

Die Begierde als Folge des Sündenfalls weist darauf hin, dass dem Menschen etwas Grundlegendes fehlt. Ob wir allein oder in einer Partnerschaft leben, wir alle haben einen „Liebesdurst“, den uns Menschen allein nicht stillen können. Wir haben Durst nach der Liebe Gottes, auf die hin wir Menschen geschaffen sind. So ist durch den Verlust des Paradieses im Herzen der Menschen ein tiefes Liebesdefizit entstanden.

Zugleich kam es zu einer verheerenden Störung in allen Beziehungsebenen des Menschen: In seiner Beziehung zu Gott, zu sich selbst, zu den Menschen und zur Schöpfung.[17] Dadurch leben wir und die ganze Schöpfung nicht mehr in der ursprünglich von Gott geschaffenen Schönheit und Ordnung. Der Mensch lebt nicht mehr aus der tiefen Einheit mit Gott. Zugleich entdeckt er in sich eine Neigung zum Bösen. Etwas im Menschen sträubt sich, sich selber als Geschöpf anzunehmen und Leben, Weisungen und Liebe von Gott zu empfangen. Er erfährt sich im Willen zum Guten geschwächt.

So erleben wir manches, das wir in der Welt und in uns selbst lieber anders hätten. Wir entdecken Neigungen in uns, wie z. B. Neid, Eifersucht, Streitsucht, Jähzorn, Geiz, Bosheit, Gemeinheit und Lüge. Auch im Bereich des sexuellen Empfindens erfahren wir in uns vielfältigen Druck und ein Getriebensein. Wir spüren Sehnsüchte, Begierden und Wünsche, die wir manchmal lieber nicht oder anders hätten. Manchmal sind diese Empfindungen so stark, dass wir uns ihrem Drängen regelrecht ausgeliefert fühlen.

Durch erbliche Belastungen, durch Eltern und Erziehung, durch die Umwelt, durch Kindheitserfahrungen und vieles mehr wurden wir im Bereich des sexuellen Empfindens geprägt und oft auch verletzt. Als

---

[17] Hildegard von Bingen beschreibt diese Störung so: „Und ich hörte, wie sich mit einem wilden Schrei die Elemente der Welt an jenen Mann (hier ist Gott gemeint) wandten. Sie riefen: ‚Wir können nicht mehr laufen und unsere Bahn nach unseres Meisters Bestimmung vollenden. Denn die Menschen kehren uns mit ihren schlechten Taten wie in einer Mühle von unterst zu oberst.“ Hildegard von Bingen, „Liber Vite Meritorum“ (Der Mensch in der Verantwortung), Die Klage der Elemente.

Folge fällt es manchen Menschen schwer eine dauerhafte Beziehung einzugehen, andere machen verschiedene Phasen in der sexuellen Ausrichtung durch. Andere erleben sich als gefühlskalt und finden nur schwer einen inneren Zugang zu ihren Gefühlen. Sie sind gehemmt und wagen kaum auf Andere zuzugehen. Manchmal heiraten zwei Menschen, lieben sich und haben gemeinsame Kinder und plötzlich entdeckt ein Partner in sich homosexuelle Empfindungen. Wie gehen wir mit all dem um?

In die Entscheidung gerufen

Die Sexualität ist vergleichbar mit einem Wildwasserbach, der einen Berg hinunterstürzt, über Felsen springt, hüpft, sprudelt und sich seinen Weg sucht. Damit er später ein grosser Fluss wird, braucht er ein festes Ufer und klare Grenzen. Tritt der Bach darüber hinweg ist die Gefahr gross, dass er sich auf den Wiesen und Abhängen verliert. Dem vergleichbar braucht auch die Sexualität Grenzen. Wenn Gott uns Grenzen setzt, dann immer mit dem Ziel die Kraft der Liebe zu vermehren und die Freiheit des Menschen zu schützen.

Gottes Grenzen sind kreativ und schön, doch sie sind auch absolut. Denn was geschieht bei einer Überschwemmung? Das reissende Wasser, das über seine Grenzen hinaustritt zerstört die Landschaft. Das Wasser wird schmutzig und gefährlich. So ist es auch mit der Sexualität. Wenn sie in guten und klaren Bahnen verläuft, wird sie fruchtbar und zum Segen für viele Menschen, wird sie aber missbraucht kann sie das Leben eines Menschen zerstören.

Hier, wie in vielen anderen Bereichen des Lebens, müssen wir eine Entscheidung treffen, denn es geht primär um die Frage: An wem orientiere ich mich? Ich kann mich an Gott richten und Ihn fragen: Wie willst Du mich jetzt, in dieser meiner Situation, zur Fülle des Lebens führen? Dann werde ich das Wort Gottes als Kompass für mein Leben wählen, Gottes Weisung suchen und Seinem Weg vertrauen.

Doch kann ich ebenso sagen: Nein, ich will selbst entscheiden, wie ich lebe! Ich will selbst bestimmen, wie ich mit diesen Schwierigkeiten umgehe. Ich suche und verschaffe mir mein Glück und meine Erfüllung selbst. Ich will meine Sexualität nach meinem eigenen Gutdünken leben. Da hat mir niemand drein zu reden.

Diese beiden Grundhaltungen – von Gott empfangen und annehmen oder über Glück und Leben selbst bestimmen wollen – durchziehen und prägen das ganze Leben, alle Bereiche eines Menschen. Beides hat Folgen.[18]

2. 2. Sexualität beim Volk Israel

Sexualität ist eine Kraft, die bewegt, beglückt, doch auch zu Taten hinführen kann, die demütigen und verletzen. Dazu können wir im Alten Testament zahlreiche Beispiele von Patriarchen, Stammvätern des Volkes, von König David und weiteren Personen finden, deren sexuelles Verhalten verwerflich und äusserst problematisch war. Doch entscheidend ist in diesem Zusammenhang nicht das Verhalten der einzelnen Person, sondern die Offenbarung Gottes in der jeweiligen Situation.

Das Heiligkeitsgesetz

Gottes Wort und Seine Weisungen begegnen uns zuerst im Leben des Volkes Israel, Gottes auserwähltem Volk. Ihm offenbarte Gott Schritt für Schritt die „Gebrauchsanweisung“ Seiner guten Schöpfung. So empfing Mose von Gott, Gesetze, Weisungen und Vorschriften. Das Heiligkeitsgesetz gab Anweisungen, wie sich das Volk Israel im Alltag verhalten soll, damit durch das Beispiel ihres Lebens auch die heidnischen Völker Gottes Licht und Wahrheit erkennen konnten.

Ehe in Israel

Für Israel war die Ehe nicht nur eine Form des Zusammenlebens, sie spiegelte vielmehr die Treue und Liebe Gottes zu Seinem Volk wider. Schon deshalb stand die Ehe im Alten Testament unter einem besonderen Schutz. Dabei hatte das Alte Testament nicht nur die Beziehung von Mann und Frau im Blick, sondern die ganze Familie, zu der die Kinder ebenso wie auch die Grosseltern und weitere Verwandte gehörten.

Die Form der Eheschliessung in Israel zur damaligen Zeit unterscheidet sich grundlegend von der Form, wie wir sie heute kennen. Um eine Ehe zu schliessen war keine Liebesbeziehung notwendig, ja die beiden mussten sich nicht einmal kennen. Die Mädchen lebten bis zur Hochzeit bei den Eltern und wurden meist vor dem 15. Lebensjahr verlobt. Die Verlobung war ein rechtlicher Vertrag zwischen dem Vater der

[18] Interessant ist was Henri Boulad über die Sünde schreibt: „Die Sünde besteht darin, dass man sich dem Plan Gottes querstellt oder ihn völlig ignoriert. Jeder von uns trägt dieses Hindernis gegen den Plan Gottes in sich. Sünde ist das, was die Verwirklichung des Planes Gottes behindert." Boulad Henri: Mystische Erfahrung und soziales Engagement, Seite 141. Otto Müller Verlag, Salzburg/Wien 1997.

Braut und dem zukünftigen Ehemann. Der Vater bestimmte, wen seine Tochter heiratet. Die Tochter musste dazu nicht befragt werden.[19]

Vom Moment der Verlobung an galt das Mädchen als Eigentum ihres Bräutigams und zukünftigen Ehemanns. Eine bestehende Verlobung konnte nur durch eine Scheidung aufgelöst werden. Nach der Verlobung lebte das Mädchen noch etwa ein Jahr bei den Eltern bis zur eigentlichen Hochzeit, der „Heimholung der Braut". In diesem Jahr wurde das Mädchen auf die Ehe vorbereitet. Für ein Mädchen war es sehr wichtig als Jungfrau in die Ehe zu gehen, denn sollte sich herausstellen, dass sie keine Jungfrau mehr war, konnte der Bräutigam die Verlobung auflösen.[20] Eine Scheidung war ein grosser Schaden für das Mädchen,

---

[19] In jüdisch – orthodoxen Kreisen werden noch heute Ehen mit Hilfe eines Ehestifters arrangiert. Bei einem Treffen beider Familien wird über die Zustimmung oder Ablehnung des Ehevertrages entschieden. Meist haben die Brautleute bis zu diesem Zeitpunkt noch nicht miteinander gesprochen. Ist der Ehevertrag angenommen worden, wird die Verlobung gefeiert. Anschliessend beginnt eine Zeit des intensiven Unterrichtes von Mann und Frau, durchgeführt von Männern und Frauen, die für diese Aufgabe ausgebildet sind und das Vertrauen der Familien geniessen. Bei weniger orthodoxen Juden ist es üblich, dass das Paar sich trifft, um gemeinsam Dinge zu besprechen, doch immer nur in öffentlichen Gebäuden und unter den Augen anderer. (Vgl. Bernhard Dolna: „Verlobung im biblisch-jüdischen Kontext" in: „Kirchliche Verlobung. Reflexion und Impulse." Be&Be-Verlag Heiligenkreuz 2012. S. 29–40.)

[20] *„Wenn ein Mann eine Frau geheiratet und mit ihr Verkehr gehabt hat, sie aber später nicht mehr liebt und ihr Anrüchiges vorwirft, sie in Verruf bringt und behauptet: Diese Frau habe ich geheiratet, aber als ich mich ihr näherte, entdeckte ich, dass sie nicht mehr unberührt war!, wenn Vater und Mutter des Mädchens dann das Beweisstück ihrer Unberührtheit holen und zu den Ältesten der Stadt ans Tor bringen und der Vater des Mädchens den Ältesten erklärt: Ich habe diesem Mann meine Tochter zur Frau gegeben, aber er liebt sie nicht mehr, ja er wirft ihr jetzt Anrüchiges vor, indem er sagt: Ich habe entdeckt, dass deine Tochter nicht mehr unberührt war!; aber hier ist das Beweisstück für die Unberührtheit meiner Tochter!, und wenn sie das Gewand (aus der Hochzeitsnacht) vor den Ältesten der Stadt ausbreiten, dann sollen die Ältesten dieser Stadt den Mann packen und züchtigen lassen. Sie sollen ihm eine Geldbuße von hundert Silberschekeln auferlegen und sie dem Vater des Mädchens übergeben, weil der Mann eine unberührte Israelitin in Verruf gebracht hat. Sie soll seine Frau bleiben. Er darf sie niemals entlassen.*
Wenn der Vorwurf aber zutrifft, wenn sich keine Beweisstücke für die Unberührtheit des Mädchens beibringen lassen, soll man das Mädchen hinausführen und vor die Tür ihres Vaterhauses bringen. Dann sollen die Männer ihrer Stadt sie steinigen und sie soll sterben; denn sie hat eine Schandtat in Israel begangen, indem sie in ihrem Vaterhaus Unzucht trieb" (Dtn 22,13-21). Dieser Text zeigt welch hohen Wert im alten Israel die Jungfräulichkeit hatte. Dazu noch ein Hinweis: Die Medizin hat festgestellt, dass nicht alle Frauen ein Jungfernhäutchen haben und nicht alle beim ersten Mal bluten.

denn das Leben für eine unverheiratete und alleinstehende Frau war äusserst schwer.

Wer mit einer Frau Sex hatte, musste dafür die Verantwortung übernehmen: „*Wenn jemand ein noch nicht verlobtes Mädchen verführt und bei ihm schläft, dann soll er das Brautgeld zahlen und sie zur Frau nehmen*" *(Ex 22,15)*. Und: „*Wenn ein Mann einem unberührten Mädchen, das noch nicht verlobt ist, begegnet, sie packt und sich mit ihr hinlegt und sie ertappt werden, soll der Mann, der bei ihr gelegen hat, dem Vater des Mädchens fünfzig Silberschekel zahlen und sie soll seine Frau werden, weil er sie sich gefügig gemacht hat. Er darf sie niemals entlassen*" *(Dtn 22,28–29)*. Denn für Israel war klar: Sexualität und Ehe, Intimität und Verantwortung gehören nach dem Willen Gottes zusammen.

Noch radikaler war das Gesetz bei Ehebruch: „*Wenn ein Mann dabei ertappt wird, wie er bei einer verheirateten Frau liegt, dann sollen beide sterben, der Mann, der bei der Frau gelegen hat, und die Frau. Du sollst das Böse aus Israel wegschaffen*" *(Dtn 22,22–23)*. In der patriarchalischen Gesellschaft des Alten Testamentes ging das Denken ganz vom Mann aus. Die Frau galt als Besitz des Mannes. Ein Mann, der mit der Frau seines Nachbarn sexuell verkehrt, vergreift sich damit am Eigentum seines Nachbarn. Er bricht die Ehe seines Nachbarn. Auch konnte ein Mann ein zweites Mal heiraten.[21] So war die Mehrehe möglich, auch wenn sie zur Zeit Jesu nur noch selten vorkam.

Jüdisches Denken

Im Volk Israel wird die sexuelle Intimität mit der Ehefrau positiv bewertet: „*Freu dich der Frau deiner Jugendtage, der lieblichen Gazelle, der anmutigen Gämse! Ihre Liebkosung mache dich immerfort trunken, an ihrer Liebe berausch dich immer wieder!*" *(Spr 5,18–19)* „*Mit einer Frau, die du liebst, genieß das Leben alle Tage deines Lebens … Denn das ist dein Anteil am Leben und an dem Besitz, für den du dich unter der Sonne anstrengst*" *(Koh 9, 9)*.

Es gibt sogar ein Buch, das ausführlich die erotische Liebe besingt, das Hohelied der Liebe, das später auch auf die Liebe zwischen Mensch und

---

21 Die Ehescheidung war im Alten Testament unter bestimmten Bedingungen erlaubt *(vgl. Dtn 24,1-4)*. Die Ehe auflösen konnte nur der Mann. In bestimmten Fällen war es allerdings möglich, dass auch eine Frau die Scheidung einfordern konnte. Die ursprüngliche Absicht der Scheidungsurkunde war es, die Frau vor Willkür und den Launen ihres Ehemannes zu schützen. Mit der Scheidungsurkunde erhielt die Frau das Recht von neuem zu heiraten.

Gott gedeutet wurde: *„Mit Küssen seines Mundes bedecke er mich. Süßer als Wein ist deine Liebe“ (Hld 1,2). „Wie schön bist du und wie reizend, du Liebe voller Wonnen! Wie eine Palme ist dein Wuchs; deine Brüste sind wie Trauben. Ich sage: Ersteigen will ich die Palme; ich greife nach den Rispen. Trauben am Weinstock seien mir deine Brüste, Apfelduft sei der Duft deines Atems, dein Mund köstlicher Wein, der glatt in mich eingeht, der Lippen und Zähne mir netzt“ (Hld 7,7–10).*

2.3. Sexualität im Neuen Testament

Jesus war Jude und Er predigte zu Menschen, die mit dem Alten Testament und seinen Geboten vertraut waren. Jesus hat im Bereich der Sexualität keines der Gebote aufgehoben, doch hat Er eine völlig neue Blickrichtung gebracht.

Dies zeigt die Szene mit der Ehebrecherin, die auf frischer Tat ertappt wurde. Jesus wurde gefragt: *„Mose hat uns im Gesetz vorgeschrieben, solche Frauen zu steinigen. Nun, was sagst du?“ (Joh 8,5)* In seiner Antwort setzt Jesus das Gesetz nicht ausser Kraft, doch Er ändert die Perspektive: *„Wer von euch ohne Sünde ist, werfe als Erster einen Stein auf sie“ (Joh 8,7).* Als niemand einen Stein warf, sagt er: *„Frau, wo sind sie geblieben? Hat dich keiner verurteilt? Sie antwortete: Keiner, Herr. … Auch ich verurteile dich nicht. Geh und sündige von jetzt an nicht mehr! (Joh 8,10-11)* Jesus schaut nicht auf die Vergangenheit, sondern auf die Gnade des gegenwärtigen Augenblickes. Jesus verharmlost die Sünde nicht. Er verzeiht und will der Frau zu einem neuen Weg verhelfen. So geht Jesus auch heute mit uns um!

Eheliche Treue

Das Neue Testament kennt in der Frage der ehelichen Treue keine Kompromisse. Bereits Johannes der Täufer bekennt sich zur Unauflöslichkeit der Ehe, indem er zu Herodes sagt: *„Du hattest nicht das Recht, sie zur Frau zu nehmen“ (Mt 14,4).* Diese Aussage war der Grund, weshalb er später ermordet wurde.

Zu Jesus kamen Pharisäer und fragten: *„Darf man seine Frau aus jedem beliebigen Grund aus der Ehe entlassen? Er antwortete: Habt ihr nicht gelesen, dass der Schöpfer die Menschen im Anfang als Mann und Frau geschaffen hat und dass er gesagt hat: Darum wird der Mann Vater und Mutter verlassen und sich an seine Frau binden und die zwei werden ein Fleisch sein? Sie sind also nicht mehr zwei, sondern eins. Was aber Gott* *verbunden hat, das darf der Mensch nicht trennen. Da sagten sie zu ihm: Wozu hat dann Mose vorgeschrieben, dass man (der Frau) eine Scheidungsurkunde geben muss, wenn man sich trennen will? Er antwortete: Nur weil ihr so hartherzig seid, hat Mose euch erlaubt, eure Frauen aus der Ehe zu entlassen. Am Anfang war das nicht so" (Mt 19,3–8).* Jesus hält den Pharisäern den ursprünglichen Plan Gottes vor Augen und tritt so, entschieden für die Unauflöslichkeit der Ehe ein.[22]

Die Weisungen des Neuen Testamentes sind eindeutig und klar. Jesus will, dass Frau und Mann und ihre Ehe von allen respektiert und geschützt wird. Daraus hat sich die Lehre der Unauflöslichkeit einer sakramental geschlossenen Ehe entwickelt. Im Tiefsten entspricht dies der Sehnsucht der Liebenden. Denn jeder, der liebt sehnt sich danach, dass seine Liebe für immer Bestand hat.

Sexualität ist mehr ...

Paulus verkündete das Evangelium in einer heidnisch-römischen Welt, in der verschiedene sexuelle Praktiken üblich waren. So war in Korinth „freier Sex" weit verbreitet, und Paulus musste dort auf die Frage nach der Bedeutung der Sexualität auf konkrete diesbezügliche Fragen eingehen.

Doch bevor er auf die konkreten Fragen eingeht, legt er dar, wie im Reich Gottes der eigene Leib und die Sexualität zu betrachten sind: *„Der Leib ist aber nicht für die Unzucht da, sondern für den Herrn, und der Herr für den Leib. Gott hat den Herrn auferweckt; er wird durch seine Macht auch uns auferwecken. Wisst ihr nicht, dass eure Leiber Glieder Christi sind? Darf ich nun die Glieder Christi nehmen und zu*

---

[22] Bei Matthäus in der Bergpredigt finden wir eine Ergänzung: *„Wer seine Frau entlässt, obwohl kein Fall von Unzucht vorliegt, liefert sie dem Ehebruch aus; und wer eine Frau heiratet, die aus der Ehe entlassen worden ist, begeht Ehebruch" (Mt 5,32).* Hier liegt eine Formulierung vor, aus der wir schliessen könnten, dass es von diesem Gebot eine Ausnahme geben könnte. Doch von Anfang an wusste sich die Kirche an das Wort Jesu gebunden, worauf auch die Regelungen in den Paulusbriefen hinweisen. Das Anliegen Jesu wird in der Aussage von Johannes Paul II. deutlich: „Jesus spricht die Übertretungen des Gesetzes an. Noch mehr aber spricht er von einer Auslegung des Gesetzes durch Menschen, bei der die richtige Bedeutung von Gut und Böse, wie sie Gott ausdrücklich gewollt hat, aufgehoben wird und verschwindet. Jesus lehnt jene Deutung ab, die den Plan Gottes den Schwächen und Grenzen des menschlichen Willens unterwirft. Christus will die grundlegende Klarheit der Auslegung zurückgewinnen: *‚Denkt nicht, ich sei gekommen, um ... aufzuheben, sondern um zu erfüllen' (Mt 5,17).* Vorbedingung für das Erfüllen ist das richtige Verständnis." (Johannes Paul II., Theologie des Leibes, Kat.35)

Gliedern einer Dirne machen? Auf keinen Fall! Oder wisst ihr nicht: Wer sich an eine Dirne bindet, ist ***ein*** *Leib mit ihr? Denn es heißt: Die zwei werden* ***ein*** *Fleisch sein. Wer sich dagegen an den Herrn bindet, ist* ***ein*** *Geist mit ihm. Hütet euch vor der Unzucht! Jede andere Sünde, die der Mensch tut, bleibt außerhalb des Leibes. Wer aber Unzucht treibt, versündigt sich gegen den eigenen Leib. Oder wisst ihr nicht, dass euer Leib ein Tempel des Heiligen Geistes ist, der in euch wohnt und den ihr von Gott habt? Ihr gehört nicht euch selbst; denn um einen teuren Preis seid ihr erkauft worden. Verherrlicht also Gott in eurem Leib!" (1 Kor 6,13–20)* Dazu einige Anmerkungen:

– Wir gehören mit unserem Leib Christus

Ihr gehört nicht euch selbst; denn um einen teuren Preis seid ihr erkauft worden. Paulus weist hier auf die Taufe hin, in der ein Herrschafts- und Eigentumswechsel stattgefunden hat. Durch die Taufe sind wir – erkauft durch das Blut Christi – ins neue Leben des Reiches Gottes aufgenommen worden. In der Taufe haben wir Jesus als unseren Herrn angenommen und sind in Seinen Leib und damit in ein neues Beziehungsnetz aufgenommen: Wir sind nun Glieder Seines Leibes. Im bewussten Schritt der Taufe haben wir unser ganzes Sein, mit Leib, Seele und Geist, Christus übergeben. Nun gehören wir nicht mehr uns selbst und können deshalb mit unserem Leib auch nicht mehr machen, was wir wollen. Unser Verhalten berührt von nun an immer auch den ganzen Leib Christi.

– Sexualität verbindet

Wisst ihr nicht: Wer sich an eine Dirne bindet, ist ein Leib mit ihr? Denn es heißt: Die zwei werden ein Fleisch sein. Wer sich dagegen an den Herrn bindet, ist ein Geist mit ihm.

Der Geschlechtsverkehr ist mehr als nur ein körperlicher Akt. Er macht mich in einem tiefen Bereich meiner Person eins mit dem Sexualpartner.[23] Im zwischenmenschlichen Bereich gibt es nichts Intimeres als die sexuelle Vereinigung. So drückt ein Paar in der geschlechtlichen Vereinigung auf die intimste Weise seine Zusammengehörigkeit aus. Diese geschlechtliche Vereinigung schafft eine innere Verbindung, die zum Ausdruck bringt: Wir gehören zusammen!

[23] Diese Bindung wird auch auf hormoneller Ebene unterstützt. Beim Geschlechtsverkehr wird das Hormon Oxytocin ausgeschüttet, das auch als „Bindungshormon" bezeichnet wird. Es vermittelt ein Gefühl tiefer Geborgenheit. Ebenfalls wird das Hormon Prolaktin ausgeschüttet, das die Verbundenheit der Partner stärkt.

– Sexualität berührt die Beziehung zu Gott

Hütet euch vor der Unzucht! Jede andere Sünde, die der Mensch tut, bleibt außerhalb des Leibes. Wer aber Unzucht treibt, versündigt sich gegen den eigenen Leib. In der Sexualität berühren wir nicht nur einen Körper, sondern wir berühren das Innerste einer Person. Das hat zur Folge, dass die sexuelle Sünde uns und den anderen in seiner innersten Identität verletzt. Das kann dadurch zum Ausdruck kommen, dass sexuelle Sünden uns lange emotional verfolgen können.

Paulus sagt hier noch mehr: Die Art und Weise, wie ich meine Sexualität lebe, fördert oder verhindert die Gemeinschaft mit Gott, sie hat Auswirkungen auf die Beziehung zu Gott. Das Bemühen um sexuelle Reinheit fördert das tiefe Erleben Gottes, das Festhalten an der Unreinheit verhindert es.

– Der Leib ist Tempel Gottes

Die Taufe macht den Leib zu einem Ort der Gegenwart Gottes. „*Oder wisst ihr nicht, dass euer Leib ein Tempel des Heiligen Geistes ist, der in euch wohnt und den ihr von Gott habt? …*“ Der jüdische Tempel war der Ort der besonderen Gegenwart Gottes. Der Tempel umfasste einen grossen Vorhof, das Heiligtum und schliesslich das Allerheiligste, jener Bereich des Tempels den der Hohepriester nur einmal im Jahr betreten durfte. Es war genau geregelt, wer wann und zu welchem Bereich Zutritt zu diesen heiligen Bereichen hatte.

Wie im Tempel Gott wohnt, so wohnt in uns der Heilige Geist. Wie der Tempel heilig ist, so berühren wir mit dem menschlichen Körper das Heilige. Wie es im Tempel eine heilige Ordnung gab, so gibt es eine heilige Ordnung für unseren Leib in Bezug auf Nähe und Berührung. Denn Heiliges muss beschützt werden, damit es nicht entweiht und verletzt wird. Was dies bedeutet wissen alle, die sexuellen Missbrauch erlebt haben.

Gemäss der heiligen Ordnung gibt es verschiedene Arten der Nähe und der Berührungen, gemäss der Vertrautheit des Herzens. Fremden Menschen geben wir zur Begrüssung die Hand, Freunden und Verwandten eine Begrüssungszärtlichkeit, einen Kuss oder eine Umarmung. Sexuelle Berührungen und die Hingabe des Körpers sind der liebenden Vereinigung der Ehepartner vorbehalten.

Verherrlicht also Gott in eurem Leib! Wir sind berufen mit unserem Leib und so auch mit unserer Sexualität Gott gross zu machen und zu verherrlichen.

Sexualität in der Ehe

Paulus kommt im ersten Korintherbrief auf einige ganz konkrete Fragen der Sexualität und Ehe zu sprechen. Einige Aussagen werden hier kurz dargestellt.[24]

Frau und Mann sind berufen auch mit ihrem Leib einander zu dienen. In der Ehe sollen unsere natürlichen, von Gott gegebenen Bedürfnisse, Erfüllung finden. Damit helfen wir einander den Versuchungen zu widerstehen, die ausserhalb der Ehe lauern können. Deswegen schreibt Paulus: *„Wegen der Gefahr der Unzucht soll aber jeder seine Frau haben und jede soll ihren Mann haben. Der Mann soll seine Pflicht gegenüber der Frau erfüllen und ebenso die Frau gegenüber dem Mann. Nicht die Frau verfügt über ihren Leib, sondern der Mann. Ebenso verfügt nicht der Mann über seinen Leib, sondern die Frau. Entzieht euch einander nicht, außer im gegenseitigen Einverständnis und nur eine Zeit lang, um für das Gebet frei zu sein. Dann kommt wieder zusammen, damit euch der Satan nicht in Versuchung führt, wenn ihr euch nicht enthalten könnt" (1 Kor 7,2–5).*

Die eheliche Vereinigung ist vergleichbar mit einem Seismograph, der besonders sensibel auf alle Störungen des ehelichen Lebens reagiert. Verschiedene Erfahrungen und Gründe können das eheliche Einssein erschweren. Paulus ermahnt die Ehepaare, sich einander nicht mit Ausreden voreinander zu entziehen. *Entzieht euch einander nicht …* bedeutet liebend auf die Bedürfnisse des Anderen hinhören ohne sich missbrauchen zu lassen.[25]

---

[24] Der Text *Eph 5,21-33*, der auf den Sinn der Ehe, die Rolle von Mann und Frau und von dem die Kirche die Bedeutung des Ehesakramentes ableitet, wird im Kapitel 6.2 „Rollen" in der christlichen Ehe behandelt.

[25] In jeder Ehe gibt es sexuelle Unterschiede und das sexuelle Verlangen ist unterschiedlich ausgeprägt. Bei Männern ist es eher körperlich bedingt. Die Keimdrüsen (Hoden) produzieren Spermien, die in den Nebenhoden gespeichert werden. Werden die Samenzellen nicht durch Geschlechtsverkehr oder Masturbation entleert, kommt es irgendwann zu einer unwillkürlichen Entleerung in Form von nächtlichen Ergüssen. Die Samenzellen kommen auf ihrem Weg an den Samenbläschen und der Prostata vorbei. Dort erhalten sie Feuchtigkeit und Energie zum Schwimmen. Bei der Frau entsteht das sexuelle Verlangen eher auf der emotionalen Ebene. Sie empfindet stärker das Bedürfnis geliebt zu werden und so wünscht sie sich von dem Mann, den sie liebt, körperliche berührt zu werden. Fehlt diese emotionale Komponente verringert sich bei ihr auch das Interesse an der Sexualität. Zuweilen vergessen wir, dass das andere Geschlecht eben anders ist. Männer werden viel stärker durch das, was sie sehen angezogen. Frauen werden eher durch Zärtlichkeiten und ungeteilte Aufmerksamkeit angeregt. Wenn sich ein Ehepartner kaum für die sexuellen Bedürfnisse des andern interessiert und keine Anstrengung unternimmt auf den andern zuzugehen, schafft dies ein Klima der Enttäuschung und der Frustration. Solcher Egoismus ist Sünde.

Der liebende Blick auf die Bedürfnisse und das Wohl des Partners zeigt sich in der Haltung, in der ein Ehepaar die geschlechtliche Vereinigung vollzieht: *„Das ist es, was Gott will: eure Heiligung. Das bedeutet, dass ihr die Unzucht meidet, dass jeder von euch lernt, mit seiner Frau in heiliger und achtungsvoller Weise zu verkehren, nicht in leidenschaftlicher Begierde wie die Heiden, die Gott nicht kennen, … Denn Gott hat uns nicht dazu berufen, unrein zu leben, sondern heilig zu sein" (1 Thess 4,3-4.7).* In der Ehe in „heiliger und achtungsvoller Weise" miteinander zu verkehren bedeutet, dass Frau und Mann sich gegenseitig achten und danach trachten, dem Partner Liebe zu schenken und ihn glücklich zu machen. Wenn jeder aus diesem Angenommensein leben kann, entsteht ein Raum des Vertrauens und der Geborgenheit. Dann wird auch die Sexualität unbelastet Freude machen können.

„Den Verheirateten gebiete nicht ich, sondern der Herr: Die Frau soll sich vom Mann nicht trennen – wenn sie sich aber trennt, so bleibe sie unverheiratet oder versöhne sich wieder mit dem Mann – und der Mann darf die Frau nicht verstoßen" (1 Kor 7, 10–11). Paulus erlaubt keine Wiederverheiratung. Für ihn gibt es nur die Möglichkeit einer Versöhnung mit dem Partner oder das ehelose Leben ohne praktizierte Sexualität. Einzige Ausnahme ist für Paulus, wenn der ungläubige Partner sich trennen will *(vgl. 1 Kor 7,15).*[26]

„Den Unverheirateten und den Witwen sage ich: Es ist gut, wenn sie so bleiben wie ich. Wenn sie aber nicht enthaltsam leben können, sollen sie heiraten. Es ist besser zu heiraten, als sich in Begierde zu verzehren" (1 Kor 7,8–9). Paulus wendet sich an die Unverheirateten und lässt ihnen in Bezug auf die sexuelle Gemeinschaft nur zwei Möglichkeiten. Erstens: unverheiratet zu bleiben und damit auf sexuelle Gemeinschaft zu verzichten. Zweitens: Wenn sie merken, dass sie nicht darauf verzichten können oder wollen, dann sollen sie heiraten, denn die Ehe ist der einzige Rahmen, in dem sexuelle Gemeinschaft stattfinden soll.[27]

---

26 Paulus lebte in der Erwartung, dass die Wiederkunft Jesu Christi in Herrlichkeit unmittelbar bevorsteht: *„Die Zeit ist kurz. Daher soll, wer eine Frau hat, sich in Zukunft so verhalten, als habe er keine, wer weint, als weine er nicht, wer sich freut, als freue er sich nicht, wer kauft, als würde er nicht Eigentümer, wer sich die Welt zunutze macht, als nutze er sie nicht; denn die Gestalt dieser Welt vergeht" (1 Kor 7,29–31).* Das kann zur Frage führen: Sind diese Aussagen davon mitbestimmt oder gelten sie für immer. Darauf gibt die Lehre der Kirche Antwort.

27 In der Realität ist dies oft nicht so einfach wie Paulus es hier sagt: Es gibt junge Christen, die gerne heiraten möchten, aber ledig sind, weil sie keinen christlichen Ehepartner finden. Mehr dazu in Kapitel 5.10 Ehelos (zölibatär, als Single, …) leben.

Paulus hat eine hohe Wertschätzung für die Ehe. Sie ist heilig und unantastbar. Alle sollen sie in Ehren halten. Das gilt für die eigene wie auch für die fremde Ehe. Der Schutz der Ehe gehört bereits zu den Zehn Geboten: *„Du sollst nicht die Ehe brechen,... du sollst nicht nach der Frau deines Nächsten verlangen" (Dtn 5,18.21).* Dazu lesen wir im Hebräerbrief: *„Die Ehe soll von allen in Ehren gehalten werden und das Ehebett bleibe unbefleckt; denn Unzüchtige und Ehebrecher wird Gott richten" (Hebr 13, 4).*

Unzucht – Porneia

Wie gerade im Hebräerbrief gelesen, ist in manchen Texten des Neuen Testaments von „Unzucht" die Rede, einem Wort, das in unserer heutigen Sprache kaum mehr vorkommt.[28] Mit „Unzucht" wird in der Bibel allgemein Sex ausserhalb der Ehe bezeichnet. Jesus lebte in einer jüdischen Umgebung. Dort war das Thema Unzucht durch die Weisungen des Alten Testamentes geklärt. Nur am Rande, im Zusammenhang mit Ehebruch und dem Bösen, das aus dem Herzen des Menschen kommt *(vgl. Mt 19,9 und Mk 7,21)*, spricht Jesus von Unzucht.

Doch das ändert sich schlagartig bei Paulus, der zu Menschen einer heidnisch-römischen Welt, in der verschiedene sexuelle Praktiken üblich waren, sprach. Deshalb kommt Paulus oft auf die Unzucht zu reden: *„Von Unzucht aber und Schamlosigkeit jeder Art oder von Habgier soll bei euch, wie es sich für Heilige gehört, nicht einmal die Rede sein. Auch Sittenlosigkeit und albernes oder zweideutiges Geschwätz schickt sich nicht für euch, sondern Dankbarkeit. Denn das sollt ihr wissen: Kein unzüchtiger, schamloser oder habgieriger Mensch – das heißt kein Götzendiener – erhält ein Erbteil im Reich Christi und Gottes. Niemand täusche euch mit leeren Worten: All das zieht auf die Ungehorsamen den Zorn Gottes herab" (Eph 5,3–6).* Paulus macht deutlich: Wer an Unzucht festhält, schliesst sich vom Reich Gottes aus, denn *„Unzucht geziemt sich nicht für Heilige"*, für Christen. Anscheinend gab es auch zur Zeit des Paulus Menschen, die behaupteten Unzucht sei vor Gott kein Problem, denn er fügt hinzu: *„Niemand täusche euch mit leeren Worten."*

28 „Unzucht" wurde bei der deutschen Strafrechtsreform 1973 durch den allgemeinen Begriff der „sexuellen Handlungen" ersetzt. Der Duden definiert Unzucht als *gegen die sittliche und moralische Norm verstossendes Verhalten zur Befriedigung des Geschlechtstriebs.* Mit dem deutschen Wort *Unzucht* wird meist das griechische Wort *porneia* übersetzt. *Porneia von porne – Prostituierte* bezeichnet eine „Liebe", bei der die Person, mit der diese Liebe ausgeübt wird, nicht im Tiefsten als Person, sondern als Objekt zur Befriedigung der Lust betrachtet wird.

Hier und an weiteren ähnlichen Stellen nennt Paulus als erstes Fehlverhalten *die Unzucht (vgl. 1 Kor, 6,13; Gal 6,19; Röm 13,13).* Auch beim Apostelkonzil, als es um die Frage ging, welche Regeln Christen, die früher Heiden waren, einzuhalten hatten, wird über die Unzucht gesprochen *(vgl. Apg 15,28).* Die Unzucht scheint einer der wesentlichsten Lebensbereiche zu sein, in denen sich das Verhalten der Christen von dem ihrer heidnischen Umwelt unterschied.

Was ist *Unzucht*? Heute spricht man gern von moralischem Fehlverhalten. Darunter kann man sich Unterschiedliches vorstellen. Doch Porneia, das griechische Wort für Unzucht, hat eine klare Bedeutung: Es ist ein Sammelbegriff für alle Formen von praktiziertem vor- und ausserehelichem Sexualverkehr.

Homosexualität in der Bibel

Die Bibel ordnet die praktizierte Homosexualität in die Kategorie von Unzucht ein.[29] Die prägnantesten (und schockierendsten) Texte im Alten Testament stehen im Heiligkeitsgesetz (Kap. 17–27) des Buches Levitikus. Beide Gesetzestexte stehen im Zusammenhang mit Geboten zum Schutz der Ehe, der Familie und deren Reinheit: *„Du darfst nicht mit einem Mann schlafen, wie man mit einer Frau schläft; das wäre ein Gräuel" (Lev 18,22)* Und: *„Schläft einer mit einem Mann, wie man mit einer Frau schläft, dann haben sie eine Gräueltat begangen; beide werden mit dem Tod bestraft; ihr Blut soll auf sie kommen" (Lev 20,13).* Die Androhung der Todesstrafe war vorübergehend und galt damals auch für viele andere Vergehen.[30]

Jesus hat sich nicht direkt zur Homosexualität geäussert. Doch Jesus hat kein Gebot des Alten Testamentes im Bereich des sexuellen Verhaltens aufgehoben.[31] Er hat jedoch zwei neue Aspekte gebracht. Jesus lebte einen neuen Umgang vor: Weg von der Bestrafung, hin zur Ver-

---

[29] Hier wird nur auf biblische Aspekte der Homosexualität eingegangen. Mehr zur Homosexualität im entsprechenden Kapitel.

[30] So z. B.: Wer mit der Schwiegertochter, mit der Frau seines Vaters, mit einem Tier verkehrt oder wer den Namen des Herrn schmäht, wer die Eltern verflucht oder schlägt, wer einen Wahrsagegeist hat, ... *(vgl. Ex 21, 15.17; 22,18; Lev 20,12.14.16; 24, 17).*

[31] „Wenn Jesus sich von der ablehnenden Haltung des Judentums zur Homosexualität unterschieden hätte, wäre das ein solcher Skandal gewesen, dass dies mit an Sicherheit grenzender Wahrscheinlichkeit ebenfalls seinen Niederschlag in den Evangelien gefunden hätte." (Hanspeter Hempelmann in: Liebt Gott Schwule und Lesben? Gesichtspunkte für die Diskussion über Bibel und Homosexualität. Wuppertal 2001. S. 21.

gebung und dem Neuanfang, (vgl. Jesus und die Ehebrecherin *Joh 8,1–11).* Zugleich gab Er dem Gebot eine noch tiefere Dimension: Von einem äusseren Befolgen der Gebote hin zur Reinheit und Lauterkeit des Herzens.[32] Wesentlich zur Einhaltung des Gebotes ist die innere Gesinnung und Haltung. Paulus hingegen nimmt deutlich Stellung zur Homosexualität. Dies wird auf dem Hintergrund verständlich, dass die Empfänger der Paulusbriefe Heidenchristen waren, deren Umwelt im Blick auf die Moral viel freizügiger war, als die der Juden.

Paulus hat die zu seiner Zeit weit verbreiteten homosexuellen Praktiken als Folge der mangelnden Gotteserkenntnis und des Heidentums gedeutet. Im Römerbrief schreibt Paulus, dass die Menschen zwar Gott erkannt, ihm aber nicht die Ehre gegeben haben. Das hat zur Folge, dass Gott die Menschen, die Folgen ihres sündigen Abfalls spüren lässt.

„Darum lieferte Gott sie entehrenden Leidenschaften aus: Ihre Frauen vertauschten den natürlichen Verkehr mit dem widernatürlichen; ebenso gaben die Männer den natürlichen Verkehr mit der Frau auf und entbrannten in Begierde zueinander; Männer trieben mit Männern Unzucht und erhielten den ihnen gebührenden Lohn für ihre Verirrung“ (Röm 1,26–27).

Im ersten Korintherbrief zählt Paulus in einem Lasterkatalog Gruppen von Menschen auf, die das Reich Gottes nicht erben werden: *„Weder Unzüchtige noch Götzendiener, weder Ehebrecher noch Lustknaben, noch Knabenschänder, noch Diebe, noch Habgierige, keine Trinker, keine Lästerer, keine Räuber werden das Reich Gottes erben“ (1 Kor 6,9–10).*

Paulus erwähnt hier zwei Gruppen von Homosexuellen, die *Lustknaben* und die *Knabenschänder,* womit der aktive und der passive Teil des homosexuellen männlichen Verkehrs gemeint ist. Nach dieser Stelle werden diejenigen, die Homosexualität praktizieren, aber ebenso *Unzüchtige, Götzendiener, Ehebrecher, Diebe, Habgierige, Trinker, Lästerer und Räuber,* die in dieser Lebenshaltung bewusst verbleiben, das Reich Gottes und den damit verbundenen Segen nicht erben.

Dann sagt Paulus überraschend zu den Korinthern: *„Und solche gab es unter euch. Aber ihr seid rein gewaschen, seid geheiligt, seid gerecht geworden im Namen Jesu Christi, des Herrn, und im Geist unseres Gottes“ (1 Kor 6,11).* Paulus markiert eine scharfe Zäsur vom früheren Le-

---

32 *„Ihr habt gehört, dass gesagt worden ist: Du sollst nicht die Ehe brechen. Ich aber sage euch: Wer eine Frau auch nur lüstern anschaut, hat in seinem Herzen schon Ehebruch mit ihr begangen“ (Mt 5,27–28).*

ben und vom Leben im Reich Gottes! Denn die Gnade des Blutes Christi und des Heiligen Geistes ermöglichen grundlegend in allen Bereichen ein verändertes Verhalten im Reich Gottes, weil die Menschen aus eine neuen Quelle und auf ein neues Ziel hin leben.

Exkurs: Veränderte Realitäten und Fragen

Zusammengefasst besagt die Botschaft der Bibel: Sex gehört in den verbindlichen Rahmen der Ehe. Ausserhalb der Ehe ist sexuelles Handeln, Unzucht. Diese biblische Sichtweise ist auch die Lehre der Kirche. Diese Botschaft befremdet viele und stösst auf Unverständnis: „So kann man doch nicht leben!" Das Unverständnis in unserer heutigen Zeit hat auch mit den veränderten Lebenswelten und Lebensrealitäten zu tun, die wir nicht ausser Acht lassen sollten.

Veränderte Lebenswelt

Die Zeit des Alten Testamentes und die Zeit Jesu unterscheiden sich kulturell wesentlich von unserer heutigen Lebensweise. Betrachten wir einige Aspekte:[33]

Geschlechtsreife: In der antiken jüdisch-christlichen Zeit war ein junger Mensch mit ca. 18 Jahren geschlechtsreif. Danach wurde in der Regel geheiratet. Heute beginnt die Pubertät und Geschlechtsreife bereits im Alter von 11–13 Jahren. Bis zur Heirat mit etwa 30 Jahren liegen 17–19 Jahre dazwischen.

Geistige Reife: In der antiken jüdisch-christlichen Zeit galt der 13-Jährige, als vor Gott eigenverantwortlich und als geistig reif. Mündig vor dem Staat ist der Mensch heute mit 18 Jahren. Finanziell auf eigenen Beinen steht ein junger Mensch meist erst viel später, mit dem Abschluss der Berufsausbildung oder des Studiums.

Sexuelle Praxis: In der antiken jüdisch-christlichen Zeit war sie ausschliesslich in der Ehe erlaubt. In der griechisch-römischen Welt gab es im Rahmen der Fruchtbarkeitskulte eine grosse sexuelle Freizügigkeit. Unsere heutige sexualisierte Umwelt ist so dominant, dass sich ihr Jugendliche und Erwachsene kaum entziehen können. Das führt zur verbreiteten Praxis der Selbstbefriedigung und auch dazu, dass Geschlechtsverkehr, (mit vier bis fünf Sexualpartnern), vor der Ehe weitgehend normal ist.

---

[33] Die folgenden, vergleichenden Aspekte stammen von Wilfried Veeser: Hinweise zum Gesprächsprozess im gemeindlichen Kontext. Vgl.: Arbeitsheft 2: Ehe und Lebensgemeinschaft. Weisses Kreuz 2015 S. 46–47.

Eheschliessung: In der antiken jüdisch-christlichen Zeit wurde die Ehe von den beiden Grossfamilien (doch in der Regel nicht gegen den Willen der Kinder) vereinbart und nach der Geschlechtsreife in einem öffentlichen, gesellschaftlichen Ritual vollzogen. Dann zogen die Beiden zusammen und lernten einander erst wirklich kennen. Die Liebe wuchs mit der Zeit, ebenso die Bindung aneinander.

Heute geschieht eine Eheschliessung aufgrund der Liebe der Eheleute, die sich selbst persönlich dafür entscheiden. Es wird zivil und oft auch kirchlich geheiratet. Das Alter liegt bei Männern durchschnittlich bei 31 Jahren. Doch junge unverheiratete Paare erleben subjektiv eine Art von „Eheschliessung", wenn sie zusammenziehen, meist ohne dies gross zu kommunizieren.

Umgang der Geschlechter miteinander: In der antiken jüdisch-christlichen Zeit war der Umgang zweier geschlechtsreifer Menschen strikt geregelt und ohne die Anwesenheit einer dritten Person an einem privaten Ort bereits verdächtig. Die weibliche und männliche Kleidung verhüllte alle erotisch erregenden Konturen.

Heute betont die modische Kleidung erotische frauliche und männliche Reize. Zudem ist es völlig normal, dass sich junge Frauen und Männer allein irgendwo treffen können. All das erschwert die sexuelle Enthaltsamkeit und die Kontrolle des frühreifen Menschen.

Schwangerschaft und Enthaltsamkeit: In der antiken jüdisch-christlichen Zeit führte der Geschlechtsverkehr schnell zu einer Schwangerschaft, weil Verhütung kein Thema und Mittel dazu kaum bekannt waren. Die Zeit zwischen Geschlechtsreife und Heirat betrug meist wenige Monate, so dass Enthaltsamkeit relativ leicht möglich war.

Junge Menschen, die heute enthaltsam leben möchten, haben in der Regel eine viel längere Wartezeit zwischen Geschlechtsreife und Heirat vor sich. Mit der „Pille" und dem Kondom wurde die Verhütung immer sicherer. Durch die Möglichkeit der Verhütung, fällt die Angst vor einer ungewollten Schwangerschaft faktisch vollständig weg.

Gesellschaftliches Bewusstsein: In der antiken jüdisch-christlichen Zeit befindet sich der Einzelne in einer Grossfamilie. Das „Wir" der Sippe kommt vor dem „Ich" der einzelnen Person. Der Einzelne vertraut den vorgegebenen Traditionen und den Ratschlägen der Älteren. Heute steht das Individuum, das Ich an erster Stelle. Viele lehnen überkommene Traditionen ab und erfinden für das eigene Leben neue Rituale.

Entwicklung der Beurteilung der Sexualität

Die jeweilige Kultur prägt wesentlich das sexuelle Erleben und Empfinden. Unsere heutige Situation der Hypersexualisierung ist ein völlig neues Phänomen in der Menschheitsgeschichte.

– Negative Bewertung in der Vergangenheit

Die Lust- und Sexualfeindlichkeit begann mit den griechischen, römischen und jüdischen Philosophen der Antike. Ihre Philosophie beruhte weitgehend auf dem Dualismus, in dem das Körperliche als böse und das Geistige als gut bewertet wurde. Alles Körperliche, und somit auch das Sexuelle, war schlecht.

Augustinus (354–430), der den neoplatonischen Philosophen nahe stand, nahm nach seiner Bekehrung einige dieser Prägungen mit in die Kirche hinein. Seiner Ansicht nach verführte die sexuelle Begierde den Menschen zur Sünde im Paradies. Thomas von Aquin (1225–1274) korrigierte diese Einstellung. Er beurteilt die Sexualität als von Natur aus gut, ihren gottgewollten Sinn sah er allein in der Fortpflanzung. Auf diesem Hintergrund wurde jede sexuelle Handlung, die nicht der Fortpflanzung diente, als widernatürlich und gegen den Willen Gottes gerichtet (und folglich als sündhaft) angesehen.

Diese Haltung prägte bis Mitte des vergangenen Jahrhunderts weitgehend das Empfinden der katholischen Kirche, obwohl sich bereits in den dreissiger Jahren eine Änderung abzeichnete. Bis dahin wurden sexuelle, körperliche Regungen und Bedürfnisse weitgehend negativ bewertet. Die Folge war nicht nur, dass über sie (wie auch die Sexualität ganz allgemein) nicht geredet wurde, sondern dass diese Regungen weitgehend unterdrückt und zum Teil sogar bekämpft wurden. Auf diesem Hintergrund wurde die Sexualität oft als sogenannte „Fleischeslust“, als sündig oder „schmutzig“ angesehen. Das sexuelle Miteinander wurde ausschliesslich zum Zweck der Zeugung von Kindern innerhalb der Ehe erlaubt.

– Neue Entwicklung

Durch Papst Pius XI. 1930 und Pius XII. 1951 traten lang vergessene und neue Aspekte in die Sichtweise der ehelichen Sexualität ein.[34] Das

[34] Eine erste veränderte Sichtweise bahnte sich 1930 mit Papst Pius XI. an, der in der Enzyklika Casti Connubii betonte, dass man die Ehe nicht im engeren Sinn als Einrichtung zur Zeugung und Erziehung des Kindes, sondern „im weiteren als volle Lebensgemeinschaft“ der Liebe sehen muss, die in „der tiefen Zuneigung der Seelen gegründet ist“ (Nr. 22). Gegenüber der starren Ehezwecklehre vergangener Jahrhunderte kündet sich hier ein Umdenken an. Papst Pius XII. vertiefte dies im

II. Vatikanische Konzil hat diese Entwicklung aufgenommen und bekräftigt, dass die Ehe „nicht nur zur Zeugung von Kindern eingesetzt" ist, sondern auch die gegenseitige (auch sexuelle) Liebe der Eheleute das unauflösliche Band des Ehepaares stärken soll (Gaudium et spes, 50).

Mit der Enzyklika Humanae Vitae von Paul VI. 1968 wurde dieser Aspekt der Lehre der Kirche weiter vertieft und es wurde betont, dass die Sexualität in der Ehe sowohl der gegenseitigen Liebe und Lust der Ehegatten wie der Weitergabe des Lebens diene.

Papst Johannes Paul II. vertiefte in seinen Katechesen die Bedeutung des Leibes, der Sexualität und der ehelichen Liebe. Wie kein anderer hat er uns die Schönheit der ehelichen Liebe erschlossen und uns gelehrt die Würde und den Wert des menschlichen Lebens zu achten.[35]

So hat sich in den Jahren von 1930 bis 1984 eine neue und heilende Entwicklung zu allen Fragen der Sexualität ergeben. Weg von der oft als „sündhaft" und „schmutzig" wahrgenommenen Sexualität, hin zur Bedeutung der Sexualität und ihrer Heiligkeit. Sexualität als Ausdruck der Sprache des Leibes, als Ausdruck des sich gegenseitigen Schenkens und Empfangens, als Ausdruck der Fruchtbarkeit und als Ausdruck der Lust und der Freude.

Jahr 1951 in zwei Ansprachen an Hebammen, in der er die Nutzung des Wissens um fruchtbare und unfruchtbare Tage mit folgenden Worten bestätigte: „Derselbe Schöpfer, der sich in seiner Güte und Weisheit zur Erhaltung des Menschengeschlechtes des Zusammenwirkens von Mann und Frau bedient, die er zur Ehe verbindet, hat es auch so eingerichtet, dass die Ehegatten in der geschlechtlichen Funktion eine Lust und Glückseligkeit in Körper und Geist empfinden. Die Ehegatten tun daher nichts Schlechtes, wenn sie diese Lust suchen und genießen. Sie nehmen nur entgegen, was ihnen der Schöpfer bestimmt hat." (Papst Pius XII., Aufbau und Entfaltung des gesellschaftlichen Lebens, 29. Oktober 1951, Zitiert nach Casetti/Prügl, Geheimnis ehelicher Liebe, Humanae Vitae – 40 Jahre danach, Salzburg 2008 S. 51.) Bemerkenswert ist an dieser Rede das Ernstnehmen der Geschlechtlichkeit und der mit ihr verbundenen Freude, als Geschenk Gottes, das der Mensch dankbar annimmt. Mit dieser Aussage wird die Sexualität als Geschenk Gottes in den „Bereich Gottes" gehoben.

35 Er selbst gab diesen 129 Katechesen, die er zwischen 1979 und 1984 im Rahmen der Mittwochsaudienzen hielt, den Titel „Theologie des Leibes". Darin zeigt Johannes Paul II. den Plan Gottes für die menschliche Liebe. Alles, was die katholische Kirche durch die Jahrhunderte zum Thema Ehe, Liebe und Sexualität gesagt hat, wurde von Johannes Stöhr in einem Werk von ca. 2000 Seiten zusammengetragen. Allein 1630 Seiten davon hat Johannes Paul II. verfasst. Er hat über das Thema Ehe, Familie und Sexualität mehr gesagt, als alle Päpste vor ihm gemeinsam. (Vgl. Johannes Stöhr: Ehe und Familie im Lichte christlicher Spiritualität, Handbuch kirchlicher Texte. Fe-Medienverlag, 2000.)

Auch wenn die Last der Geschichte noch nicht ganz abgetragen ist, ist doch der Wandel zu einer positiven und wertschätzenden Sexualität in der Kirche allerorten wahrnehmbar. Diese Last der Vergangenheit führte dazu, dass früher die Sexualität als etwas Schlechtes tabuisiert wurde, viele Mädchen und Jungen nicht aufgeklärt und nicht liebevoll in die Schönheit und das Heilige der Sexualität eingeführt wurden. Vielleicht ist dies mit ein Grund, weshalb durch die „Sexuelle Revolution" des letzten Jahrhunderts die sexuelle Lust so bahnbrechend ins Zentrum der heutigen Gesellschaft katapultiert wurde und die Pornografie sich so ausbreiten konnte.

Fazit

All diese Veränderungen zeigen, dass wir heute vor vielfältigen Herausforderungen stehen, wenn wir die biblische und kirchliche Sicht von Sexualität vermitteln wollen. So zeigt sich z.B. die Frage der sexuellen Enthaltsamkeit heute in einem völlig anderen Kontext als zur Zeit Jesu. Die Last der Vergangenheit führte dazu, dass viele in der Kirche noch heute zurückhaltend sind, was die Darlegung der biblischen und heilbringenden Sichtweise der Sexualität betrifft.

Es ist wichtig, diese Veränderungen zu sehen. Und dennoch: Mindern sie den Anspruch Jesu? Wir tun gut daran, trotz aller aktuellen Herausforderungen, unbeirrt das Ziel vor Augen zu haben, zu dem uns das Evangelium einlädt. Jesus selbst lädt uns Menschen ein, uns auf den Weg der Heiligkeit zu machen: *„Ihr sollt also vollkommen sein, wie es auch euer himmlischer Vater ist" (Mt 5,48).* Vollkommen meint, dass wir ganz, ungeteilt und *vollkommen* den himmlischen Vater als unseren einzigen Orientierungspunkt haben.[36]

Dem Gewissen folgen

Besonders im Bereich der Sexualität können wir oft hören: „Jeder soll seinem Gewissen folgen!" Was ist damit gemeint? Was bedeutet es dem eigenen Gewissen zu folgen?

---

[36] Bei seinem Besuch in Kinshasa (3.5.1980) sagte Johannes Paul II. – ein begeisterter Bergsteiger den jungen Leuten zu: „Ihr tut gut daran, eure Grenzen zu sehen. Aber ihr dürft dennoch nicht Gottes Erwartung an euch verkleinern. Mag die christliche Ehe auch mit einem hohen Gebirge vergleichbar sein, das die Eheleute in die unmittelbare Nachbarschaft Gottes hebt, so muss man doch anerkennen, dass der Aufstieg viel Zeit und Mühe kostet. Aber wäre das ein Grund dafür, das Gebirge abzutragen oder niedriger zu machen?" (Die Familie – Zukunft der Menschheit, Patris Verlag 1985, S. 341)

Das „Gewissen" ist eine Art „inneres Wissen", das jedem Menschen von Geburt an mitgegeben ist: „Im Innern seines Gewissens entdeckt der Mensch ein Gesetz, das er sich nicht selbst gibt, sondern dem er gehorchen muss und dessen Stimme ihn immer zur Liebe und zum Tun des Guten und zur Unterlassung des Bösen anruft und, wo nötig, in den Ohren des Herzens tönt: Tu dies, meide jenes. Denn der Mensch hat ein Gesetz, das von Gott seinem Herzen eingeschrieben ist, dem zu gehorchen eben seine Würde ist und gemäß dem er gerichtet werden wird." (Gaudium et spes 16)

Dem Gewissen zu folgen bedeutet in einer wichtigen Entscheidung auf die „innere Stimme" zu hören. Was man dabei unter „innerer Stimme" versteht, wird meist mit einer Art Gefühl umschrieben, welches einem zu spüren gibt, ob eine bestimmte Handlung richtig oder falsch ist. Dieses Gefühl lässt im Voraus und erst recht im Nachhinein die Qualität des Handelns „fühlen". Es schenkt inneren Frieden und Glück bei einer guten Tat. Dann haben wir ein gutes Gewissen. Bei einer verwerflichen Tat entsteht ein schlechtes, anklagendes Gefühl (Schuldgefühl), eben ein schlechtes Gewissen.

Aber worauf gründet ein solches „Gefühl"? Ist es in jedem Fall die „Stimme Gottes"? Das ist nicht der Fall, denn das Gewissen kann in seinem Urteil getrübt sein, weil das innere, göttliche Gesetz zu wenig klar erkannt und angenommen wird.[37] So kann ein schlechtes Gefühl da sein, obwohl kein schlechtes Verhalten vorliegt oder ein gutes Gefühl, obwohl eine Tat nicht dem göttlichen Gesetz entspricht.

Gewissen ist also nicht gleich Gewissen, denn verschiedene Einflüsse wie Erziehung, Kultur und Gewohnheiten prägen das Gewissensurteil, sodass dieses sich irren kann. So kann es in unserem Leben ein Verhalten (ein Denken, Reden und Handeln oder Unterlassen) geben, das für uns „normal" ist, einfach weil wir es so gewohnt sind und zudem die Mehrheit ja ebenso handelt.[38] Deshalb braucht es objektive Kriterien,

---

[37] Einige Beispiele wollen dies verdeutlichen: Was ist, wenn jemand im Gewissen spürt, das Richtige zu tun, indem er z.B. Rassenmorde befürwortet? Was kann ich jemandem erwidern, wenn dieser es als gute Tat ansieht, Steuern zu hinterziehen oder reiche Menschen zu bestehlen, um das Geld den Armen zu geben? Was antworten wir, wenn ein Mensch aufgrund seiner (falschen Gewissens-) Erziehung immer ein schlechtes Gewissen (Schuldgefühl) hat, auch wenn er konkret keine schlechte Tat begangen hat?

[38] In meiner Erfahrung als Priester habe ich (Leo Tanner) schon häufig Folgendes erfahren: Menschen finden zu einem lebendigen Glauben. Sie leben bewusst mit Jesus. Das Licht Jesu erleuchtet sie mehr und mehr. Und nach und nach erkennen sie, was in ihrem Leben falsch läuft. Es gibt Dinge, die lange gar nicht bewusst, als Sün-

an denen sich das persönliche Gewissensurteil ausrichten und notfalls korrigieren kann.

Die Formung und Klärung unseres Gewissens, auch Gewissensbildung genannt, ist eine notwendige und lebenslange Aufgabe. Bei dieser Gewissensbildung will uns das Wort Gottes Licht auf unserem Weg sein. Ebenso ist die Lehre der Kirche wie ein Kompass zu verstehen. Der Katechismus der Katholischen Kirche nennt folgende mögliche Ursachen für ein falsches Gewissensurteil: „Unkenntnis über Christus und sein Evangelium, schlechte Beispiele anderer Leute, Verstrickung in Leidenschaften, Anspruch auf eine falsch verstandene Gewissensautonomie, Zurückweisung der Autorität der Kirche und ihrer Lehre, Mangel an Umkehrwillen und christlicher Liebe, können Gründe für Fehlurteile im sittlichen Verhalten sein." (Nr. 1792)

Die Gewissenbildung ist ein Weg, der immer feinfühliger für die wirkliche Stimme Gottes macht. Das kann dazu führen, dass eine Handlung, die über längere Zeit als „in Ordnung" angesehen wurde, plötzlich als „nicht in Ordnung" erkannt wird. Die Stimme des Gewissens ruft daher zu einem veränderten Verhalten.

Im Umgang mit schwierigen Fragen und ungeklärten Lebenssituationen können folgende Schritte hilfreich sein: Als Erstes gilt es, den Sinn der kirchlichen Lehre zu verstehen, zu bedenken und dann zu fragen: Verstehe ich, was die Kirche will, kann ich dem zustimmen? Ist die vorgeschlagene Form für mich lebbar? In einem weiteren Schritt kann der Austausch mit überzeugten Gläubigen, die in einer ähnlichen Situation leben, und auch mit Seelsorgern oder Priestern gesucht werden, die mithelfen, Gottes Willen zu erkennen. All dies vor Gott im Gebet erwägend, kann dann in einem dritten Schritt die Frage gestellt werden: Was dient der Verherrlichung Gottes? Was vermehrt die wahre Liebe?

Wer die Wahrheit sucht und ganz ehrlich ist, wird in den meisten Situationen seines Lebens erkennen können, was richtig ist. Dann aber müssen wir letztlich unserem Gewissen folgen. Es ist die letzte Instanz, vor der wir uns verantworten müssen.

---

den wahrgenommen werden und erst im Licht der wahren Liebe erkannt werden. Öfters sind dann auch Verheiratete zur Beichte gekommen und haben ein sexuelles Verhalten vor der Ehe als „sündhaft" bekannt, das ihnen jedoch damals nicht (oder kaum) bewusst war, weil es ja in unserer Gesellschaft „normal" ist.

2.4. Das Reich Gottes verändert

Jesus ist gekommen, um uns Menschen ein neues Leben zu ermöglichen, das Leben im Reich Gottes. Gott geht es immer um Leben und Beziehung. Er möchte es mit uns gestalten.

Die neue Quelle

Vor über 2500 Jahren sprach Gott durch den Propheten Jeremia: *„Mein Volk hat doppeltes Unrecht verübt: Mich hat es verlassen, den Quell des lebendigen Wassers, um sich Zisternen zu graben, Zisternen mit Rissen, die das Wasser nicht halten“ (Jer 2,13).* Wer sein Leben nicht aus der Quelle der Liebe Gottes zu gestalten sucht, dem zerrinnt die innere Erfüllung, wie das Wasser aus einer Zisterne mit Rissen. Dann ist es nur natürlich sich zu fragen: „Wie komme ich zu dem, wonach ich mich sehne?“ Meist beginnen wir dann eigene Zisternen zu bauen und nach Ersatz zu suchen. Doch die selber gegrabenen Zisternen vermögen die wahre Quelle des Lebens nicht zu ersetzen.

Jesus ist gekommen um uns den Zugang zum Reich Gottes zu öffnen: *„Die Zeit ist erfüllt, das Reich Gottes ist nahe. Kehrt um, und glaubt an das Evangelium!“ (Mk 1,15)* Reich Gottes heisst: Gott will uns und unsere Beziehungen mit Seiner Liebe, mit Seinem Frieden und mit Seiner Freude erfüllen. Doch Er kann dies nur tun, wenn wir Ihn als unseren absoluten Orientierungspunkt wählen und uns Seinem Wirken öffnen. Diese Entscheidung beinhaltet das Wort Jesu: *Kehrt um und glaubt an das Evangelium!*

Eine solche Entscheidung hat einschneidende Konsequenzen. Das kann uns in einen inneren Zwiespalt führen: „Grundsätzlich bin ich dafür, nach Gottes Weisungen leben zu wollen, aber … jetzt in diesem Bereich sehe ich es anders.“ Es ist tatsächlich so: Wer im Innersten das Herz nicht an Gott fest gemacht hat und Ihm ganz nachfolgt, findet immer Bibelstellen und Interpretationen, um seine – im Tiefsten vom ihm selbst gewählten – Entscheidungen zu rechtfertigen.

Anselm Kraus schreibt: „Wer nur ein bisschen oder etwas Gott will, erlebt Gott immer nur als Bremse, als Hindernis, als Schmerz, als Störfaktor. Aber wer ihn ganz will, der erfährt, dass er Impulse gibt und dass man Freiheit und Schwung bei ihm bekommt, dass seine Nachfolge eine fröhliche Sache ist, weil er den Menschen von all dem frei macht, was den Halbherzigen lockt und quält und hin und her zerrt.“[39] Doch wenn

---

[39] Anselm Kraus: Den Spuren Christi und seines Dieners Franziskus folgen. S. 84. Vier-Türme-Verlag, Münsterschwarzach, 1988.

wir uns entschieden haben, bekommt unser Leben eine ganz klare Ausrichtung. Nun kann Gottes Heiliger Geist in neuer Weise in unserem Leben wirken und unsere inneren Regungen und Sehnsüchte umformen und verwandeln.

Positive Visionen nähren

Wir können mit einer grossen Entschiedenheit einen neuen Weg beginnen, doch wenn die Probleme, die Mühe des Alltags, wenn Nadelstiche und Enttäuschungen kommen, dann können wir nach und nach an Kraft und Grossherzigkeit verlieren. So muss jede Entscheidung immer wieder erneuert und vertieft werden. Entscheidungen werden durch Visionen genährt und gestärkt. Visionen lenken den Blick auf das Unmögliche, damit das Mögliche Realität werden kann.

Das gilt auch in Bezug auf unsere Sexualität. In der Sexualität ist eine grosse Triebenergie da. Dieser Kraft sind wir nicht ohnmächtig ausgeliefert. Wir können durch starke Motive diese Treibkraft steuern und ihre Energie – meist in einem längeren Prozess – in eine Richtung lenken. Deshalb die Frage: Wie möchte ich meine Sexualität leben? Wem (oder wozu) soll die Energie meiner Sexualität dienen?

Im Suchen und Ringen um die Antwort auf diese Frage können uns auch negative „Visionen“ beeinflussen. Sie entspringen aus dem Gefühl der Benachteiligung: Die anderen dürfen Sex ausserhalb der Ehe haben, sich auf lustvolle Abenteuer einlassen, … und ich (leider) nicht. Solche negativen „Visionen“ werden vom Lustprinzip und der reinen Diesseitsorientierung genährt. Wer Christsein nur als Kultur, als Sozialisation (Erziehung) erfahren hat, wird die biblischen Visionen und Normen immer ein Stück weit als Last und Einengung der Freiheit empfinden.[40]

Positive Visionen entspringen dem Dank, im Reich Gottes aus der neuen Quelle des Heiligen Geistes leben zu dürfen. Wer das tief Beglückende und Erfüllende der neuen Quelle, des Lebens im Reich Gottes, erfahren hat, weiss, dass es mehr und Tieferes gibt als den momentanen Genuss. Positive Visionen wollen das Beste in uns zum Leben erwecken. Sie haben einen weiten Horizont und bewirken innere Freude und Erfüllung. Sie haben das Wachsen in der Liebe zu Gott und letztlich die Ewigkeit im Blick. Zu dieser Liebe gehört: *„Die Liebe zu Gott besteht darin, dass wir seine Gebote halten“ (1 Joh 5,3).*

[40] Das zeigt sich in Fragen wie: „Kann ‚Liebe‘ Sünde sein?“ Wir lieben uns doch nur! Wenn Gott die Liebe ist, kann die Liebe zwischen zwei Menschen doch keine Sünde sein!? Egal wer mit wem – Hauptsache Liebe!

Karin – ein langer Weg bis zur „zweiten Chance"

Ich bin in einer gläubigen Familie aufgewachsen und besuchte schon immer regelmässig eine Kirche. Solange ich mich erinnern kann, war in mir der Wunsch, Gott mit meinem Tun zu gefallen. Das fiel mir nie schwer, trotzdem hinterfragte ich die Vorgaben der Gesellschaft, meiner Eltern und auch der Kirche – ich war immer an der Wahrheit interessiert und nicht an Traditionen.

Schon im Alter von zehn Jahren waren Liebe und Beziehung ein Thema und ich begann, mich nach einem festen Freund zu sehnen. Auf meiner Suche verliebte ich mich unzählige Male, genauso schnell verflogen diese Gefühle aber auch wieder. Mit dreizehn Jahren machte ich mir das erste Mal konkrete Gedanken, ob ich eine Beziehung zu meinem besten Freund eingehen wollte. Doch genau in dieser Zeit schenkte mir eine gute Freundin ein Buch, das beschrieb, wie schnell Verletzungen entstehen und dass man sich das Eingehen einer Beziehung sorgfältig überlegen sollte, da es eine grosse Reife dazu bräuchte. Dies liess mich einsehen, dass ich doch noch etwas jung war für meine erste Beziehung und so entschied ich mich dagegen. … Mit sechzehn Jahren lernte ich dann in einem Sportlager einen jungen Mann kennen, den ich sehr sympathisch fand – am Ende der Woche waren wir ein Paar, ohne uns wirklich zu kennen. Endlich hatte ich meinen ersten Kuss bekommen! Mit sechzehn doch ziemlich spät, verglichen mit meinen Freundinnen.

Nun war es also soweit, ich hatte meine langersehnte Beziehung. Doch wie sollte ich diese leben? Weder mit meinen Eltern, noch mit Personen aus der Kirche hatte ich über Aspekte einer Beziehung gesprochen. Ich wollte mich an Gottes Richtlinien orientieren, doch was waren diese überhaupt? Klar wusste ich um das „Gebot" keinen Sex vor der Ehe zu haben. Aber stand das wirklich in der Bibel oder war dies nur veraltete Kirchentradition? Meine Fragen konnte (oder wollte?) niemand wirklich beantworten. Und so hatten wir keinerlei Richtlinien, wie wir unsere Beziehung, vor allem in der körperlichen Komponente, gestalten sollten. Wir lebten so, wie wir es für gut hielten. Wenn ich heute zurückblicke war das eine ziemlich grosse Spannung. Unsere Eltern durften nicht merken, dass wir Petting, später auch Geschlechtsverkehr hatten, und gleichzeitig dachte ich, dass Gott ja anscheinend gar keine Einwände habe, wenn nichts in der Bibel zu diesem Thema stehe.

Meine Überzeugung kam erst nach einer Weile ins Wanken. Mit der Zeit musste ich feststellen, dass Geschlechtsverkehr gar nicht das ist, was ich mir darunter vorgestellt hatte oder wie er von der Gesellschaft dargestellt wurde. Ich fühlte mich immer weniger wertgeschätzt als Frau und immer mehr reduziert auf meinen Körper. Ich war enttäuscht. Ich wusste, dass Gott die Sexualität erschaffen hatte, deshalb konnte ich mir nicht vorstellen, dass sie so sein sollte, wie ich sie damals erlebte. Darum begann ich, intensiv nach Gottes Willen zu fragen. Ich betete viel in dieser Zeit und bat Gott, mir zu zeigen, was sein Wille ist. Immer öfter stellte ich mir dann die Frage, ob an der ganzen Sache mit „Kein Sex vor der Ehe" nicht doch etwas Wahres dran war. Durch alle Gebete hindurch begann Gott, mein Herz zu verändern und für seine Sicht zu öffnen. Ich wurde immer überzeugter, dass es wahrscheinlich doch das Beste wäre, auf den vorehelichen Geschlechtsverkehr mit meinem Freund zu verzichten. Gleichzeitig kam ich dadurch in eine noch schwierigere Situation: Wie sollte ich meinen Freund dazu bringen? Schliesslich hatte er grosse Freude an unserer körperlichen Begegnung. Dieses Dilemma brachte mich dazu, Gott zu bestürmen, meinen Freund auf einen solchen Schritt vorzubereiten. Ich wusste; wenn es wirklich Gottes Wille ist, dann würde er eine solche Veränderung im Herzen auch möglich machen. Es war für mich ein Prüfstein, ob es Gott ernst war mit seinem „Anliegen". Und tatsächlich: einige Wochen später sagte mir mein Freund bei einem unserer abendlichen Telefonate, dass wir die körperliche Ebene zu fest fokussierten und er dies nicht länger wollte. Natürlich dachte er in diesem Moment nicht daran, ganz auf den Geschlechtsverkehr zu verzichten, aber ich wusste genau, dass Gott auf meine Bitte eingegangen war und das Herz meines Freundes begonnen hatte zu verändern. Gott übergab mir damit wieder das Zepter. Er hatte seinen Teil des „Deals" erledigt.

Trotzdem war ich noch nicht bereit, einfach von einem Tag auf den anderen diesen wichtigen Teil unserer Beziehung an den Nagel zu hängen und so forderte ich Gott ein weiteres Mal heraus. Eine Leiterausbildungswoche sollte endgültig Klarheit schaffen. Er sollte mir bis Ende der Woche wirklich unumstösslich klar machen, dass ich aufhören sollte, mit meinem Freund zu schlafen, ansonsten wäre das Thema für mich erledigt gewesen. Während einer Andacht gegen Ende der Woche sprach ein Leiter über Paulus und sein Leben. Mitten in seiner Predigt erwähnte er eine Bibelstelle, die wir aufschlagen sollten. Ich schlug sie auf und las etwas, das überhaupt nicht zum Inhalt der Andacht, wohl aber zu meinem Leben passte. Es traf mich mitten ins Herz: „Deshalb kann Gott an denen, die so selbstsüchtig leben, kein Gefallen finden." (Römer 8.8). Ich wollte von tiefstem Herzen Gott gefallen und in diesem Moment fiel es mir wie Schuppen von den Augen: so wie ich lebte, konnte ich Gott nicht gefallen. … Ich ging nach draussen, nahm mein Telefon in die Hand und rief meinen Freund an. Ich wusste, dass ich nun meine Entscheidung durchziehen musste. Innerlich betete ich weiter, dass Gott doch irgendwie meinen Freund auf diese Entscheidung vorbereiten würde. Und tatsächlich: als ich ihm die Entscheidung mitteilte meinte er nur völlig gelassen: „Ok, du musst mir einfach dabei helfen." Die ganze Anspannung, die ich schon Monate in mir herumtrug, fiel von mir.

Tatsächlich konnten wir dann unsere Entscheidung auch wirklich ohne Ausnahme durchziehen. Gott hatte so klar gesprochen, dass mir der Verzicht auf Geschlechtsverkehr gar nicht schwer fiel. In dieser Zeit fing ich an, mich auch biblisch mit dem Thema auseinander zu setzen. Gemeinsam mit einer Freundin forschte ich in der Bibel und mit anderen Jugendlichen sprach ich über meine persönliche Erfahrung. Ungefähr ein Jahr nach der Entscheidung musste ich jedoch feststellen, dass wir körperlich einfach kompensierten, was wir zuvor aufgegeben hatten. Wir praktizierten Petting bis zum Orgasmus und ich kam erneut in diese Spannung zwischen meinem Tun und dem Willen Gottes. Nach einiger Zeit erkannte ich, dass wir nur die körperliche Ebene verschoben, nicht aber unsere Beziehung auf ein anderes Standbein gestellt hatten – der Schwerpunkt unserer gemeinsamen Zeit lag weiterhin auf der körperlichen Ebene. Als ich dies begriff, entschied ich mich auch gegen das Petting mit Orgasmus, welches eigentlich einfach einen Ersatz für den Geschlechtsverkehr darstellte. Diesmal war mein Freund aber alles andere als einverstanden, er musste aber meine Entscheidung trotzdem akzeptieren.

Dieser Schritt führte dazu, dass wir unsere Beziehung sahen, wie sie wirklich war. Die körperliche Ebene hatte uns über drei Jahre zusammengehalten und als wir den Schwerpunkt verschoben, mussten wir auch unsere gemeinsame Zeit anders gestalten. Wir begannen Freundschaften zu pflegen, machten Ausflüge und ich investierte mich mehr in meine Gottesbeziehung. Doch mit der Zeit musste ich feststellen, dass wir sehr unterschiedliche Lebensziele hatten – er wollte ein geordnetes Leben in der Schweiz, ich wollte das Abenteuer mit Gott – egal wo. Immer mehr hinterfragte ich unsere Beziehung, die Gründe für unser Zusammensein und mein eigenes Leben. Nach zwei Jahren auf und ab in diesem Prozess trennte ich mich schliesslich nach fünfeinhalb Jahren von meinem Freund. Dieser Schritt fiel mir überhaupt nicht leicht, besonders im Hinblick darauf, dass wir bereits ein Fleisch gewesen waren und dies nicht getrennt werden sollte. Trotzdem merkte ich, dass es die richtige Entscheidung war und ich durfte Gottes Vergebung und Heilung in Anspruch nehmen und noch einmal neu beginnen. … Der Trennungsprozess nahm sehr viel Zeit in Anspruch und viele Erinnerungen werden Teil meines Lebens bleiben.

Nach einiger Zeit durfte ich einen neuen Mann kennen lernen. Wir beide brachten frühere Erfahrungen durch Partnerschaften in die neue Beziehung und mussten lernen, mit der Vergangenheit des Gegenübers umzugehen, Vergebung zu leben und uns auf den neuen Partner auszurichten. Sicherlich wäre das Kennenlernen ohne „Vorgeschichte" einfacher gewesen, aber gerade durch die alten Erfahrungen mussten wir von Anfang an offen und ehrlich zueinander sein und bekamen so eine wertvolle Tiefe geschenkt. Wir entschieden uns gemeinsam auf den Sex vor der Ehe zu verzichten und dafür umso mehr Zeit und Energie ins gegenseitige Kennenlernen zu stecken. Enthaltsam zu sein war nicht immer einfach, da wir beide keine „natürlichen Hemmschwellen" mehr hatten, die einen über eine körperliche Annäherung nachdenken lassen würden. Um es uns einfacher zu machen, entschieden wir deshalb, nicht beieinander zu übernachten. Das war keine leichte Entscheidung, aber sie war sehr wertvoll, denn wir lernten, unser Gegenüber zu ehren und Verantwortung füreinander zu übernehmen. Wenn wir schwach wurden, setzten wir uns hin und baten Gott und den Partner um Vergebung. So lernten wir das Gegenüber sehr gut kennen, mit allen Stärken und Schwächen und entwickelten eine tiefe Ehrlichkeit. Als wir dann heirateten konnten wir von diesen Prozessen, dem gemein-

samen Durchhalten und der Wertschätzung, die wir einander entgegen brachten, profitieren. Wir erlebten, dass wir unsere Beziehung auf ein stabiles Fundament gebaut hatten. Ich bin sehr froh, dass ich eine „zweite Chance" bekam und Gottes Gnade in meinem Leben so persönlich erfahren durfte.

Dem Geist folgen

Visionen für Menschen, die die Sexualität als Liebeskraft leben wollen, führen immer in einen Kampf, denn in uns Menschen stehen sich Liebe und Begehrlichkeit, Reinheit und Begierde gegenüber. Paulus schreibt: *„Das Begehren des Fleisches richtet sich gegen den Geist, das Begehren des Geistes aber gegen das Fleisch; beide stehen sich als Feinde gegenüber, sodass ihr nicht imstande seid, das zu tun, was ihr wollt" (Gal 5,17).*

Ob wir *dem Begehren des Fleisches* oder dem *Begehren des Geistes* folgen, beides hat Folgen: *„Die Werke des Fleisches sind deutlich erkennbar: Unzucht, Unsittlichkeit, ausschweifendes Leben, ... Die Frucht des Geistes aber ist Liebe, Freude, Friede, Langmut, Freundlichkeit, Güte, Treue, Sanftmut und Selbstbeherrschung" (Gal 5,19.22–23).* Wir müssen uns entscheiden, wem wir folgen. Schwieriger ist es *dem Begehren des Geistes* zu folgen, weil dies meist eine Überwindung fordert. *Alle, die zu Christus Jesus gehören, haben das Fleisch und damit ihre Leidenschaften und Begierden gekreuzigt. Wenn wir aus dem Geist leben, dann wollen wir dem Geist auch folgen" (Gal 5,24–25).*

Was heisst *aus dem Geist leben*? Vielleicht dies: Zuerst die ungeordneten egoistischen (fleischlichen) Wünsche und Sehnsüchte im eigenen Herzen anzuschauen. Was ist da? Was bewirkt es, wenn ich den Begierden nachgebe? Wohin führt mich dies? Verstärkt dies *die Werke des Fleisches* oder wächst *die Frucht des Geistes*? Möchte ich dies?

Der nächste Schritt besteht in der Entscheidung, in den momentanen Wünschen und Sehnsüchten jetzt *dem Geist* zu *folgen*. Das beinhaltet ein bewusstes entschiedenes Nein zum *Begehren des Fleisches*. Jesus sagt: *„Wer mein Jünger sein will, der verleugne sich selbst, nehme sein Kreuz auf sich und folge mir nach" (Mk 8,34).* Verleugnen kann heissen: So zu entscheiden und zu handeln, als wären diese egoistischen Wünsche und Sehnsüchte nicht da. Ich kann die Begierden, meine Wünsche und Vorstellungen bewusst Jesus Christus zur Wandlung übergeben. Sich zu entschliessen, den Begierden nicht nachzugeben, kann körperlich wie emotional sehr schwierig und schmerzhaft sein.

Paulus spricht deshalb auch von der Kreuzigung der Leidenschaften und Begierden.
Hier kann auch folgendes Gebet helfen: „Jesus Christus, ich danke Dir für das Geschenk meines sexuellen Verlangens. Ich übergebe es Dir und vertraue es der Kraft Deiner Erlösung an. Erfülle, reinige und heilige mich mit Deinem Heiligen Geist, damit ich das sexuelle Verlangen so leben kann, wie es Deinem Willen entspricht – als Kraft, wahrhaft zu lieben."

Unsere Entscheidungen haben Folgen

Wenn wir vertrauensvoll und beharrlich, nach vielen Rückschlägen und Enttäuschungen, *dem Geist folgen* und bewusst Gottes Heiligen Geist in uns wirken lassen, dann wird Jesus Christus mit der Zeit unsere Wünsche und Sehnsüchte wandeln. Das Ziel der Wandlung geht dahin, dass die Leidenschaft der Begierde (etwas für mich haben wollen) in eine Leidenschaft des Schenkens (mich dir geben) verwandelt wird. Das lässt die Kräfte der Liebe in uns wachsen und bewirkt innere Erfüllung und Segen.

Zugleich ist dies meist mit mehr Anstrengung und Überwindung verbunden. Denn als erbsündlich belastete Menschen werden wir immer wieder den Drang der Begierde in unserem Herzen und in unserem Körper spüren. Darum können wir nicht einfach sagen: Folge einfach deinen Gefühlen! Es kommt vielmehr darauf an mit Gottes Hilfe der Begierde zu widerstehen und zu versuchen den Weg der schenkenden Liebe zu gehen, den Gott jetzt für uns bereithält.

Wenn wir der Begierde „nachgeben" führt dies dazu, dass eine Person in irgendeiner Form als Objekt unserer Lustbefriedigung benutzt wird. Solches „benutzen", auch wenn dies im gegenseitigen Einvernehmen geschieht, ist verletzend. Zudem kann Begierde eine Sogwirkung entwickeln, abhängig machen und zu Süchten und Lastern – und damit in eine grosse Unfreiheit – führen. Das zeigen die vielen Zwänge und Perversionen im sexuellen Bereich. Dann tun wir Dinge, von denen wir genau wissen, dass sie schlecht sind, dass sie uns und unserer Beziehung schaden, und wir tun sie dennoch. Jesus sagt: *„Wer die Sünde tut, ist Sklave der Sünde" (Joh 8,34).*

Das bedeutet: Jedes Mal, wenn ich freiwillig dem *Begehren des Fleisches* folge und entsprechend handle, verstärkt sich in mir die Macht und Sklaverei der Sünde. So verstärken sich Neid, Habsucht, Trunksucht und vieles mehr. Das gilt auch für die Sexualität und die sexuellen Prägungen. Wer sich an Unzucht, welcher Art auch immer, gewöhnt hat, wird immer weniger davon wegkommen können.[41] Was über Jahre geschieht, kann zu schweren Abhängigkeiten und Gewohnheiten führen. Was wir heute sind, ist weitgehend eine Folge der Entscheidungen, die wir bisher getroffen haben.

Es gibt kein ideales, problemfreies Leben. Wir alle müssen durch Reifungsprozesse hindurch. Vieles können wir nicht verstehen und hätten es lieber anders. Zu unserem Leben gehört es, Brüche und unerfüllte Wünsche im Vertrauen darauf zu bejahen, dass Gott uns durch alles hindurch ein erfülltes Leben schenken will. *„Auf schönem Land fiel mir mein Anteil zu. Ja, mein Erbe gefällt mir gut" (Ps 16,6).*

2.5. Wachsen in der Reinheit und Liebesfähigkeit

Nicht der sexuelle Genuss, sondern die innere Kraft der Liebe beglückt den Menschen zutiefst. Diesem Wachsen der Kraft der Liebe will die Tugend der Reinheit (Keuschheit)[42] dienen. Der Kirchenvater Ambrosius schreibt: „Es gibt drei Formen der Tugend der Keuschheit: die eine ist die der Verheirateten, die andere die der Verwitweten, die dritte die der Jungfräulichkeit." Die Tugend der Reinheit (Keuschheit) will die Liebeskräfte des Menschen entsprechend seiner persönlichen Berufung und momentanen Lebenssituation bewahren und zur Entfaltung bringen. Sie will die Kraft der Liebe fördern.

Jesus sagt in der Bergpredigt in Bezug auf das Scheidungsverbot: *„Wer eine Frau auch nur lüstern ansieht, hat in seinem Herzen schon Ehebruch mit ihr begangen" (Mt 5,28).* Jesus spricht hier ursprünglich vom Umgang mit der fremden, verheirateten Frau. Doch Seine Aussage lässt sich auf alle Beziehungen anwenden. Denn wer immer sich auf einen *lüsternen Blick* zugesteht und sich damit bewusst auf den Weg der sexuellen Begierde einlässt, kommt in eine Bewegung weg vom eigenen Partner oder weg vom Weg der eigenen Berufung. Das Einlassen auf den *lüsternen Blick* führt in einen inneren Zwiespalt. Lässt man nun den Blick und die Phantasie unkontrolliert gewähren, dann beginnt die Macht der Lust zu wachsen und die Widerstandskräfte schwinden. Die

---

[41] Vgl. dazu die körperlichen Veränderungen, welche die Pornografie in unserem Hirn bewirkt bei Pornografie.

[42] Das Wort „Keuschheit" wird heute kaum mehr verstanden. Es kommt vom lateinischen conscius, was *bewusst* heisst. Es geht also bei der Keuschheit darum, dass man sich bewusst ist, was für den Menschen in seiner jetzigen Lebenssituation gut und richtig ist, was der göttliche Sinn der Sexualität ist und entsprechend lebt. Wo das geschieht, stehen Liebe, gegenseitige Herzenszuwendung und Verantwortung im Zentrum.

Vorstellungskraft, die Phantasie entwickelt ihre eigene Dynamik und daraus kann die Begierde wachsen. Doch – *„Du sollst nicht nach der Frau deines Nächsten verlangen..." (Ex 20,17).*

Schauen und Denken

Ein zentraler Faktor beim Wachsen und Bewahren der Kraft der Liebe betrifft das Schauen, Denken und Hören. Es gibt ein Schauen aus *Begehren des Fleisches* und ein Schauen aus dem *Begehren des Geistes.* Jesus sagt: *„Selig, die ein reines Herz haben; denn sie werden Gott schauen"(Mt 5,8).* Ein reines Herz sieht im menschlichen Körper etwas von Gottes Schönheit. „Schon heute befähigt es uns, die Dinge im Lichte Gottes zu sehen...; es lässt uns den menschlichen Leib, unseren eigenen wie den Nächsten, als Tempel des Heiligen Geistes, als Spur der göttlichen Schönheit wahrnehmen" (KKK, Nr. 2519). Dann wird nicht nur der Körper betrachtet, sondern die Würde und Kostbarkeit der Person, die in ihrem Leib zum Ausdruck kommt.

Weibliche und männliche Schönheit kommen von der Genialität des Schöpfers. Der göttliche Künstler selber sah Mann und Frau an und siehe, sie waren schön. Der weibliche und männliche Körper ist schön und ansehenswert. Jesus hatte keine Berührungsängste im Umgang mit Frauen. Er schenkte ihnen Ansehen. Sie fühlten sich von Ihm angenommen und geschätzt, weil Er stets auf die Person, das Herz schaute.

Was wir sehen und vor allem *wie* wir sehen entscheidet über die Reinheit des Herzens. Die Augen üben einen bestimmenden Einfluss auf unser Mann- und Frausein aus, denn das Auge ist das Einfallstor der Welt in uns hinein. Was wir durch unsere Augen aufnehmen, prägt unser Inneres.[43] Der Blick bringt Licht oder Dunkel in uns hinein. Schauen wir brutale oder pornografische Filme oder Zeitschriften an, dann wird dadurch unser inneres Denken, Empfinden und Wollen geprägt und verunreinigt. Viel hängt von den Augen und erst recht vom Auge des Herzens ab, wie auch Jesus sagt: *„Das Auge gibt dem Körper Licht. Wenn dein Auge gesund* (lauter, rein) *ist, dann wird dein ganzer Körper hell sein. Wenn aber dein Auge krank* (böse, begehrlich) *ist, dann wird dein ganzer Körper finster sein" (Mt 6,22–23a).*

Ein gesundes Auge schaut auf die Schönheit der Person. Dann können wir einer Frau gegenüber ein echtes Kompliment machen: „Diese Bluse steht dir ausgezeichnet." Eine Frau kann für einen attraktiven Mann,

---

[43] Dazu sagt Johannes Paul II. "Der Blick ist Ausdruck dessen, was im Herzen ist." Die menschliche Liebe im göttlichen Heilsplan, Kat. 39.4

der ihr begegnet, Gott danken: „Danke, Herr, dass ich spüre, dass ich Frau bin.“ Zugleich sage ich gedanklich stopp, wenn ich mehr von der Frau oder vom Mann will. Dazu braucht es immer meine Entscheidung. In unserer sexualisierten Gesellschaft sehen unsere Augen, was in uns einen sexuellen Reiz auslöst und ebenso können spontan ähnliche Gedanken in uns aufsteigen. Dies können wir nicht verhindern. Den ersten Blick können wir nicht verhindern, auf den zweiten kommt es an. Dann geht es um die Frage: Lasse ich mich auf den Weg der Begierde, der sexuellen Lust ein oder nicht! Die Entscheidung uns innerlich und oft auch äusserlich wegzuwenden, kann schwierig und ein Kampf sein. Dazu kann auch ein entschiedenes Wegsehen gehören: *„Verhüll dein Auge vor einer reizvollen Frau, blick nicht auf eine Schönheit, die dir nicht gehört. Wegen einer Frau kamen schon viele ins Verderben, sie versengt ihre Liebhaber wie Feuer“ (Sir 9,8).* Es geht hier nicht um die Frau, sondern um den Betrachter, es geht um die Kontrolle über unsere Augen, um die Selbstbeherrschung. Das ist nicht einfach, denn die heutigen Medien sind oft auf die Begierde und Begehrlichkeit der Menschen ausgerichtet. Zu diesem entschiedenen Wegsehen kann die Entscheidung helfen: Ich will nie eine nackte Frau, einen nackten Mann betrachten. Hiob sagte: *„Einen Bund schloss ich mit meinen Augen, nie eine Jungfrau lüstern anzusehen“ (Hiob 31,1).*

Selbstbefriedigung

In diesen Zusammenhang gehört ein Thema, das viele beschäftigt: die Selbstbefriedigung. Weit über 90% aller Männer haben Erfahrung mit Selbstbefriedigung. Bei den Frauen sind es ca. 60–80%. In der Bibel gibt es viele Aussagen zum Thema Sexualität, aber keine Stelle, die direkt von der Selbstbefriedigung (Masturbation) spricht.

– Bei Teenagern und Jugendlichen

Bei Teenagern kann der Drang zur Selbstbefriedigung auch auf körperliche Ursachen, nämlich auf den während der Pubertät sich verstärkenden Geschlechtstrieb zurückzuführen sein.

Untersuchungen zeigen, dass Teenager aus schwierigen sozialen Verhältnissen sich häufiger selbst befriedigen als solche, die aus stabilen Familienverhältnissen kommen. Mangelnde soziale Kontakte, Versagen in der Schule, fehlende Erfolgserlebnisse und grosse Minderwertigkeitsgefühle fördern eine übertriebene Selbstbefriedigungspraxis. Selbstbefriedigung wird oft auch als eine Art von seelischem Druckabbau und zur Selbsttröstung eingesetzt nach dem Motto: Ich fühle mich so allein.

Mir geht es nicht gut. Ich habe Stress. Mir ist langweilig. Ich habe eine Enttäuschung erlebt... Also darf ich mir etwas gönnen und durch die schönen Gefühle des Orgasmus die Welt für einige Momente vergessen.

Wenn Selbstbefriedigung suchtartig praktiziert wird, weist dies häufig auf Probleme hin, die nicht nur im Bereich Sexualität liegen, sondern ganzheitlich angegangen werden müssen. Ein Jugendlicher, der keine sozialen Kontakte hat und gelangweilt im eigenen Zimmern herumsitzt, braucht ein unterstützendes, soziales Netz und sinnvolle Beschäftigungen. Selbstbefriedigung kann ein Weg sein, auf dem versucht wird, Probleme zu lösen, die mit Sexualität eigentlich nichts zu tun haben.

Jugendliche müssen lernen, sexuelle Spannungen auszuhalten. Es ist wichtig, den Blick auf die Beziehungsfähigkeit des Jugendlichen zu richten. Selbstbefriedigung spurt den Jugendlichen darauf ein, sich selber das zu verschaffen, was von der Grundidee her jedoch etwas Partnerschaftliches ist. Es geht bei der sexuellen Intimität letztlich darum, auf eine andere Person einzugehen und mit ihr gemeinsam die Erfüllung zu finden. Selbstbefriedigung darf auch deswegen nicht zur Gewohnheit werden, weil viele Menschen es verletzend empfinden, wenn ihr Partner sich selber verschafft, was als gemeinsames Erleben gedacht war.[44]

– Allgemein

Die Sexualität als Kraft der Liebe ist auf das Du ausgerichtet. Selbstbefriedigung ist jedoch ich-bezogen. Das Entwicklungsziel für alle besteht darin, aus der Ich-Bezogenheit in eine liebesfähige Sexualität hineinzuwachsen.

Der Reifungsweg für Jugendliche und Erwachsene besteht darin, von Selbstbefriedigung wegzukommen und Selbstbefriedigung nicht als „Trost“ zu suchen. Wir alle sind auf den Weg gerufen, uns nicht von der sexuellen Begierde, vom Drang nach Selbstbefriedigung beherrschen zu lassen, sondern uns sexuell selbst zu beherrschen.

Selbstbefriedigung ist für viele Menschen ein „Leiden“, von dem sie wegkommen möchten. Sie spüren selbst, dass Selbstbefriedigung nichts Erstrebenswertes ist, denn nach einer Selbstbefriedigung fühlt man sich in der Regel nicht aufgebaut und gestärkt. Die Versuchung ist gross, sich danach Vorwürfe zu machen, auch weil man sich schlecht fühlt. Ich (Leo Tanner) rate Betroffenen meist dazu, möglichst schnell die Be-

---

[44] Vgl. ausführlicher Regula Lehmann: Sexualerziehung? Familiensache! S. 208-212. 245/6. Brunnen Verlag 2. Auflage 2012

schäftigung mit sich selbst (Vorwürfe, quälende Gedanken, warum es schon wieder passiert ist, ...) loszulassen: „Bitte Jesus um Vergebung, verzeih dir selbst diese Schwäche und konzentriere dich so schnell wie möglich mit ganzer Kraft auf deine Aufgaben."[45] Das bedeutet jedoch nicht, uns nicht mit den möglichen Ursachen von Selbstbefriedigung und Auswegen zu beschäftigen.

Manfred – Auf der Suche nach dem guten Weg ...

Sex ist schön! Wäre es anders, würden wir Menschen vielleicht vergessen, Kinder zu zeugen. Schon bevor ich aktiv sexuelle Erregungen provozierte, gab es verstörend schöne Träume, die mit feuchtem Erwachen endeten und mir klar machten: Sex ist schön! Als Heranwachsender waren die Hochstimmung und die neu entdeckten Gefühle bei einem Orgasmus bahnbrechend aufregend. Ohne Orientierung habe ich mit Selbstbefriedigung herumexperimentiert. Doch es gab auch die Furcht entdeckt zu werden. Ein offenes Gespräch zum Thema hat es in meiner Familie nicht gegeben. Natürlich haben meine Geschwister und Eltern was gemerkt. Aber es wurde darüber hinweggesehen, was den Eindruck verstärkte, etwas Peinliches zu tun, über das man am besten nicht spricht. Als ich irgendwann bemerkte, wie mich die Sucht nach einer Wiederholung der ersten Hochgefühle vor sich hertrieb, war ich auch schon der Selbstbefriedigung als lästigem Übel verfallen. ...

Da meine Beziehungsversuche zum anderen Geschlecht alle an einer grundlegenden Beziehungsangst scheiterten, gewöhnte ich mich daran, Selbstbefriedigung als tröstliche Betätigung zu „konsumieren" wie andere Süssigkeiten oder Alkohol. ...

Eine erste Wende in Punkto Selbstbefriedigung kam, als ein grosses geistliches Vorbild, ein beeindruckender Verkünder des Evangeliums (Evangelist), mir persönlich erzählte, dass er schon über 40 Jahre alt war, als er Jesus darum bat, ihn von seiner suchtartigen Selbstbefriedigung zu befreien. Er erlebte die Befreiung tatsächlich. Er war ein verheirateter Mann! Ich selber hatte schon oft darum gebetet, aber mittlerweile aufgegeben, an Hilfe zu glauben.

Sein Bekenntnis hat mich einiges gelehrt. Erstens: „Du bist nicht allein!" Zweitens: „Man kann masturbieren, ohne für Gott unbrauchbar zu werden!" Drittens: „Gott hat seinen Fahrplan, wann Lernschritte dran sind." Viertens: „Es ist nie zu spät an Veränderung zu glauben." ... Aus dieser Freiheit heraus konnte ich mich der gewachsenen Problematik in meinem Leben stellen. Scham und Schuldgefühle hatten mich an einer wesentlichen Erfahrung gehindert,

[45] Es ist ja gerade die Taktik des Feindes uns zu entmutigen und uns an unsere Schwäche oder Sünde zu binden. Jesus hingegen will uns jederzeit vergeben und von Sünde frei machen. „*Wenn wir unsere Sünden bekennen, ist er treu und gerecht; er vergibt uns die Sünden und reinigt uns von allem Unrecht*" (*1 Joh 1,9*).

nämlich an meinen sexuellen Gefühlen zu reifen. Sie zu kontrollieren, Herr über die eigenen Regungen zu werden, ist eine Entwicklung, die ein angenehmes Selbstgefühl vermittelt.

Ich bin auf diesem Weg oft gestolpert und noch nicht am Ende. Immer wieder mal überraschen mich Erregungszustände. Aber in die alte Abhängigkeit will ich nicht zurück. Die hat mich klein gemacht, mir den Selbstrespekt geraubt. Nachdem sich mein Vorbild geoutet hatte, fiel es mir auch viel leichter, mit Freunden über das Thema zu sprechen und zu beten. … Je mehr ich aus der inneren Verspannung gelöst wurde und meine Scham überwinden lernte, desto einfacher wurde es, auch auf billigen Trost in der Selbstbefriedigung zu verzichten. Denn das war Masturbation für mich: Ein Versuch, mit Frust und unerfüllten Sehnsüchten umzugehen.[46]

Eine Geschichte …

Zwei Mönche sind betend unterwegs. Da kommen sie an einen Fluss. Dort treffen sie eine hübsche, junge Frau, die verzweifelt nach einem Weg über den Strom sucht. Ohne lange zu zögern, nimmt der eine Mönch die junge Frau in die Arme und trägt sie über den Fluss. Drüben setzt er sie ab. Dann gehen beide Mönche den Weg miteinander weiter.

Den anderen Mönch beschäftigt das Verhalten seines Mitbruders. Lange denkt er darüber nach und sagt schliesslich: „Du weisst doch, dass uns die Mönchsregel streng verbietet, auch nur in der Nähe einer Frau zu verweilen, besonders wenn sie jung und hübsch ist. Wie konntest du also diese schöne Frau einfach so in die Arme nehmen und über den Fluss tragen?“ Erstaunt wendet sich der andere Mönch ihm zu und sagt: „Was!? Du trägst die Frau immer noch? Ich habe sie am Fluss zurückgelassen!“

* * *

Christopher West: **Theologie des Leibes für Anfänger. Einführung in die sexuelle Revolution nach Papst Johannes Paul II.** Der Autor erforscht die tiefen Zusammenhänge zwischen der Sexualität und den tiefsten Fragen des Menschen wie: Was ist der Sinn des Lebens? Warum schuf Gott Mann und Frau? Wie werden wir auf Erden glücklich? Warum gibt es das Böse und wie können wir es überwinden? Wie werden wir fähig so zu lieben, wie wir dies im Tiefsten wünschen?

---

[46] Zitiert nach: Weisses Kreuz, Zeitschrift für Lebensfragen Nr. 45.1/2011 S. 12.

2. Teil: Herausforderungen, Verletzungen und Leiden

Das Leben von Christen charakterisiert sich immer durch drei Aspekte: Erstens: Christen erfahren sich in der durch die Sünde verfremdeten Welt immer als „Fremdkörper", als etwas, was nicht zur Mehrheit, zum Mainstream passt. Jesus sagt: *„Nicht ihr habt mich erwählt, sondern ich habe euch erwählt.... Wenn ihr von der Welt stammen würdet, würde die Welt euch als ihr Eigentum lieben. Aber weil ihr nicht von der Welt stammt, sondern weil ich euch aus der Welt erwählt habe, darum hasst euch die Welt" (Joh 15,16.19).* Deshalb ist es normal, wenn die Denk- und Lebensweise der Christen von der „Welt" nicht verstanden wird und ihr fremd erscheint. Es ist normal, dass das Evangelium, und die davon abgeleitete Lehre der Kirche, nicht den Massstäben dieser Welt entsprechen.

Zweitens: Leben im Reich Gottes, Leben unter der Leitung Gottes ist immer eine Herausforderung. Paulus schreibt: *„Gleicht euch nicht dieser Welt an, sondern wandelt euch und erneuert euer Denken, damit ihr prüfen und erkennen könnt, prüft, was der Wille Gottes ist: was ihm gefällt, was gut und vollkommen ist" (Röm 12,2).* Das bedeutet nicht, dass Christen sich nicht an äussere Gegebenheiten anpassen sollen, vielmehr ist gemeint, dass sie sich niemals dem Geist der Welt angleichen dürfen. Christen sollen deshalb prüfen und unterscheiden. Sie sollen Licht, Salz und Sauerteig für die Welt sein, die Welt mit dem christlichen Geist durchdringen und nicht umgekehrt!

Drittens: Jesus *„zog in ganz Galiläa umher, lehrte in den Synagogen, verkündete das Evangelium vom Reich und heilte im Volk alle Krankheiten und Leiden" (Mt 4,23).* Was Jesus damals getan hat, tut Er auch heute. Wer sich der Führung Gottes und Seinem Wirken öffnet, wird Seine heilende Kraft erfahren. Wie sehr auch ein Mensch verletzt wurde und es immer noch ist: Jesus wird – oft in langen Wegen und Prozessen – das Leben eines jeden Menschen wandeln, es mit Freude erfüllen und zu einem grossen Segen machen. Er wird uns befähigen unsere Sexualität als Liebeskraft zu leben.

Dazu wollen wir einige Herausforderungen, Verletzungen und Leiden anschauen und Hilfe geben, um zu zeigen, wie verletztes Leben durch Christus geheilt werden kann.

1. Sexueller Missbrauch von Kindern und Jugendlichen

Die Sexualität als Liebeskraft ist vielfältigen Gefährdungen ausgesetzt. Eine der schlimmsten Gefährdungen mit unermesslichen Folgen ist der sexuelle Missbrauch. Es gibt vielfältigen sexuellen Missbrauch unter Erwachsenen, besonders schlimm aber, ist der Missbrauch von wehrlosen Kindern und Jugendlichen.

Auch wenn die Häufigkeit sexuellen Missbrauchs an Kindern nicht genau zu bestimmen ist, gilt durch zahlreiche Untersuchungen in Amerika und Europa als wissenschaftlich erwiesen, dass ca. jedes 4. (bis 3.) Mädchen und ca. 5–8 Prozent der Buben in irgendeiner Form sexuell missbraucht werden. Oft erleiden schon sehr kleine Mädchen und Buben, ja bereits Säuglinge und Kleinkinder sexuellen Missbrauch. Gemäss Untersuchungen sind Menschen mit Behinderung sexuellem Missbrauch doppelt so häufig ausgesetzt, als solche ohne Behinderung.

1.1. Arten von sexuellem Missbrauch

Die Bezeichnung *sexueller Missbrauch* impliziert nach heutigem Sprachverständnis, dass es einen guten sexuellen *Gebrauch* geben könnte. Doch weil Sexualität kein Gebrauchsgegenstand ist, sondern Ausdruck von Liebe, Ausdruck der Herzensbeziehung zweier Menschen sein will, wird heute oft auch von *sexualisierter* oder *sexueller Gewalt* gesprochen. Sexueller Missbrauch hat viele Facetten. Zum besseren Verständnis einige Begriffe:[47]

Pädophilie: Das sexuelle Verlangen eines Pädophilen richtet sich auf Kinder vor der Pubertät, einschliesslich Babys. Pädophilie betrifft fast ausschliesslich Männer.

Pädosexualität: Ein Pädosexueller führt sexuelle Handlungen mit Kindern dann durch, wenn ihm dies mit Erwachsenen nicht möglich ist. Die Kinder dienen dazu, seine Lust zu befriedigen. Dabei wird die Integrität des Kindes, das den Kontakt meist aus einem Bedürfnis nach Zuneigung und Wärme eingeht, völlig missachtet.

Sexueller Missbrauch, sexuelle Nötigung: Sexueller Missbrauch bzw. sexuelle Nötigung beziehen sich auf sexuelle Handlungen, zu denen eine Person gezwungen wird. Die Person wird gezwungen etwas zu erdulden, auszuführen oder dabei zuzuschauen. Zwang bedeutet nicht aus-

---

47 Vgl. und ausführlicher bei: http://www.wildwasser.de/info_hilfe/was_ist/definition.shtml

schliesslich körperliche Gewalt. Auch das Ausnützen einer Machtposition oder einer Notlage sowie Drohungen, um sexuelle Handlungen zu erreichen, sind sexuelle Nötigung.

Sexueller Übergriff: Ein sexueller Übergriff ist eine Vorstufe der sexuellen Nötigung. Es handelt sich um vom Opfer unerwünschte, sexuell getönte Handlungen. Dazu gehören z. B. das Erzählen anzüglicher Witze, das Zeigen „eindeutiger" Mails und Fotos, Annäherungsversuche, das Erteilen von erotischen Kosenamen und dergleichen. Dies geschieht meist in Abhängigkeitsverhältnissen am Arbeitsplatz.

Stalking: Das Wort beschreibt das Anschleichen eines Jägers an das Wild. Im übertragenen Sinne bedeutet Stalking, dass einer Person beharrlich nachgestellt wird. Das kann geschehen mit Liebesbotschaften, mit Belästigung und schliesslich mit Bedrohungen. Das stört den Alltag und das Sicherheitsgefühl des Opfers erheblich. Die meisten Täter tun dies bewusst. Sie wollen das Opfer absichtlich bedrängen, während psychotische Täter oft Wahnvorstellungen unterworfen sind, dass das Opfer in sie verliebt sei.

Vergewaltigung: Eine Vergewaltigung findet statt, wenn ein Mensch gezwungen wird, sexuelle Handlungen zuzulassen oder selbst vorzunehmen. Vergewaltigungen reichen von unfreiwilligem Küssen oder Streicheln bis zum Eindringen des Täters mit Hand, Penis oder einem Gegenstand in den Mund, die Scheide oder den Darmausgang des Opfers. Ein solches Erlebnis ist für das Opfer hochgradig traumatisierend.

Sexueller Missbrauch von Kindern

Zum sexuellen Missbrauch von Kindern gehören alle sexuellen Handlungen von Erwachsenen und Jugendlichen, die an oder vor einem Kind passieren. Aufgrund seines Entwicklungsstandes kann ein Kind nicht frei und überlegt zustimmen und auch nicht die Missbrauchshandlungen ablehnen. In der Regel kennt es den Erwachsenen gut, vertraut ihm und erwartet deshalb von ihm nichts Böses. Der Täter nutzt seine Macht- und Autoritätsposition aus, um seine eigenen Bedürfnisse auf Kosten des Kindes zu befriedigen.

Man unterscheidet zwischen verschiedenen Formen und Stufen des sexuellen Missbrauchs. Es gibt sexuellen Missbrauch,

- … der mit Worten stattfindet durch sexualisierte Worte, Blicke und Gesten, die das Mädchen oder den Buben zum Sexualobjekt herabstufen.
- … ohne körperlichen Kontakt durch das Zeigen von sexuellen Bildern, das Ansehen von Pornofilmen, sich ausziehen und sich nackt zeigen.

Dazu gehört auch das Fotografieren des Opfers nackt oder in sexuellen Stellungen.

... mit körperlichem Kontakt durch gegenseitiges Berühren

... durch einseitiges oder gegenseitiges Berühren von Geschlechtsorganen.

... mit penetrativem (von lateinischen *penetrare – eindringen, durchdringen*) Kontakt, das heisst durch das Eindringen mit der Hand, des Penis, oder einem Gegenstand in den Mund, die Scheide oder den Darmausgang.

Eine perfide Art des Missbrauchs ist der sogenannte *sanfte Missbrauch*, der im Namen der „Liebe" vollzogen wird. Der Täter agiert mit sexueller Absicht, verdeckt alles unter dem Deckmantel der Liebe. Das Kind empfindet dabei keine Schmerzen und wird zu nichts „gezwungen", jedoch manipulativ in ein Verhalten gedrängt. Dabei gestalten die Täter den Missbrauch fliessend über zufällige Berührungen, hin zu Zärtlichkeiten, die das Kind mag. Dadurch wird dem Kind die Schuld für den Missbrauch zugeschoben, da es ja – weil es ihm, dem Kind, Spass macht – den Täter verführt habe und dieser nur dem Kind „zu Liebe" tut, was er tut.

Die Täter

Opfer sexueller Gewalt sind überwiegend Mädchen, aber auch Buben werden sexuell missbraucht. Sexueller Missbrauch kommt so häufig vor, dass man davon ausgehen kann, dass in fast jeder Kindergartengruppe, in jeder Schulklasse, in jeder Nachbarschaft oder Verwandtschaft Kinder zu finden sind, die missbraucht werden oder wurden. Der sexuelle Missbrauch kann über lange Zeit andauern, besonders, wenn er in der Familie stattfindet, wobei sich meist der Grad der Gewalttätigkeit und die Intensität der sexuellen Übergriffe steigern.

Sexueller Missbrauch durch Fremde ist eher selten. Doch weil darüber in aller Ausführlichkeit in den Zeitungen berichtet wird, haben wir oft den Eindruck, dass die meisten Fälle von sexueller Gewalt durch Fremde geschehen. Weil hier die emotionalen Bindungen zwischen Täter und Opfer nicht so eng sind, wie innerhalb der Familie oder in anderen vertrauten Beziehungen, gelangen diese Fälle eher zur Anzeige und tauchen daher bevorzugt in der Kriminalstatistik auf.

Doch in der Realität ist das Risiko viel höher, dass die Mädchen und Buben im Familien-, Verwandten- und Freundeskreis sexuell missbraucht werden. Sexueller Missbrauch ist nicht auf bestimmte soziale Schichten oder von aussen identifizierbare Familienkonstellationen oder -situationen beschränkt. Man sieht es keinem Menschen an, ob er Kinder missbraucht.

Sexueller Missbrauch von Kindern ausserhalb des engeren Familienkreises kann sich auf verschiedene Personengruppen beziehen: Zum einen sind es Kontakte und sexuelle Belästigungen durch dem Kind vertraute Personen aus dem Freundeskreis der Familie, aus der Nachbarschaft, in Vereinen, Kirchen und Jugendgruppen; zum anderen können es Freunde sein, die sich den Kindern und Jugendlichen nähern. Missbrauch, sexuelle Übergriffe und sexuelle Belästigungen in der Kirche durch Priester, Pastoren, Seelsorgepersonen und kirchliches Personal sind besonders verletzend, weil Menschen gerade dort, wo sie Hilfe suchen und denen sie mit Vertrauensvorschuss begegnen, verletzt werden.[48]

Folgen des Missbrauchs

Der sexuelle Missbrauch als Kind und Jugendlicher verursacht eine tiefe, bis ins innerste dringende Beschädigung der natürlichen Körperempfindungen, des Selbstwertes und des Urvertrauens. Das Kind erfährt, vor allem bei sexuellem Missbrauch innerhalb der Familie, eine tiefe und langfristige Verwirrung auf kognitiver, emotionaler und sexueller Ebene. Denn es ist ein frühzeitig sexueller Pseudo-Partner und zugleich ein abhängiges Kind, das möglicherweise noch bedroht wird, damit es die Tat verheimlicht.

Die unmittelbaren Auswirkungen von sexuellem Missbrauch auf ein Kind sind sehr unterschiedlich. Jedes Kind entwickelt entsprechend seiner Persönlichkeit und der Missbrauchssituation individuelle Reaktionen und Symptome. Die meisten Mädchen und Buben, die sexuell missbraucht werden, fühlen sich stigmatisiert. Sie glauben, an ihnen sei etwas, das zum sexuellen Missbrauch führt. Sie fühlen sich schuldig und wertlos und neigen zu Selbstbestrafungstendenzen.

Das Erleben von sexuellem Missbrauch kann zu Bindungsunfähigkeit führen. Liebe und Sexualität werden verwechselt, weil gelernt wurde, dass sexuelles Verhalten belohnt wird. Denn Sexualität wird als Mittel eingesetzt, um Zärtlichkeit und liebevolle Zuwendung zu bekommen. Folge davon kann aggressives sexuelles Verhalten, aber auch das Vermeiden von intimen Beziehungen sein.

---

[48] Heute gibt es in den (meisten) Bistümer spezielle Ansprechpersonen und Fachstellen. Alle Mitarbeitenden in der Kirche sind verpflichtet, Vermutungen und Vorfälle von sexuellen Grenzverletzungen unverzüglich zu melden.

Folgende langfristige Folgen sexuellen Missbrauchs von Kindern und Jugendlichen können, je nach Intensität des Missbrauchs, im Erwachsenenalter häufig auftreten:

– Störungen der Sexualität und Partnerschaftsprobleme, Störungen in der Wahrnehmung eigener Gefühle (Verwechslung von Affektivität und Sexualität), Sexualisierung von Beziehungen, Störung der Sexualfunktionen und Identitätsstörungen.

– Gefühle der Wertlosigkeit, Scham, Schuld, Wut. Ablehnung des eigenen Körpers, selbstdestruktives Verhalten, Selbstmord(versuche), emotionaler Rückzug und soziale Isolation, Misstrauen. Angstzustände, Albträume, angstmachende Tagträume.

– Schlaf- und Essstörungen (Borderline-Syndrom), Suchtprobleme (Alkohol, Drogen, ...).

Auch wenn diese Störungen nicht nur infolge von sexuellem Missbrauch entstehen können, ist die Wahrscheinlichkeit, dass Missbrauchsopfer unter einem oder meist mehreren dieser Symptome leiden, deutlich erhöht. Denn jeder Missbrauch hinterlässt eine Schädigung der Seele! Er durchdringt alles: das Selbstgefühl, nahe Beziehungen, die Sexualität, die Mutterschaft, das Arbeitsleben, die geistige Gesundheit.[49]

Klärung: Wenn man dies liest, können Mütter und Väter vielleicht ängstlich oder verunsichert werden und sich fragen: „Darf ich jetzt meine Tochter nicht mehr baden?“ „Darf ich mit meinem Sohn nicht knuddeln oder ihn bei mir im Bett kuscheln lassen?“ Die Antwort ist einfach: Auf jeden Fall, denn Zärtlichkeiten sind lebensnotwendig und machen Eltern, wie Kindern Freude. Doch es ist genau darauf zu achten, wie sich Tochter oder Sohn verhalten: Gefällt ihnen die Zärtlichkeit wirklich? Jede Form von Ablehnung oder Rückzug gilt es sofort ernst zu nehmen und völlig zu respektieren.

Niemand missbraucht ein Mädchen oder einen Buben aus Versehen. Sowohl der Erwachsene wie das Kind spüren den Unterschied zwischen Zärtlichkeit und sexuellem Missbrauch. Denn sexueller Missbrauch beginnt dort, wo der Erwachsene Zärtlichkeit zur Anregung oder Befriedigung seiner Sexualität benutzt. Da fühlt sich ein gesundes Kind nicht mehr wohl und geborgen, sondern bedrängt und benutzt.

---

[49] Dies alles zeigt, wie schwierig eine subjektive moralische Beurteilung von objektivem Fehlverhalten gerade auch im Bereich des sexuellen Verhaltens ist. Ziel muss darum immer sein, jetzt Wege zu suchen, wie die Sexualität jetzt mit Hilfe der Gnade als Liebeskraft gelebt werden kann. Das führt immer über Umkehr zu einer Heilung des Lebens.

Mögliche Anzeichen des sexuellen Missbrauchs

Die Anzeichen für sexuellen Missbrauch von Kindern sind so vielfältig, dass es für die Eltern schwierig ist, mögliche Hinweise richtig einzuordnen. Doch eine Verhaltensänderung tritt bei fast allen missbrauchten Kindern auf. Daher ist die Aufmerksamkeit der Eltern entscheidend: Zeigt ein Kind plötzlich Verhaltensauffälligkeiten wie grosse Ängstlichkeit oder Aggressivität? Zieht es sich vermehrt zurück, reagiert es angstvoll und abweisend auf die Ankündigung des Besuchs einer Person? Vermeidet das Kind Blick- und Körperkontakt mit einer bestimmten Person oder erfindet es Ausreden, um nicht in den Sport- oder einen anderen zuvor gemochten Verein zu gehen?

In der Regel fürchten sich Täter und Opfer, wie auch indirekt beteiligte Familienmitglieder vor der Aufdeckung dieses Familiengeheimnisses. Beim Täter kann es die Angst vor strafrechtlicher Verfolgung sein, des Verlustes des Arbeitsplatzes, die Angst vor Streit und Anschuldigungen und dem Auseinanderbrechen der Familie sowie die Furcht vor dem Eingeständnis der eigenen Schuld und der Beschämung. Um sich diesen Ängsten und der eigenen Schuld nicht zu stellen, wird der Missbrauch oft vollständig verleugnet oder die Verantwortung für den Missbrauch dem Kind zugeschoben.

Ein missbrauchtes Kind kann aus Angst vor den Drohungen des Missbrauchers schweigen. Aber auch aus Angst vor den schlimmen Folgen für sich selbst und die gesamte Familie, der es keinen Schaden zufügen will. Es kann aus Angst schweigen, weil es mit der Beendigung des Missbrauchs auch die Zärtlichkeiten und die Zuwendung des Missbrauchers und dessen Geschenke, Belohnungen und Vorteile verlieren würde. Vielleicht hat es auch Angst, dass ihm nicht geglaubt wird und es als Lügner abgestempelt wird. Besonders bei jüngeren Kindern können als Ursachen für das Schweigen noch hinzukommen, dass das Kind verwirrt ist und gar nicht benennen kann, was ihm widerfährt.

1.2. Erste hilfreiche Schritte

Wenn ein Kind es wagt, zunächst meist in vagen Andeutungen, etwas über seine Missbrauchserfahrungen zu sagen, dann ist wichtig, dass wir ruhig bleiben, ihm zuhören und Glauben schenken. Nun ist es wichtig, das Kind darin zu bestätigen, dass es richtig gehandelt hat, indem es uns davon erzählt hat. Die Erfahrung zeigt, dass sich Mädchen und Buben sexuelle Übergriffe nicht ausdenken. Sie sagen die Wahrheit. Bestätigen wir, dass wir ihren Schilderungen glauben.

Auch wenn die Schilderungen Panik und Bestürzung bei den Eltern auslösen, ist es wichtig, die eigenen Gefühle (Schrecken, Mitleid usw.) möglichst nicht zu thematisieren, um das Kind nicht noch zusätzlich zu belasten. Denn das, könnte das Kind eventuell wieder zum Schweigen bringen. Nun ist es wichtig einen Weg zu suchen, um den Missbrauch zu beenden und dem Kind zu helfen. Folgendes hat sich als hilfreich erwiesen:

– Sich über die Zusammenhänge sexuellen Missbrauchs informieren und von Fachkräften beraten lassen. Denn die Angehörigen selbst brauchen Hilfe für sich und das betroffene Kind. Deshalb der Rat mit dieser Not nicht allein zu bleiben. Überlegen sie weiter: Wer könnte helfen (z.B. Freundinnen, Freunde, Verwandte, Beratungsstellen) und wer könnte das Kind noch unterstützen? Es ist wichtig, dem Kind zu versichern, dass wir nichts unternehmen, ohne dies mit ihm abzusprechen beziehungsweise es ihm mitzuteilen. Das richtige Vorgehen der Angehörigen kann einem betroffenen Kind eine zusätzliche seelische Belastung ersparen und dazu beitragen, dass der sexuelle Missbrauch endgültig beendet wird.

– Überstürztes Handeln und zu frühe Konfrontation mit dem Täter oder der Familie schaden nur. Die Konfrontation des Täters sollte nach Möglichkeit durch geschultes Personal und durch professionelle Personen (Jugendamt, Beratungsstelle) erfolgen.

– Wenn jemand „vermutet“ oder weiss, dass er als Kind sexuell missbraucht wurde, dann besteht ein erster entscheidender Schritt darin, sich diese bittere Wahrheit einzugestehen und die damit verbunden Gefühle zuzulassen. Dann ist es wertvoll, sich jemandem (nach Möglichkeit einer Fachperson) anzuvertrauen. Als nächstes geht es darum, für sich Hilfe zu suchen, um entweder in einer Therapie oder in einer guten Selbsthilfegruppe, das Erlebte aufzuarbeiten.

Rosmarie (31) – In ständiger Angst...

Mein Leben war von Geburt an geprägt durch Gewalt, Missbrauch und Verletzung. Ich wuchs in ständiger Angst auf, welche furchtbare Situation wohl als nächstes auf mich zukommen würde. Es gab leider viele traumatisierende Erlebnisse. Auch mein Vater überschritt einmal die Grenzen seiner väterlichen Liebe und missbrauchte mein kindliches Vertrauen durch eine sexuelle Handlung. Leider blieb das nicht meine einzige und letzte Erfahrung in Bezug auf sexuellen Missbrauch. Im Kindesalter erlebte ich sogar im Krankenhaus, dass ein Arzt seine Autorität durch einen sexuellen Übergriff missbrauchte. Als erwachsene Frau erlebte ich selbst zwei Überschreitungen von Ärzten.

Ich verlor nicht nur jegliches Grundvertrauen in Bezug auf meine Eltern, sondern auch in Ärzte und generell in alle Menschen, besonders in jene, deren Aufgabe oder Beruf es war, anderen Menschen zu helfen. Gefühle der Sicherheit kannte ich nicht. Angst war mein ständiger Begleiter. Jesus ist und war mein einziger Halt, ich wusste von Anfang an, dass nur seine Liebe wirklich von Bestand ist und mich niemals enttäuschen wird. Obwohl alle Umstände so furchtbar waren, konnte ich dennoch Liebe empfinden und durch ihn immer wieder neue Kraft schöpfen.

Ich hatte schon einige Therapien hinter mir, aber nichts war so befreiend und hilfreich, wie meine Teilnahme an einem „befreit leben"-Seminar. Bis jetzt hatte ich noch keine Erfahrung mit Gruppentherapie oder ähnlichem, und eigentlich hatte ich auch grosse Angst davor, mein Herz und meine Wunden vor fremden Leuten offen zu legen. Doch dann war es für mich ein unglaubliches Gefühl mit anderen verletzten Christen in der Kleingruppe zu sein, eine ganz besondere Vertrautheit zu erleben und die Liebe Jesu zu erfahren.

Diese „befreit leben"-Gruppe hat mir so viel Sicherheit und Geborgenheit gegeben, wie ich es nie zuvor erlebt habe. Durch das Sprechen über meine seelischen Verletzungen und die liebevolle Reaktion der anderen Teilnehmer konnte ich Heilung erfahren.

Sonja (46) – die Vergangenheit bearbeiten!

Ich las das Buch von Dan Allander „Das verwundete Herz". Der Inhalt liess mich nicht mehr los. Verschiedene Kapitel fesselten mich, ich erkannte, dass auch ich sexuell missbraucht worden war. Ich war so erschüttert, mein Herz und mein Körper schmerzten. Es war eine harte Zeit, ich war ziemlich verwirrt, mir wurde bewusst, dass ich eine Meisterin im Verdrängen war, aber ich wollte für meine ganze Geschichte offen sein.

Im geschützten Rahmen eines Seminars von „befreit leben" konnte ich endlich über das reden was mich bewegte und manche Gedanken äusserte ich zum ersten Mal. Ich hatte das Bedürfnis ein Tagebuch anzulegen, um alles niederzuschreiben: meine Gefühle, meinen Zorn, meinen tiefen Schmerz.

Es passierte als ich sechzehn Jahre alt war. In einer Nacht habe ich vieles verloren. Ein Mensch, den ich sehr lieb hatte und dem ich vertraute, hat mich sexuell missbraucht. Ich war wie gelähmt und zu geschockt, um mich dagegen aufzulehnen. Meine Scham sass so tief, dass ich es nicht einmal meinem Freund erzählen konnte, der heute mein Mann ist. Ich versuchte so damit fertig zu werden, indem ich den Kontakt (mit dieser Person) so weit wie möglich reduzierte. Ich habe peinlich genau darauf geachtet, nie mehr mit dem Täter alleine zu sein. An seinem Grab habe ich keine Träne vergossen. Diese Person war in der Familie sehr beliebt. Es war ein gebildeter Mann, mein Grossvater!

Wenn ich anderen meine Geschichte erzähle, dann kommen immer wieder alle möglichen Gedanken in mir hoch: War es vielleicht doch nicht so schlimm? Bin ich möglicherweise selber schuld, dass ich missbraucht wurde? … Doch dann muss ich mich wieder erinnern, dass nicht ich die Verantwortung für das trage, was geschehen ist, sondern mein Grossvater.

Ich will nicht stecken bleiben in meiner Vergangenheit, denn ich habe gelernt, das Erlebte zu verarbeiten. Ich danke dem Herrn, dass ich einen Weg gefunden habe, mein Leben in die Hand zu nehmen und den Prozess der Heilung zuzulassen.

„Befreit leben" war für mich sehr wichtig, denn ich habe erkannt wie viel Schaden man sich selbst, seiner Familie und auch seinem Nächsten mit der unverarbeiteten Vergangenheit antun kann. Aber Heilung und Wiederherstellung sind möglich und vor allem neue Hoffnung für das Leben!

* * *

http://www.

Es gibt vor Ort, in allen Regionen und auch von Seiten der Kirchen verschiedene Angebote und Selbsthilfegruppen. Dennoch möchten wir auf eine christliche Webseite hinweisen: **www.befreitleben.org**: *Befreit leben* bietet einen Kurs für Frauen und Männer an, die in der Vergangenheit Missbrauch erlebt haben. Zwölf Impulsreferate mit anschliessenden Treffen in der Kleingruppe helfen, neue Einsichten und Hilfen für persönliche Veränderung zu bekommen. Die Themen (z.B. Umgang mit Zorn, Schuld- und Schamgefühlen, Identität als Mann/Frau) beinhalten biblische und psychologische Aspekte. Die Vision von *befreit leben* ist: Aus der Liebe Jesu Menschen, die missbraucht oder seelisch verletzt wurden, auf dem Weg zum Heilwerden zu begleiten. Der *befreit leben* Kurs wird auch als eine Art Selbsthilfegruppe angeboten. Es gibt Regionalgruppen in Österreich, Deutschland und der Schweiz.

Dan B. Allender: **Das verwundete Herz.** Der Psychologe und Seelsorger arbeitet seit vielen Jahren mit Opfern sexueller Gewalt. In diesem Buch gibt er Einblick in die zerstörerische innere Dynamik, die die Erfahrung sexuellen Missbrauchs bei einem Menschen auslöst. Er zeigt aber auch einen Weg zur Überwindung des Schmerzes, einen Weg zum geheilten Selbstwertgefühl und zu einem Leben in guten Beziehungen. Dieses Buch vermittelt Hoffnung für Betroffene, für Angehörige und für Menschen, die mit Opfern von sexuellem Missbrauch arbeiten.

Teo van der Weele: **Schluss mit dem Schweigen.** Teo van der Weele hat seit 30 Jahren Erfahrung im Bereich Seelsorge. Er ist Pfarrer für die Mitarbeiter einer psychiatrischen Klinik und hat viele Schulungen gehalten. Er beschreibt Scham, Ohnmacht, Kontrolle, Suchtverhalten und andere Konsequenzen aus dem Missbrauch in der Kindheit, was sowohl wertvoll für Betroffene und auch für Menschen, die Opfer von sexuellem Missbrauch begleiten, wertvoll ist. Dieses Buch hilft den Opfern zu fähigen Überlebenden zu werden, nicht zuletzt durch die Gnade und den Frieden Jesu.

2. Pornografie

Unter Pornografie versteht man im weiteren Sinne dieses Wortes die bildliche, filmische, akustische und literarische Darstellung sexueller Begebenheiten mit dem Ziel, das sexuelle Lustempfinden zu stimulieren und anzureizen. Neu ist dies nicht, doch durch das Internet breitet sich heute die Pornografie in einer riesigen Flutwelle über die westliche Welt aus.

Pornografie wird produziert, um sexuelle Lust, um Gier zu erwecken. Die sexuelle Lust ist von Gott geschaffen und Teilhabe an der Schöpfungslust und Freude Gottes. Das Schlimme der Pornografie besteht darin, dass die Geschlechtlichkeit verzerrt und sexuelle Lust pervertiert wird. Sex, Geschlechtslust ohne Liebe, ist vereinfacht gesagt, Trieb ohne Herz.

Pornografie, eine Welt, in der der Mensch zur Ware geworden ist und der Mensch keinen Wert hat, prägt junge Menschen. In der Pornografie wird der Mensch auf seine Sexualität, beziehungsweise die Geschlechtsteile reduziert und die Sexualität wird verkürzt als etwas rein Technisches dargestellt. Die Pornografie entstellt die Sexualität zu einer Triebreaktion und Bedürfnisbefriedigung des Menschen. Echte Liebe dagegen bleibt draussen.

Online-Sex ist immer und überall leicht zu haben. Dazu braucht es weder Beziehung noch Eingehen auf den Partner. Weil man allein die Befriedigung finden kann, ist man auch vor den Unsicherheiten und den Herausforderungen einer Beziehung geschützt. Doch Pornografie ist einsamer Sex. Deshalb erfüllt eine solche Sexualität und die damit verbundene sexuelle Lust den Menschen letztlich nicht. Vielmehr tritt mit der Zeit eine Gewöhnung, der sexuellen Bilder und Darstellungen ein, nicht jedoch eine Gewöhnung an die geweckte Gier nach rauschhafter Erfüllung. Dies hat zur Folge, dass die Inhalte immer härter und perverser werden müssen, damit es zur „Erfüllung“ kommen kann. So entsteht die Sexsucht, die verbale und visuelle Form von Erotik und Sex, die der lustvollen Form der Selbstbefriedigung dient.

Die Zahlen sind erschütternd

Pornografie ist eine Epidemie in unserer Gesellschaft, auch unter Christen. Doch gibt es wenige, die über das Problem reden, geschweige denn Hilfe anbieten für die, die mit Pornografie oder sexueller Abhängigkeit kämpfen. Aus Umfragen geht hervor, dass ca. 50 % der Befragten, unlängst Pornografie bewusst angesehen haben. Das Thema ist nicht nur ein Männerproblem, sondern betrifft immer mehr auch Frauen.

Die Zahl der täglichen Suchanfragen im Internet betreffend Pornografie und Kinderpornografie ist erschreckend hoch. 25% aller Anfragen im Internet drehen sich um Pornografie, das sind 68 Millionen täglich. Täglich werden ca. 200 sexbezogene Websites neu ins Internet gestellt. Das Durchschnittsalter der Erstkonsumenten liegt bei 11 Jahren.

Mit 12,6 Millionen Euro Umsatz pro Tag ist die Online-Pornoindustrie mittlerweile zu einem Milliardengeschäft geworden. Pornografie ist ein riesiger Wirtschaftsfaktor, der zu 85–90 Prozent von Verbrecherorganisationen kontrolliert wird, die Menschen zum Sex vor der Kamera zwingen.[50]

Erfahrung Phil – „Ich glaube, wir müssen reden"

Ich war gerade mal acht oder neun Jahre alt, als ich ein Hardcore-Pornomagazin in einem Papiercontainer fand. Ich wusste bislang nichts über sexuelle Dinge oder Pornografie und was ich da sah, drehte mir den Magen um. Gleichzeitig war ich fasziniert davon, was ich da zu sehen bekam. Meine zweite Begegnung mit Pornografie hatte ich mit zwölf Jahren in Form eines Strippoker-Kartenspiels. Durch Fernsehen, Pornomagazine und Internet klärte ich mich dann selbst über sexuelle Dinge auf. Ich spürte, dass mir der einsame Sex nur eine grosse Leere ins Herz brachte. Immer wieder bat ich Gott um Vergebung. Und obwohl ich in dieser Zeit oft seine Gnade, unendliche Geduld und tiefe Liebe zu mir erlebte, tat ich es dennoch immer wieder.

Ich kämpfte schwer mit meinen Schuldgefühlen. Trotzdem hätte ich mich in dieser Zeit nicht als ein von Pornografie Abhängiger bezeichnet. Erst viel später gestand ich mir ein, dass ich tatsächlich pornosüchtig war und stets getrieben, den „Stoff" so schnell wie möglich zu finden und mich zu befriedigen. Einmal stieg ich auf der Suche nach einem Pornoheft sogar in einen grossen Papiercontainer. Ich musste feststellen, dass mir mittlerweile fast nichts mehr zu peinlich war.

Als Leiter einer Jugendgruppe war ich bei vielen Leuten gut angesehen – und konsumierte zur gleichen Zeit, zehn Jahre lang, manchmal bis spät in die Nacht, Pornos. Mit dieser Abhängigkeit verletzte ich nicht nur meine damalige Freundin schwer, ich selbst war ebenfalls verzweifelt, weil ich wusste, dass das, was ich tat, Gott nicht gefiel.

Als Jugendleiter konnte ich niemandem von meinen Porno-Problemen erzählen – schon gar nicht den Jugendlichen. Als Christ fühlte ich mich so, als würde ich ein Doppelleben führen. Oft fragte ich mich, wie Gott mich überhaupt mit

---

50 Vgl.: Matthias Burhenne. Mann sein. Sexualität mit Charakter. S. 75. Weitere Quellen dieser Zahlen: www.loveismore.ch und www.nacktetatsachen.at

einem solchen „Klotz am Bein" gebrauchen konnte. Auch meine Eltern wussten nichts von meinem nächtlichen Porno-Konsum: Computer und Fernseher befanden sich im Keller und ich selbst blieb dort oft bis zwei oder drei Uhr nachts hängen. In Geschäften schlich ich mich herum wie ein Dieb, um dann zum richtigen Zeitpunkt CDs aus der Erotik-Abteilung zu ergreifen und schnell damit nach Hause zu flüchten – in der Hoffnung, bloss nicht gesehen zu werden. Das Unvermeidliche passierte trotzdem eines Tages: Als mich ein anderer Jugendleiter mit seiner Frau beinahe bei einer meiner Porno-Touren erwischte, war ich dann auch für längere Zeit fast „clean".

Der Wendepunkt kam allerdings erst, als ich von meiner Freundin Karina erwischt wurde, während ich gerade auf zweifelhaften Internetseiten unterwegs war. Ich schaltete den Computer so schnell wie möglich ab und verschwand – auch aus biologischen Gründen – im nächsten „Mauseloch". Wie ein Häufchen Elend sass ich also dort – so beschreibt es meine Frau Karina heute bei Seminaren. „Phil, ich glaube, wir müssen reden", sagte sie damals zu mir, während ich tausend Tode gestorben bin. Für mich kam nur noch eines in Frage: Ich musste endlich raus aus dem Porno-Mist.

Noch am gleichen Tag ging ich vor Gott und meiner Freundin auf die Knie und versprach beiden, nie wieder etwas mit Pornografie zu tun zu haben. Ein solches Versprechen ist sicherlich kein Patentrezept. Für mich aber war es damals genau richtig und seitdem bin ich frei davon. Es gab natürlich noch weitere Faktoren, die zur Beendigung meiner Sucht beigetragen haben. Zum einen spürte ich, wie sehr ich Karina damit verletzte und dass ich so nicht einfach weitermachen konnte. Gleichzeitig war ich auch in einer Zeit erwischt worden, in der ich bereits am Boden war und nicht mehr weiter machen wollte. Ich glaube, dass wir oft nicht an diesem Punkt sind und uns, frei nach dem Motto „Ein bisschen Porno tut ja niemanden weh" ein Hintertürchen offen halten.

Seitdem hat Gott mich herausgefordert, auch in meinen Gedanken aufzuräumen, denn auch das „blosse" Ausmalen einer Affäre oder die Vorstellung von nackten Frauen birgt Gefahren: Jesus spricht hier vom geistigen Ehebruch. Geholfen haben mir vor allem zwei Dinge: Erstens habe ich mit meinem besten Freund und meiner Frau zwei Rechenschaftspartner, mit denen ich immer wieder über meine Situation rede. Achtzig Prozent der Porno-Power ist gebrochen, wenn Menschen anfangen zu reden und ihre Gedanken mit anderen teilen. Ausserdem habe ich mir eine eigene Schutzsoftware eingebaut, die regelmässig meinen Rechenschaftspartnern mitteilt, welche Websites ich besuche.

Mir ist klar geworden, dass ich es alleine nicht schaffen kann, clean zu bleiben. Ich habe gelernt, keine Angst vor dem nächsten Fall zu haben und mich beim Thema Sexualität nicht zu verkrampfen. Sehe ich eine nackte Frau auf einer Plakatwerbung, breche ich also nicht gleich in Panik aus, sondern registriere, was ich gesehen habe, ohne es dabei eindringlich zu studieren und gehe weiter meines Weges. Ich habe gelernt, mit Gott über meine Sexualität zu reden, die Dinge vor ihm beim Namen zu nennen und ihn sogar anzuflehen, das Vaku-

um in meinem Herzen zu füllen. Wichtig war für mich, herauszufinden, wodurch ich überhaupt erst anfällig wurde. Bei mir hatte das mit Einsamkeit, Angst und Müdigkeit zu tun. Meine Frau und ich haben es uns angewöhnt, gleichzeitig schlafen zu gehen. Den Ehemann, der bis spät in die Nacht Pornos schaut, gibt es nicht mehr. Bei anderen mag der Nährboden Langeweile, nicht verarbeitete Gefühle, eine Krise, Abenteuersuche oder der Mangel an liebevollen Beziehungen sein. Pornografie ist nur eine billige Kopie dessen, was sich Gott bei seiner Erfindung der Sexualität gedacht hat: Sie hinterlässt Leere, während Gott einen ganzen Menschen – einschliesslich der Geschlechtlichkeit – geschaffen hat.

Ich bin unglaublich froh darüber, dass Gott mich aus dem Mist herausgeholt hat. Dass er geduldig war und mir viel Liebe schenkt. Den „Klotz am Bein" bin ich losgeworden und ich erlebe nun, wie schön die Freiheit der Sexualität ist, die Gott sich für uns vorgestellt hat. Natürlich kommen auch immer wieder Zeiten, in denen ich angefochten werde und in denen ich die Dinge rechtzeitig ans Licht bringen muss, bevor sie erneut anfangen, zu gären.[51]

2.1. Entstehung der Sucht und Folgen

Wir können heute überall auf Bilder, Texte und Filme mit erotischem und pornografischem Inhalt stossen. Das löst oft einen Reiz, ein angenehmes Gefühl aus. Doch kann es dazu führen, dass man dieses angenehme Gefühl, diesen Reiz wieder neu erleben will. So sucht man nach immer neuen Bildern mit erotischen Inhalten. Ohne, dass man sich dessen bewusst ist, begibt man sich in eine Abhängigkeit, eine Sucht.

Wer in diese Sucht geraten ist, macht die Erfahrung, dass er immer wieder rückfällig wird. Warum kann man es nicht mehr lassen? Das Gehirn von Pornoabhängigen reagiert auf ihren Suchtstoff genauso wie ein Alkoholiker auf Alkohol oder ein Raucher auf Nikotin. Was ist mit unserem Hirn passiert?

Gehirnwissenschaftler haben herausgefunden, dass pornografische Bilder, vor allem im Zusammenhang mit Masturbation, einen chemisch indizierten Rauschzustand auslösen, der dem Glücksgefühl von schwerem Drogenkonsum vergleichbar ist. Das geschieht durch das limbische System, einer Funktionseinheit des Gehirns, das der Verarbeitung von

---

[51] Phil (Name nicht geändert) hat aus seiner Vergangenheit und dem Wunsch anderen zu helfen den Dienst Safer Surfing im Bereich Ausweg aus der Pornografie gestartet. Nach nur wenigen Monaten wurden die Website von monatlich 40.000 Personen besucht. Hier war sichtlich eine Not vorhanden. Phil ist als Referent in Klöstern, Schulen, Jugendkongressen und Pädagogischen Hochschulen unterwegs. Mehr zu seiner Geschichte unter *www.loveismore.ch*

Emotionen und der Entstehung von Triebverhalten dient. Dieses limbische System schüttet Endorphine, das heisst körpereigene Opioide wie Dopamin, Noradrenalin, Testosteron, Oxytocin und Serotonin aus. Diese erzeugen ein Glücksgefühl, welches einen extrem berauschenden Effekt mit sich bringt.

Der Pornokonsument erlebt dieses starke Glücksgefühl, das für ihn fast jederzeit und beinahe gratis erhältlich ist. Der „Griff" nach diesem Glücksgefühl geschieht oft unbewusst, wenn Gefühle wie Ärger, Stress, Langeweile oder Müdigkeit auftreten.[52] Durch das Wiederholen verändert sich jedoch die neurobiologische Struktur des Gehirns dahingehend, dass die Verhaltenskontrolle durch den Verstand weitgehend verloren geht. Es entsteht eine Sucht, von der man nur sehr schwer wieder wegkommt.

Das zeigt sich dann, wenn man den Entschluss gefasst hat, damit aufzuhören. Dieser ernstgemeinte Entschluss kommt schnell ins Wanken, denn sobald ein Auslöser da ist wie Langeweile, Einsamkeit, Wut, Stress, Müdigkeit, ... oder der Anblick einer knapp bekleideten Frau, oder eine reizvolle Werbung, tritt das limbische System im Gehirn, das die Glücksgefühle ausschüttet, in Aktion. Das Tückische dabei ist, dass damit gleichzeitig die Bereiche des Gehirns, in denen das Bewusstsein für Konsequenzen und die Willensstärke liegen, ausser Betrieb gesetzt werden. In diesem Zustand ist der Süchtige (meist) nicht mehr in der Lage, vernünftig zu entscheiden. Das limbische System hat (weitgehend) die Kontrolle übernommen und er ist diesem System ausgeliefert.

Wenn der Rausch, meist nach der Selbstbefriedigung, zu Ende ist, zieht sich das limbische System wieder zurück, das normale Denken setzt ein, und der Pornokonsument steht voller Selbstvorwürfe da und versteht

---

52 Matthias Burhenne weist darauf hin, dass der Pornografiekonsum neben der Lustbefriedigung noch weitere Funktionen haben kann wie: „*Frustbewältigung:* Viele Männer, die im Alter ab etwa elf Jahren in den Pornografiekonsum gerutscht sind, haben Pornografie als Frustbewältigungssystem in ihr Leben integriert – manchmal als das einzige. ‚Bin ich genervt vom Tag, dann mach ich es mir am Abend. So habe ich ein paar Minuten Ablenkung und schöne Gefühle.' *Langeweile:* Für andere sind Pornos einfach eine Methode gegen einen langweiligen einsamen Abend. Die *Traumwelt:* Manche schlüpfen in der Internetpornografie (z. B. in Chatrooms) in andere Rollen. Im Internet können sie jemand anders sein: der wilde Tarzan oder der elegante Prinz. Wunschträume werden so zu einer scheinbaren Realität. Dieser Aspekt spielt auch bei vielen interaktiven Internetspielen eine wesentliche Rolle. *Versteckte Sehnsüchte:* Manchmal verbergen sich hinter Pornografiekonsum versteckte Sehnsüchte, z. B. macht über Personen ausüben zu können." (Aus: Matthias Burhenne. Mann sein. Sexualität mit Charakter. S.145f)

nicht, wie es wieder so weit kommen konnte.

Folgen – Auswirkungen

Internetpornografie hat vielfältige Auswirkungen. Familien werden durch die Internetsucht des Vaters (und vermehrt auch der Mutter) in tiefe Krisen gestürzt. Männer erleben die Sexsucht als inneren Krieg, der sie zu überwältigen droht und einen Schatten über ihr Leben legt. Aussagen wie – „Mein Mann zerstört mit seiner Sucht nicht nur unsere Ehe und Familie. Er hat sich dramatisch verändert." – gehören in den Beratungsstellen zum Alltag. Veränderungen treten bereits ein, bevor die Frau entdeckt, dass ihr Mann sich im Internet pornografische Seiten ansieht.
Ein häufiger Konsum von Internetpornografie führt zu einer Werteverschiebung in Bezug auf die Sexualität und das Bild der Frau. Sex wird von der emotionalen Beziehungsdimension getrennt. Frauen werden in der Folge zunehmend als Sexobjekt wahrgenommen, der Süchtige ist fixiert auf den sexuellen Reiz und auf den Orgasmus. Wechselnde sexuelle Partner werden normal. Internetpornografie fördert eine zunehmende Akzeptanz des Vergewaltigungsmythos, das heisst der Vorstellung, dass Frauen letztlich zum Sex gezwungen werden wollen.
Auf die eigene Partnerschaft bezogen bedeutet dies, dass Pornografiekonsum zu einer Abwertung der Attraktivität der Partnerin führt. Der Sexsüchtige ist so angefüllt mit Bildern und Vorstellungen, dass keine reale Frau auch nur annähernd seinen Erwartungen entsprechen kann, denn die durch den Pornografiekonsum eingebrannten Bilder wirken noch lange im „Kopfkino" weiter und sind jederzeit abrufbar. So „stören" diese Bilder das sexuelle Zusammensein mit der eigenen Ehefrau. Das führt zu einem Intimitätsverlust und einer inneren Entfremdung in der Partnerschaft. Der Mann zieht sich schnell zurück, zudem ist er ein Stück weit an die einseitige egoistische Bedürfnisbefriedigung gewöhnt.

Internetpornografie ist nicht zuletzt deshalb so verführerisch, weil sie keinen direkten Kontakt mit einem Menschen erfordert. Der Benutzer hat über alles die volle Kontrolle: Das Fenster kann geöffnet und mit einem Klick geschlossen werden. Er ist sein eigener Herr und Meister und nicht auf eine Beziehung angewiesen, die herausfordern und auch verletzen kann. Oft verbirgt sich hinter Internetpornografie eine Angst vor echter Intimität.

Internetpornografie macht äusserst schnell abhängig. Oft beginnt die Sucht mit der Neugier. Man möchte Pornos anschauen, wissen, was es so alles im Internet gibt. Solche neugierige Entdeckungsreisen führen schnell in die Abhängigkeit und der Ausstieg aus dem zur Sucht gewordenen Pornokonsum ist enorm schwierig, wenn man ihn denn allein überhaupt schafft. Auf jeden Fall ist die Sucht demütigend und nagt am eigenen Selbstwert. Deshalb raten Betroffene, die den schwierigen Weg aus der Abhängigkeit suchen, jeder Person: „Fange ja nie damit an! Das bewahrt dich vor viel Energie- und Zeitaufwand, Selbstzweifeln und Demütigung. Bitte fange nie an, dir und deinen Nächsten zu liebe!"

Erfahrung Susanne – Ein Weg aus den Schuldgefühlen

Mit etwa zwölf Jahren stolperte ich in die Pornografie-Falle, begleitet von dem ganz normalen inneren Chaos, das man als Jugendliche so hat. Ohne eine Ahnung zu haben, was es alles in diesem Bereich so gibt, war ich einerseits abgestossen und andererseits fasziniert davon und es regte sich etwas vermeintlich Angenehmes in mir, das aber gleichzeitig mit viel Scham einherging. Genau diese Scham war es auch, die mich in die Einsamkeit trieb. Zwar konnte ich mein ganzes Leben über, sehr gut mit meiner Mutter über alles reden. Aber Pornografie oder Selbstbefriedigung zu thematisieren, war für mich trotzdem absolut tabu. Hätte meine Mutter das damals erfahren, ich hätte mich im wahrsten Sinne des Wortes zu Tode geschämt.

Mein Schamgefühl wurde verstärkt durch die Tatsache, dass ich seit meinem sechsten Lebensjahr an Jesus glaubte und immer ein aktives Mitglied in Gemeinden war. Ich war überzeugt davon, dass ich krank sei, denn wenn jemand ein Problem mit Pornografie hat, dann doch wohl Männer. Ich glaubte lange, ich sei wahrscheinlich die einzig „pervers" veranlagte Frau. Auch wenn ich Komplimente für mein Aussehen bekam, konnte ich sie nie wirklich annehmen und glauben. Stattdessen dachte ich: „Wenn diese Person wüsste, wie ich wirklich bin, würde sie mir diese Komplimente sicherlich nicht machen". Ich steckte in einem Teufelskreis: Meine Schuldgefühle und Spannungen versuchte ich durch Selbstbefriedigung und ein Hineinträumen in erotische Fantasien abzubauen. Solche Fantasiewelten sind typisch für Frauen: Allein durch Liebesromane mit explizit beschriebenen Liebesszenen konsumieren sie sehr viel mehr Pornografie, als sie sich vorstellen können. Abhängigkeit von Pornografie muss also nicht auf den aktiven Konsum von harten Pornos beschränkt sein. Es kann auch bedeuten, sich verbunden mit Selbstbefriedigung in erotischen Fantasien zu verlieren.

Meine eigene Heilung begann schliesslich damit, dass ich begann, mit Gott wirklich ehrlich über das Problem zu reden. Das Bewusstsein, dass Jesus tatsächlich für alles gestorben ist, stärkte mich so sehr, dass ich mich irgend-

wann einer Freundin öffnen konnte. Und unsere Freundschaft endete auch nicht, sondern wurde tiefer und ehrlicher. Diese Freundin war es auch, die mich immer wieder darauf aufmerksam machte, wenn ich wieder einmal aus eigener Kraft etwas erreichen wollte, ein Fehler, den viele machen, die diesem Teufelskreis entfliehen wollen: Sie flehen Gott um mehr Kraft an, dieser Sünde widerstehen zu können, und wundern sich, wenn dies nicht funktioniert. Auch ich versuchte diesen Weg erfolglos.

Die Wurzel für diese Sünde fand ich, als ich mich auf die Reise in mein Innerstes einliess: Ich bin in einer sehr behüteten Familie aufgewachsen, in der es kaum Streit gab. Deshalb hatte ich es auch nie gelernt, mit meinen negativen Gefühlen umzugehen. Während ich mich früher innerlich bei Konflikten zurückzog, lernte ich nun neu zu streiten und negative Gefühle angemessen auszudrücken. Erst als ich lernte zu vergeben, Vergebung anzunehmen und mich auf Freundschaften einzulassen, nahm meine innere Spannung ab. Den Beweis für meine Heilung sehe ich inzwischen darin, dass ich mich nicht mehr dafür schäme.

Übrigens weiss mittlerweile auch meine Mutter davon. In den letzten Jahren hat sich auch herausgestellt, dass ich nicht die einzige Frau bin, die Probleme mit dem Thema Pornografie hatte, obwohl oft, wenn es um Pornografie geht, nur Beispiele von Männern aufgeführt werden. Allen betroffenen Frauen möchte ich sagen: Ihr seid nicht allein! Es gibt einen Weg, die Scham zu durchbrechen. Und es kommt die Zeit, in der auch Frauen ihre Weiblichkeit in Freiheit leben können, so, wie es ursprünglich von Gott geplant war.[53]

2.2. Wege aus der Sucht

Zum Weg aus der Pornosucht gibt es heute viele fachkundige Hilfen. Einige Webseiten werden anschliessend auch erwähnt.[54] Auf einige wesentliche Schritte möchten wir zudem noch hinweisen:

1. Ein starkes, persönliches Motiv

Der Schritt auf dem Weg aus der Internetpornografie beginnt mit dem festen Willen, diesen Bereich endgültig und für immer verlassen zu wollen. Dazu braucht es ein starkes, eigenes Motiv, das ich am besten

---

53 Mehr dazu im Buch „Mein Weg zur Freiheit" von Susanne Böhm.

54 Matthias Burhenne nennt sieben Aspekte/Phasen: 1. Die Motivation und das Eingeständnis. 2. Die Entscheidung zur Beichte. 3. Die Analyse: a) Häufigkeit b) Die Funktionen der Pornografie c) Welche Ressourcen gibt es? 4. Praktische Schritte planen a) Der Computer b) Kritische Muster erkennen c) Rückfälle und Konsequenzen d) Erfolge und Belohnungen e) Das Kopfkino. 5. Regeln zum Umgang mit dem Ehepartner. 6. Gebetspartner und weitere gute Beziehungen. 7. Die geistliche Dimension – geordnet leben. (Matthias Burhenne. Mann sein. Sexualität mit Charakter. S. 133–155)

schriftlich festhalte auch mit der Vision, wie mein Leben ohne Pornosucht aussehen wird. So z. B.: „Ich treffe gute Entscheidungen für mich, meine Frau und meine Familie. Ich sehe Frauen in ihrer Gesamtheit und schätze sie. Ich vergeude keine Zeit und Energie mehr mit Dingen, die mich demütigen und beschmutzen. Ich werde mehr geistliche Kraft, Freude und Liebe haben.“ Um den Willen zu festigen, betrachte und verinnerliche ich mir dieses niedergeschriebene Motiv täglich. Gleichzeitig kann ich auch beschreiben, was passieren würde, wenn ich mich weiterhin meiner Sucht hingebe.[55]

Meine Motivation zum Ausstieg kann verstärkt werden, wenn ich mir bewusst mache, was ich durch meinen Pornokonsum unterstütze: Die Pornoindustrie wird weitgehend von Verbrecherorganisationen kontrolliert, die mit modernen Methoden der Menschensklaverei, teilweise sogar mit der Kindersklaverei operieren.

Shelly Lubben, eine Ex-Pornodarstellerin, gibt uns einen Einblick in ihr altes Leben und das ihrer Kolleginnen: „Die Pornoindustrie will, dass IHR denkt, wir Pornodarstellerinnen liebten Sex. Sie wollen euch glauben machen, dass wir es mögen, durch allerlei widerliche Szenen erniedrigt zu werden. Die meisten Frauen, die sich wegen Geld zum Pornogeschäft entschieden haben, hatten vermutlich keine gesunde Kindheit. In der Tat: viele Darstellerinnen geben zu, sexuellen Missbrauch, physische Gewalt und verbale Demütigungen erlebt zu haben, sowie auch von ihren Eltern vernachlässigt worden zu sein. Einige wurden von Verwandten vergewaltigt und von Nachbarn belästigt. … Die Wahrheit ist, dass es keine schönen Gefühle oder Fantasien beim Pornodreh gibt. Es ist alles eine einzige Lüge. Ein genauerer Blick in das Leben eines Pornostars zeigt dir einen Film, den du beim Porno nicht sehen willst. Die wirkliche Wahrheit ist, dass wir Pornodarstellerinnen

---

[55] Gabriele Farke beschreibt (www. Erste Maßnahmen bei OnlineSEXsucht 5. 6.2015) zehn Massnahmen zum Ausstieg. Die zehnte lautet: „Eine mentale Hilfe noch zum Schluss, bevor Ihr Eure Vorschläge und Fragen einbringt: Stellt Euch jetzt direkt vor, seht es direkt vor Augen, wie da jemand am Rechner sitzt mit runtergelassener Hose. Stelle es dir vor! Siehst Du das? Gut, dann schau weiter. Der Mann beginnt im Internet nach Sexszenen zu suchen, er wird fündig und beginnt wie automatisch, Hand anzulegen. Er ist wie von Sinnen, er bemerkt dich nicht, hört nichts, sieht nichts anderes als seine „Vorlage“. Du siehst das alles und findest es abstoßend, befremdlich, denn du erkennst jetzt, dass DU es bist, der da zugange ist, während eine reale Frau auf Dich im Schlafzimmer nebenan wartet. Du bist ein einsamer Mann, der das eigentlich alles gar nicht nötig hat. Das weißt Du! Oder nicht? Hole Dir genau dieses Bild immer wieder ins Gedächtnis, wenn Du Gefahr läufst, wieder rückfällig zu werden! Es wird Dir helfen!“

mit der Schande aufhören und das Trauma unserer Leben beenden wollen – aber wir können es nicht alleine! .... Wir wollen, dass ihr unsere Filme wegschmeisst... Glaubt nicht mehr der Lüge. Pornografie ist nichts anderes als kaputter Sex und Lüge auf einem Video."[56]

2. Komm ins Licht!

Könnte ich auf einer Pornoseite surfen, während mir meine Frau oder mein Freund über die Schulter schaut? Vermutlich würde ich rasch auf eine andere Seite wechseln. Das zeigt: Wir schämen uns und deswegen verstecken wir unsere Sucht vor anderen. Scham und Angst fördern Heimlichkeit. Damit sind wir in eine Falle geraten.

Der Wüstenvater Johannes Kolobos sagt: „Über keinen freut sich der Teufel so sehr wie über die Menschen, die ihr Inneres nicht offenbaren." In diesem Sinn freut sich der Teufel über die Scham, welche die Heimlichkeit und Selbstanklage fördert.[57]

Die Einladung Jesu lautet hingegen: „Komm ins Licht! Ich weiss alles und verurteile dich nicht." Der Schritt ins Licht, das Aussprechen der Wahrheit, ebnet den Weg in die Freiheit. So ist ein entscheidender Schritt, dass ich die Scham überwinde und mich einem Menschen offenbare. Das können Freunde, Seelsorger wie auch Fachpersonen sein. Wichtig ist der Weg heraus aus der Isolation und Einsamkeit!

Wohl selten kommt jemand ohne Unterstützung von aussen von der Pornosucht los. Gott will uns auch dadurch helfen, dass er uns Menschen an unsere Seite stellt. Ein Mann braucht einen Mann und eine Frau eine Frau. In einer solchen Beziehung lege ich Rechenschaft ab über meine sexuellen Fantasien und Gefährdungen. Gerade weil der Weg oft schwierig und langwierig ist, brauchen wir Ermutigung und Unterstützung. Dabei sind Gebet und Sündenvergebung (Beichte) äusserst wertvoll.

Entscheidend wird es meist sein, dass ich einer Person regelmässig Einblick in mein Leben gebe. Ich lasse diese Person, was meinen Internetkonsum betrifft, mir über die Schultern schauen und mich durch ein spezielles Programm kontrollieren.[58] Dieses Programm ist ein Mittel

---

56 Zitiert nach: Matthias Burhenne. Mann sein. Sexualität mit Charakter. S. 136f. Vgl. auch: www.nacktetatsachen.ch

57 Der Teufel wird ja auch Satan, das heisst „Ankläger" genannt. Sein Ziel ist, uns durch Scham und Schuldgefühle zu entmutigen und uns die Hoffnung auf Befreiung aus der Sucht heraus zu rauben.

58 Dazu gibt es gute Hilfe und Programme bei: http://www.saferchildren.eu/index.php?id=210

zur Selbstverantwortung. Das Programm verfolgt jede Website, die ich anwähle und registriert die Zeit, die ich auf jeder Webseite im Internet verbringe. Dann wird wöchentlich ein E-Mailbericht mit diesen Informationen an diejenige Person gesandt, die mich darin unterstützt, stark zu bleiben und mich in meiner Entscheidung, endgültig und für immer frei zu werden, unterstützt.

3. Im Licht wandeln

Jesus sagt: „*Wer die Wahrheit tut, kommt zum Licht, damit offenbar wird, dass seine Taten in Gott vollbracht sind*“ *(Joh 3,21)*. Wir werden hier aufgefordert „die Wahrheit zu tun“, also mit unseren Taten ans Licht zu kommen. Das bewirkt Veränderung und damit beginnt Heilung. Pornografie ist nicht das eigentliche Problem, sondern ein Symptom für unseren Lebens- und Herzenszustand. Wir müssen daher tiefer in unser Leben hineinschauen und erkennen, was der Grund für unser Handeln ist.

Bedeutsam ist der Blick zurück auf meine bisherigen sexuellen Erfahrungen, auf meine sexuelle Lerngeschichte: Wie habe ich die Sexualität zuhause erlebt? An was kann ich mich noch erinnern? Wie wurde ich aufgeklärt? Welche ersten Erfahrungen machte ich in der Pubertät? Wie kam ich mit der Pornowelt in Berührung? Was macht dies mit mir?

Phil Pöschl ermutigt: „Gehe mit Gott und deiner Sexualität spazieren. Erzähle ihm von deiner sexuellen Vergangenheit und deinen Erlebnissen, Sorgen und Problemen. Er wird nicht schockiert sein. Du kannst die Dinge beim Namen nennen. Er kennt dich ja auch. Lass dich auf ihn ein und begegne ihm ganz persönlich, bitte ihn auch um Vergebung. Eines ist aber wichtig: Sprich die Dinge beim Namen an und verstecke nichts vor Gott. Werde selbst versöhnt mit Gottes Hilfe, was deine Beziehung zu deinen eigenen Eltern anbelangt. Vergib ihnen, wo du Dinge erlebt hast, Dinge, die dir passiert sind und komm auch du zu Ruhe und Frieden in deinem Herzen. Lass los, was dich noch hält.“

Ein weiterer Aspekt besteht darin, dass ich der Frage nachgehe: Was ist der Nährboden meines Pornografiekonsums? Ist es Stress, Müdigkeit, Enttäuschung, Versagen, Einsamkeit, Hunger? Dazu Phil Pöschl: „Bist du müde, so entspanne nicht vor dem Computer oder Fernsehen, sondern gehe zu Bett. Hast du Hunger, dann fang an zu geregelten Zeiten zu Essen … erfülle diese Bedürfnisse. Es ist wichtig, im Alltag Pausen einzulegen, um in Ruhe zu Essen und fixe Zeiten zu haben und nicht da ein Häppchen und da noch schnell eine Schüssel Müsli vor dem Computer zu essen.

Bist du gestresst? ...dann ruhe dich aus. Wenn du verheiratet bist, gewöhne dir an, mit deinem Partner zeitgleich schlafen zu gehen, das hilft sehr dabei, am Abend nicht unnötig alleine Zeit vor dem Computer zu verbringen.

Wie sieht es mit Sport, beziehungsweise Bewegung aus? Es ist wichtig, aktiv zu werden. Wir haben Kraft und Energie und es gilt diese auch sinnvoll einzusetzen. Entdecke z. B. die Natur abseits deiner vier Wände, es gibt eine Welt da draussen. Es ist wichtig, dass du nicht alleine durch dein Leben gehst, sondern Beziehungen zu Freunden aufbaust. Pflege deine Beziehungen mit deinen Freunden, lerne auch für sie da zu sein und eine Hilfe für sie zu sein. Sei einfach wachsam, aber ohne Angst zu haben, und triff vernünftige Entscheidungen und vor allem sei ehrlich zu dir selbst. Was tut dir gut und was nicht."

Jesus kam in die Welt nicht um zu richten, sondern um zu helfen. Er sieht auf mein Herz und nicht auf mein Versagen und Scheitern. Er möchte mir helfen in der Situation, in der ich mich jetzt befinde. Er hat Interesse an meinem Leben. Ich bin Ihm wichtig. Er sieht das Wunderbare, was in meinem Leben noch möglich wird. Dazu braucht es tief in mir Veränderung. Das heisst: Ich muss bereit sein auch negative Gewohnheiten und Charakterzüge aufzugeben. Doch Veränderungen in unserem innersten Sein wollen wir oft nicht, da sie unangenehm und herausfordernd sind. Dazu können auch gute Bücher zum Thema Sexualität hilfreich sein.

Und wie ist das mit dem Partner? Fragen wir eine Betroffene:

Karina – Ich fühlte mich gedemütigt und ausgenutzt

„Karina, wie war es für dich, als du erfuhrst, dass dein Verlobter Pornografie konsumiert? Was kann man als betroffener Partner in einer solchen Situation unternehmen?"

Zunächst mal war es schon ein Schock für mich und ich zweifelte an unserer gemeinsamen Zukunft. Ich war traurig, ich hab mich betrogen, gedemütigt und ausgenutzt gefühlt. Aber ich wollte nicht in eine Opferrolle fallen, also stellte ich mich dem Problem bewusst und ich sprach nicht nur mit Phil darüber, was sein Pornokonsum in mir auslöst, sondern ich sprach auch mit unserem Begleitehepaar. Das hat mich sehr ermutigt. Sie haben mich ermutigt dranzubleiben und zu vergeben, auch wenn ich mich nicht danach fühlte und die Schuld nicht bei mir zu suchen war. Es war Phils Problem und nicht meines.

Vielleicht kennst du diese Gedanken, die einem dann begegnen, wie: du bist nicht schön genug, deine Figur ist nicht die richtige oder du musst dich damit abfinden, das gehört doch dazu ... Diese Gedanken sind Lügen, sie gehören als solche entlarvt und durch Wahrheiten ersetzt. Denn du bist wertvoll, du bist wunderschön, du hast einmalige Talente, deine Freunde schätzen dich sehr und sie verbringen gerne Zeit mit dir.

Dann kam natürlich diese Frage „warum?", „warum ich?", „warum mein Mann?". Diese Frage ist zwar berechtigt, aber sie hilft dir nicht weiter und du wirst die Antwort wahrscheinlich nicht erfahren. Viele Frauen meinen mit Diäten und Haare färben würde sie das Problem lösen. Manche denken sogar an Schönheitsoperationen. Das würde aber nie die Wurzel des Problems lösen. Egal wie hübsch du auch aussehen würdest, er würde weiter das Problem haben und sich Pornos ansehen.

Es war mir klar, ich konnte die Situation nicht so akzeptieren, ich war aber auch nicht die Lösung des Problems. Er musste sich Hilfe suchen. Nachdem ich merkte, dass Phil aktiv Schritte setzte, indem er sich mit seinem Mentor traf, oft mit ihm telefonierte, er las Bücher zum Thema und hatte Rechenschaftspartner, so konnte sich meine Gefühlsachterbahn langsam beruhigen. Gefühle der Trauer, des Verlassenseins, Wut und Enttäuschung sind Teil des Heilungsprozesses. Du brauchst sie nicht unterdrücken.

Der Prozess des Freiwerdens deines Mannes ist kein leichter, besonders wenn Rückfälle die Hoffnung und das Vertrauen wieder zerstören. Doch zwanghafte Kontrolle deines Mannes zeigt nur, dass du ihm nicht Vertrauen kannst oder dass du meinst, du bist selber die Lösung. Wenn dein Mann dich wirklich liebt, wird er aus der Pornografie aussteigen wollen. Er muss aktiv die Schritte setzen, aber er braucht auch deine Ermutigung dazu. Freu dich mit ihm über noch so kleine Erfolgserlebnisse. Er möchte wieder dein Held werden.

Anfangs hatte ich das Gefühl, alleine zu sein. Mein angeknackstes Selbstwertgefühl wurde durch Gebet, durch unser gemeinsames Gebet und Zuspruch von aussen wieder aufgebaut. Es war jetzt wichtig, auf mich und meine Bedürfnisse zu schauen. Die eigenen Bedürfnisse wahrnehmen und auch aussprechen – das war jetzt wichtig. Zeit mit Freundinnen verbringen, alte Hobbys wieder aufleben lassen oder einen Wellnessurlaub gönnen – solche Sachen helfen die eigene Wertschätzung wieder aufzubauen. Entdecke von neuem die Liebe und Wertschätzung für dich und deinen Körper. Sport z.B. hilft mir dabei, mich in meinem Körper wohlzufühlen.

Ein Thema, das ich hier noch kurz ansprechen möchte ist die Co-Abhängigkeit. Beziehe deinen Selbstwert nicht ausschliesslich von deinem Mann, dem Erfolg eurer Beziehung oder deinen Leistungen in der Partnerschaft. In manchen Härtefällen kann auch eine Trennung auf Zeit weiterhelfen. Du brauchst die Sucht deines Mannes nicht zu schützen, gehe mit deiner Verzweiflung ans Licht: Bleib nicht alleine damit! Deine Identität kommt von Gott. Er hat einen wunderbaren Plan für dich und dein Leben. Durch harte Zeiten wirst du mit Gottes Hilfe gestärkt wieder herauskommen.[59]

[59] Zusammenfassend kann man sagen: Wenn Pornosucht beim Partner erkannt wird, ist Konfrontieren angesagt, nicht aber akzeptieren. Viel zu viele Frauen ak-

4. Gedanken umlenken – den Prozess der Reinigung leben

Viele Pornokonsumenten haben in der Pubertät damit begonnen. Im Laufe der Jahre wurden hunderte, ja vielleicht tausende Pornos angeschaut. Damit hat sich ein automatisches Verhalten im Gehirn gebildet, das immer aktiv wird. Das Hirn ist unser grösstes „Sexualorgan". Wir sind nicht triebgesteuert. Grundsätzlich können wir entscheiden, was wir tun wollen und was nicht. Genau das muss ich jetzt wieder mühsam lernen.

Wenn mich ein „Auslöser" zum Konsum eines Pornos erfasst, geht es nicht darum, diesen Impuls zu bekämpfen. Dadurch würde er nur noch stärker werden. Der Weg besteht darin, den Auslöser anzunehmen, aktiv auf diesen Impuls zuzugehen und ihn dann umzulenken. Umlenken bedeutet, mit dem Wunsch, eine Pornoseite zu öffnen (eventuell laut) ins Gespräch zu kommen und zu sagen: „Ich weiss, was du mit mir vorhast. Ich will das nicht mehr machen. Ich treffe jetzt eine neue Entscheidung, die mich viel glücklicher macht. Ich will meiner Entscheidung (meinem Motiv) entsprechend handeln".

Eine erste positive Entscheidung stärkt mich auf dem weiten Weg zum Ziel, mein Denken neu zu programmieren, um frei von jedem pornografischen Einfluss zu werden.

Dieser Prozess kann schmerzhaft sein und viel Zeit beanspruchen, denn mein Gehirn hat durch die jahrelangen Drogenausschüttungen, verbunden mit unnatürlichen pornografischen Bildern, einen verwirrten Chemiehaushalt. Dazu kommt, dass unser Gehirn durch die extremen Sinneseindrücke unserer jetzigen Zeit oft selbstständig reagiert, also auf Autopilot geht. Das heisst, bevor es mir bewusst wird, bin ich schon wieder ganz tief mit den Gedanken in einer lustvollen Szene, das limbische System wird aktiv und ich werde wehrlos in eine Handlung hinein geschleudert, die ich eigentlich gar nicht tun will.

Der Weg aus der Internet-Sex-Sucht ist auch mit Hilfe des Glaubens kein einfacher Weg. Psychologisch spielen sich beim Rückfall die gleichen Phänomene ab, wie bei nicht-religiösen Menschen: Scham – Ver-

---

zeptieren einfach die Situation, beziehungsweise werden Co-Abhängig und schützen ihren Partner. Wichtig ist es zu beobachten, ob der Partner wirklich Schritte unternimmt, dabei aber nicht zum Kontroll-Freak zu werden. Hilfreich ist es für sich selbst Hilfe zu holen, denn oft wird durch die Sucht des Partners das Selbstbild zerstört. Es ist wichtig zu wissen, dass das eigene Aussehen, beziehungsweise Sex nicht das Problem ist, sondern dass der Partner unabhängig von mir ein Problem hat.

zweiflung – Aufgeben des Kampfes – Leben mit dem „inneren Schweinehund“. Für den gläubigen Menschen ist ein Rückfall nicht nur ein Ausrutscher, für den er sich schämt, vielmehr wird durch die Sucht auch die Beziehung zu Gott, (zu den Mitmenschen und mir selbst) gestört. Das Gefühl der inneren Beschmutzung kann, besonders wenn man immer wieder Rückfälle hat, dazu führen, dass man Gott nicht mehr zutraut, dass Er uns vergeben und vom diesem Laster befreien könne.

Doch Gott liebt uns und wird nie aufhören uns zu lieben. Sein Wunsch ist, dass wir immer und immer wieder zu Ihm kommen, denn Er wird nie müde, uns zu verzeihen, uns zu helfen und uns aufzurichten. Denn *„wenn das Herz uns auch verurteilt - Gott ist größer als unser Herz und er weiß alles“ (1 Joh 3,20).* Und: *„Das Blut seines Sohnes Jesus reinigt uns von aller Sünde“ (1 Joh 1,7).* Darum gilt: *„Siebenmal fällt der Gerechte und steht wieder auf“ (Spr 24,16).*

Immer wieder aufstehen und sich niemals entmutigen lassen! Also erneuter Anlauf, die Motivation erneuern, Vergebung annehmen, evtl. die Rechenschaft (Aussenkontrolle) verbessern, ... Das wird zu zunehmend längeren Phasen, ohne Rückfall führen können. Und wenn ich vielleicht immer anfällig bleibe, eine Reduktion des Pornografiekonsums ist auf jeden Fall möglich und bereits eine enorme Hilfe auf meinem Weg.

Das zeigt den Kampf an, in den ich nun hineingestellt bin. Um solche Rückfälle möglichst zu vermeiden (oder ihre Zahl zu verkleinern), wird geistliche Hilfe ohne umfassende Veränderung nicht genügen. Vielmehr ist es gut, alle geistlichen Hilfen und Einsichten und Techniken, wie auch verschiedene Hilfsangebote anzunehmen.[60] Dazu noch eine Ermutigung: Ich bin vermutlich völlig unvorbereitet in die Pornofalle gestolpert. Wenn ich jetzt dieses Problem erkannt habe und mich entschieden habe, davon wegzukommen, dann werde ich dadurch – trotz vielleicht vieler Rückfälle – wenn ich nie aufgebe, innerlich gestärkt hervorgehen. Dann werde ich die Erfahrungskompetenz haben, auch Mitmenschen helfen zu können, da heraus zu kommen.

Und die Kinder, die Jugendlichen...?!

Niemand ist gegen die Sucht nach erotischen Bildern und Sexvideos gefeit. Überall im Netz werden wir mit diesen Inhalten konfrontiert. Pornografie macht nicht halt vor Familien, Beziehungen, Pfarrgemeinden

---

[60] Mehr dazu bei hilfreiche Bücher und Webseiten.

und Kirchen. Die Porno-Industrie wird von einer sehr einflussreichen und aggressiven Lobby geführt, der es um Profit und Gewinn geht. Sie suchen ausschliesslich mehr Kunden zu gewinnen, um damit Geld zu verdienen und reich zu werden. Um das zu erreichen, setzt man früh an. Schon Kinder im Stadium ihrer erwachenden Sexualität, sollen als zukünftige Kunden gewonnen werden.

Deshalb ist es wichtig, früh genug mit der Sexualerziehung zu beginnen, ohne die Kinder zu früh zu überfordern oder ihnen alle Details aufzutischen. Und irgendwann kommt auch die Zeit (mit ca. 9–11 Jahren), wo ich auch von der „anderen" Welt, der Welt der Pornografie spreche.[61] Denn die Kinder werden auf jeden Fall darauf stossen. Sie sollen das, was sie sehen, einordnen können und erkennen, dass das nichts mit Sexualität zu tun hat.

Wir müssen unsere Kinder schützen, denn sie sollen nicht (schon früh) Ziel der Wirtschaft und potentielle Käufer für die Zukunft werden. Zum Thema Kinder-Internetschutzsoftware gibt es gute Programme, die den PC und die Smartphones beim Surfen sicherer machen. Diese lassen sich nicht so leicht aushebeln und erlauben es den Kindern, wenn sie alt genug sind, aber auch Erwachsenen in Familien entspannt surfen zu können, ohne dass Pornografie und andere bedenkliche Inhalte erscheinen.

Was soll ich als Elternteil weiter beachten? Dazu Phil Pöschl: "Beobachte, ob ein Suchtverhalten bei deinen Kindern vorliegt. Verbringt dein Kind eine Menge Zeit im Internet, besonders nachts (kein Kind macht Hausaufgaben in der Nacht), wird das Kind aggressiv wenn es Zeit ist, den Computer auszuschalten oder das Smartphone wegzulegen? Erwischst du dein Kind beim Lügen über das Benutzen des Computers oder kommst du in ein Zimmer und siehst, dass dein Kind plötzlich den Bildschirm wechselt? Isoliert sich dein Kind von Dingen, die es gerne gemacht hat, gibt Hobbys auf, oder wird vielleicht depressiv? Das sind Punkte, die darauf hinweisen, dass es eventuell ein Problem gibt.

Dann gilt: Bleib im Gespräch mit deinen Kindern. Suche unaufgeregt das Gespräch und lass das Kind vor allem erzählen: Wie bist du zu diesem Film gekommen? Weshalb hat er dich interessiert? Wie hast du dich

[61] Je früher Kinder freien Zugang zum Internet haben, desto früher geraten sie an pornografische Inhalte, meist ohne Wissen der Eltern. Die Links erhalten sie häufig von Mitschülern. Hilfreich ist es, mit Kindern und Jugendlichen über den Einfluss von Pornografie auf ihr Frauen- und Männerbild, über ihre Vorstellungen von Sexualität, und ihre Sehnsüchte nach Liebe und Partnerschaft zu reden.

dabei gefühlt? So kann das Kind auch allfällige negative Gefühle aussprechen.

Dann: Baue an der Persönlichkeit deines Kindes und stärke es. Zeig Interesse am Leben deines Kindes. Setz dich mit den Kindern zusammen und spiel etwas auf dem PC oder setz dich einfach neben dein Kind und lass dir am Smartphone das eine oder andere Spiel erklären.

Erarbeite gemeinsam mit den Kindern Grenzen und besprich deine Erwartungen mit dem Kind. Eine gute Möglichkeit ist, gemeinsam eine Kinderschutz-Software zu installieren und zeitliche Grenzen zu besprechen.

Wenn dein Kind im Internet abhängig ist, ist es wichtig, dass du dem Kind Mut machst, dass es einen Ausweg gibt und du ihm zur Seite stehen wirst. Begegne deinem Kind ruhig, wenn es mit Pornografie Probleme hat. Versuche, nicht schockiert zu reagieren, so schwer es auch sein möge, sondern sei einfach da und höre zu.

Nicht bei allen führt ein Interesse an Pornografie automatisch zur Sucht. Trotzdem setze an der Quelle an und vor allem, bete um Weisheit von Gott, wie du deinen Kindern trotz deiner eigenen Geschichte ein Vorbild sein kannst und ihnen zur Seite stehen kannst. Das Wichtigste ist, deine Kinder zu lieben; schätze sie wie einen Goldschatz, sprich ihnen Wert und Schönheit zu. Gerade an die Väter gerichtet: Sprich deinen Kindern Gutes zu und segne sie als Vater."

* * *

http://www.

Eine christliche Perspektive zum Thema findet man auf **www.loveismore.ch** sowie bei: **www.internet-sexsucht.de**

Wer eine Selbsthilfegruppe sucht, wird auf folgenden Seiten fündig **www.loveismore.ch** und **www.shg-Pornografieabhaengigkeit.ch**

Hier können Eltern sich informieren **www.saferchildren.eu**

Allgemeine Informationen und weiterführende Links findet man unter **www.nacktetatsachen.ch** und **www.safersurfing.eu**

Online Video-Kurs (kostenlos): **www.loveismore.de/kurs** (Kurs für Männer),

www.loveismore.de/kursfrauen (Kurs für Frauen)

Bei **www.porno-ausweg.de** bieten der Evangeliumsrundfunk und das Weisse Kreuz kostenlos einen anonymen Online-Kurs an.

www.kindersindtabu.de Sachliche Informationen über Kinderpornografie.

Mike Genung: **Mein Weg zur Heilung – Eine Biographie.** Mike Genungs Lebensbericht über seinen Weg aus der Sexsucht bietet Hoffnung und Hilfestellung für alle, die entweder selbst, in ihrem persönlichen Umfeld, oder als Seelsorger mit Problemen im Bereich der Sucht konfrontiert sind. Er beschreibt die tiefe Not dahinter und zeigt, wie es ihm gelingt, diese Sucht zu besiegen. Mike Genung bietet einen Ausweg, der nicht an der Oberfläche stehen bleibt.

Ralph H. Earle & Mark R. Laaser: **Wenn Bilder süchtig machen.** Der sexuelle Adrenalinstoss ist immer nur ein paar Mausklicks entfernt. Tausende von Männern und Frauen tappen in die Falle und merken erst spät, wie Heimlichkeit und Angst vor Entdeckung sie in ein Doppelleben treiben. Earle und Laaser zeigen dank ihrer langjährigen Erfahrung als Berater, Wege zum Ausstieg auf. Sie gehen den tieferen Ursachen sexuellen Fehlverhaltens auf den Grund und beschreiben die Grundzüge einer gesunden Sexualität und Intimität und bieten praktische Hinweise zur Überwindung zerstörerischer Verhaltensmuster.

Susanne Böhm: **Mein Weg zur Freiheit – Ein Erlebnisbericht**. „Mein Weg zur Freiheit“ ist ein Buch für Mädchen und Frauen, die mit Pornografie in Berührung kamen und festgestellt haben, dass es nicht leicht ist, von diesen Bildern loszukommen. Es bietet einen Blick hinter die Abhängigkeit von Pornografie und Selbstbefriedigung. Wie kommt es dazu? Wie sehen die Konsequenzen aus? Wie gestaltet sich der Weg raus aus der Abhängigkeit? Es ist ein Erfahrungsbericht, der ermutigen soll, sich der Problematik zu stellen und der aufzeigt, dass es Hoffnung gibt.

Ilona Jacobs: **Ich war eine von vielen**. „Wenn er sich Pornofilme anschaut ...“ „Wenn er süchtig nach Sex ist, aber nicht mit dir ...“ Wie fühlt sich das an? Ilona Jacobs weiss, wie sich das anfühlt: Jahrelang hatte ihr Ehemann mit seiner Pornosucht zu kämpfen. Ihre Ehe ging deshalb fast in die Brüche. Jetzt hat sie den Mut, uns einen Einblick in ihren Kampf zu gewähren. Was sie mitgemacht hat, was sie fühlte, was sie aus ihren falschen Entscheidungen und Reaktionen gelernt hat, ihren Zorn und ihr Verlangen.

Christoph Pahl: **„Voll Porno!“ Warum echte Kerle „Nein“ sagen**. Den Autor berührt, dass viele Jugendliche in die Falle der Abhängigkeit tappen und nicht mehr herauskommen. Er gibt ganz praktische Hinweise, wie die selbstzerstörerischen Gewohnheiten überwunden werden können. Er will helfen, ein „echter Kerl“ zu werden, der ein gesundes Verhältnis zu seinem eigenen Körper, seiner Männlichkeit und seiner Sexualität hat und das Leben mutig anpackt. Lesenswert für Jugendliche, Jugendgruppenleiter, Seelsorgende.

Nikolaus Franke (Schriftleitung): **Arbeitsheft 1: Pornografie.** Herausgeber und Verleger: Weisses Kreuz e.V. Dieses Sonderheft vermittelt in kurzer Zeit viel Wissen und Hilfen zu dem Thema Pornografie aus christlicher und wissenschaftlicher Perspektive. Damit sollen auch für Laien die Wirkungszusammenhänge verständlich werden. Mit vielen nützlichen Internetadressen und Beratungsstellen in Deutschland.

3. Homosexualität

Wenn ein Jugendlicher feststellt, dass er sich zum eigenen Geschlecht hingezogen fühlt, führt dies häufig zu einer erheblichen Verunsicherung, da sich niemand seine homoerotischen Gefühle selbst ausgesucht hat. Die in der Pubertät aufkommenden Selbstzweifel können sich dadurch verstärken. Verunsicherung und Not können noch grösser werden, wenn in Familie und Freundeskreis über Schwule und Lesben negativ geredet wird. Was nun? Wie damit umgehen? Wie sich nun weiter verhalten?

3.1. Zur Homosexualität

Homosexualität hat es schon immer in der Geschichte der Menschheit gegeben. So sind gleichgeschlechtliche Liebe und Lust in allen Gesellschaften und historischen Epochen durch entsprechende Quellen nachweisbar. Doch es gibt einen Unterschied: Heute wird die Ansicht vertreten, dass der homosexuelle Mensch eine eigene Spezies sei, sozusagen ein drittes Geschlecht. Daraus folgt die Behauptung, dass jeder, der eine Art der gleichgeschlechtlichen Anziehung in sich spürt, diese ausleben muss, um gesund und glücklich zu sein. Doch ein Blick in die Geschichte zeigt, dass es nicht so sein muss.[62]

Homosexuelle Erscheinungsformen

Zu allen Zeiten gab es das Phänomen des gleichgeschlechtlichen Begehrens, doch es wurde sehr differenziert wahrgenommen. Da gab es Männer, die eine enge Zuneigung zueinander lebten, jedoch keine Sexualität miteinander teilten. Es gab Frauen oder Männer, die irgendwelche Aspekte bei Menschen des gleichen Geschlechts bewunderten, sich wegen dieser „Liebe des Gleichen“ aber nicht als Homosexuelle verstanden. Es gab Menschen, die gelegentlich auch Sexualität mit einem gleichgeschlechtlichen Gegenüber teilten, sich aber immer als heterosexuell verstanden. Und es gab besondere Abschnitte der Reifung, wie die Pubertät, wo es zu gleichgeschlechtlichen Handlungen kam, die aber eher den Charakter des gemeinsamen Erprobens von sexueller Po-

---

[62] S. Eder, Franz X.: Homo- und andere gleich-geschlechtliche Sexualitäten in Geschichte und Gegenwart; in: Mildenberger et al., Was ist Homosexualität? Hamburg 2014.

tenz hatten. Diese und auch weitere Erscheinungsformen der Homosexualität gibt es auch heute.[63]

Wie aber kann nun ein Mensch erkennen, wo er sich im gesamten Spektrum der Homo-Sexualität einzuordnen hat? Am besten, indem er folgende Dinge trennt: Das homosexuelle Begehren und Hingezogensein zum gleichen Geschlecht und die tatsächliche homosexuelle Handlung, etwa den homosexuellen Geschlechtsverkehr. Zweitens sollte er sich klar machen, dass es „die Homosexualität" nicht gibt. Vielmehr, so der Sexualwissenschaftler Gunter Schmidt, sollte sich jeder Mensch fragen, was er sich denn mit seinem sexuellen Begehren zu erfüllen sucht. Keinesfalls sollte man sich vorschnell als „schwul" oder „lesbisch" bezeichnen, denn diese Ausdrücke verwenden nur Menschen, die ihr gleichgeschlechtliches Begehren veröffentlichen und ausleben wollen.[64]

Zur Entstehung der Homosexualität

Wer heute die Frage nach der Homosexualität stellt, trifft in den Medien und der Öffentlichkeit überwiegend auf folgende Ansichten: Es gibt Homosexualität und Heterosexualität. Beides ist angeboren und nicht veränderbar. Da es Homosexualität gibt, ist sie zu akzeptieren und normal. Jeder hat ein Recht auf „seine" Sexualität. Die homosexuelle Lebensweise ist ebenso gut wie die heterosexuelle Lebensweise.

Die Grundfrage ist: Ist Homosexualität angeboren und biologisch festgelegt? Bis heute gibt es keine wissenschaftliche Untersuchung, die eine biologische oder genetische Ursache für Homosexualität nachweisen könnte. Dieser Meinung stimmen auch der Deutsche Schwulen- und Lesbenverband und viele Sexualwissenschaftler zu: „Es gibt derzeit keinen Nachweis für eine angeborene Form der Sexualität".[65] Zwar wird

63 Angesichts dieser Hinweise kann die Frage auftauchen, warum man in den öffentlichen Darstellungen immer nur den Slogan liest „einmal homosexuell, immer homosexuell"? Darauf antwortet der homosexuell lebende Psychologe Heinz Aubeck in seinem Buch „Homosexualität": Eine so vielgestaltige Homosexualität sei politisch nicht durchsetzbar. Wenn man jedoch einen Homosexuellen erschaffe, der sich nicht verändern könne und sich nach einer lebenslangen Partnerschaft sehne, dann könne man auch politische Anliegen wie die Lebenspartnerschaft oder die Adoption von Kindern durch gleichgeschlechtliche Paare durchsetzen. (Vgl. Aubeck, Heinz J.: Homosexualität; Norderstedt 2014, S. 446.)

64 Dazu sagte Dr. Robert Perloff, 2004 Präsident der American Psychological Association (APA): „Der Einzelne hat das Recht zu wählen, ob er eine homosexuelle Identität will oder nicht. Es ist die Wahl des Einzelnen, nicht die Entscheidung einer ideologisch geprägten Interessensgruppe."

65 Dannecker, Martin: Sexualwissenschaftliches Gutachten zur Homosexualität. In: Hrsg. Von Basedow, Jürgen: Die Rechtsstellung gleichgeschlechtlicher Lebensgemeinschaften. Tübingen: Verlag Mohr, 2000, S. 339-340

unsere Sexualität immer auch durch unsere Gene und durch die Geschlechtshormone beeinflusst, dennoch aber kann die simple Gleichung: Biologische Anlage gleich menschliche Sexualität, nicht bejaht werden. Denn die menschliche Sexualität ist sehr komplex. Sie hat biologische wie psychologische Grundlagen, sie wird durch die Bindung beeinflusst, die der Mensch von Kindesbeinen an, zu anderen Menschen hat, wie von der Kultur, in der man lebt.[66]

Ist Homosexualität veränderbar?

Kann sich die sexuelle Ausrichtung eines Menschen verändern? Kann sie sich im Verlauf des Lebens wandeln? Von Seiten der Schwulen- und Lesbenbewegung wird dies verneint.[67] Dennoch gibt es viele Beispiele von Veränderung. Doch diese Veränderungen sind so vielfältig wie die

---

[66] Hört man die Geschichte von Menschen, die ihre Homosexualität als Identitätskonflikt verstehen, dann beschreiben diese oft, dass sie beim gleichen Geschlecht suchen, was sie bei sich selbst nicht akzeptieren oder finden können. So bewundert ein junger Mann die muskulöse Statur eines anderen Jungen. Selbst fühlt er sich dagegen schmächtig und unmännlich. Ein anderer junger Mann bewundert andere Jungs, die sich in gleichgeschlechtlichen Gruppen einfach zugehörig fühlen. Oft träumt er davon, wie schön es wäre, wenn er der Freund solcher Jungs sein könnte. Eine junge Frau dagegen fühlt sich zu mütterlichen Frauen hingezogen, denn sie strahlen so viel an Geborgenheit aus. Selbst fühlt sie sich oft einsam und abgeschnitten von anderen Menschen. Solche Fallgeschichten zeigen, dass es oft um die Frage geht, was jemand bei einem Menschen des gleichen Geschlechts sucht oder zu finden glaubt. Diese Antwort sollte der Betroffene selbst finden. Von aussen aufgeklebte Etiketten wie „einmal schwul, immer schwul" helfen bei dieser Aufgabe nicht, sondern führen eher zur Verzerrung der eigenen Selbstwahrnehmung.

[67] Die lesbische Aktivistin Anne Fausto-Sterling, Professorin an der Brown Universität, Providence, Rhode Island, antwortete auf die Frage nach der Veränderung bei der Sexualität in ihrem eigenen Leben: „Ich habe mich schon vor den Veränderungen in meinem eigenen Leben mit Geschlechterfragen beschäftigt. Als ich Feministin wurde, war ich noch verheiratet. Die Geschlechterproblematik wirkte damals auf mich, wie auf viele andere Frauen in den 70er Jahren: sie machte mich wütend. Mein armer Ehemann, der sehr anständig war, tat sein Bestes, um mich zu verstehen. Aber er stand aussen vor. Die Frauenbewegung öffnete das Weibliche für mich in einer Weise, die mir neu war; und so führte mein Engagement mich auf den lesbischen Weg." „Mein Ex-Ehemann und ich sind immer noch Freunde. Das ist wahr. Ich bezeichne mich heute als Lesbe, denn das ist das Leben, das ich führe, und ich finde, man sollte dazu stehen. Im Moment bin ich in einer glücklichen Beziehung und denke nicht im Traum daran, sie zu ändern. Dennoch ist es nicht unvorstellbar für mich, auch wieder einen Mann zu lieben." (Homosexualität angeboren? A. Dean Byrd, Ph. D., M.B.A., M.P.H. Shirley E. Cox, D.S.W. Jeffrey W. Robinson, Ph. D. Zitiert nach: Deutsches Institut für Jugend und Gesellschaft: www.dijg.de 29.5.2015).

Erscheinungsformen der Homosexualität. So gibt es z. B. den jungen Mann, der seinen als schmächtig bewerteten Körper annehmen konnte. Ab diesem Augenblick verschwand die gleichgeschlechtliche Sehnsucht, einen Mann mit einem muskulösen Körper berühren zu wollen. Eine Frau, die sich vormals von Beziehungen zu anderen Frauen wie abgeschnitten fühlte, konnte in einem langen Prozess einer Therapie endlich das Empfinden aufbauen, mit anderen Frauen verbunden zu sein. Auch ihre gleichgeschlechtliche Sehnsucht liess nach.[68]

Franz – Aus der Scham heraustreten

Im Alter von 5 Jahren spürte ich, dass ich mich in besonderer Weise zu Jungs hingezogen fühlte. Kaum in die Pubertät gekommen nahm ich Kontakt zu einer Schwulengruppe in meiner Umgebung auf. Dort wurde mir erklärt, dass ich wohl schwul geboren sei. Irgendwie konnte ich das aber nicht glauben. Grund dafür war nicht eine religiöse Erziehung, ich wuchs „heidnisch" auf, und auch nicht meine moralische Prägung: Drei meiner nächsten Verwandten lebten homosexuell und das war ok. Der Grund für diesen anhaltenden Zweifel entsprang meiner Selbstbeobachtung. Je mehr ich mich in meinem homosexuellen Begehren und Kontakten beobachtete, desto mehr spürte ich, dass es mir gar nicht um eine gleichgeschlechtliche Partnerschaft ging, sondern um den Wunsch, mich ganz und gar in den Mann zu verwandeln, den ich begehrte.

Diese Selbstbeobachtung widersprach dem, was mir von meinen homosexuell lebenden Freunden erzählt wurde. Vielleicht, so dachte ich, handelt es sich bei mir um eine andere Art der Homosexualität? Eines war mir jedenfalls klar: Ich musste meiner eigenen Wahrnehmung treu bleiben. Das war ich mir schuldig. So setzte ich meine Selbsterforschung fort und erkannte, dass die Wurzel meiner homosexuellen Gefühle mit Selbsthass zusammenhingen. Bereits als Kind habe ich mich immer hässlich und unmännlich gefühlt. Eingeredet bis eingebläut wurde mir dies von einer familiären Umwelt, wo ich offen für mein Mannsein verlacht wurde, wo ich für die Art wie ich aussah, wie ich ass oder wie ich ging verspottet wurde, oft vor anderen, was in mir ein Gefühl tiefer Scham hervorrief, das mich wie ein Schatten begleitete.

Als ich diesen Zusammenhang erkannte, wusste ich nur eins: Ich musste diese Scham loswerden. Ob sich damit meine homosexuellen Gefühle verändern

---

68 Ein weiteres Beispiel ist der Mann, der glaubt, nicht zu der Gruppe der anderen Männer zu gehören. Er ist fest davon überzeugt, für andere unangenehm und peinlich zu sein. Zwar hat er durch therapeutische Hilfe herausgefunden, dass sein Gefühl der Peinlichkeit mit dem emotionalen Missbrauch durch seine Mutter zusammenhängt; seine gleichgeschlechtlichen Empfindungen hat dies aber nicht verändert. Und dennoch sagt er: Mein homosexuelles Begehren will ich nicht ausleben, weil ich in meinen Fantasien beobachte, dass ich den Partner des gleichen Geschlechts nur benutze, um von meinem Selbsthass erlöst zu werden.

würden, wusste ich nicht. Als ich mit 19 zum ersten Mal über mein gleichgeschlechtliches Begehren mit einem Seelsorger sprach, begann meine „fromme Heilungskarriere". In unzähligen Gebeten wurde meine Homosexualität geheilt, gebrochen, mein Mannsein gesalbt, die Sünden meiner Vorfahren gebannt. ... Doch meine Erkenntnis, dass meine Homosexualität mit lebensgeschichtlichen Beschämungen zu tun hatte, interessierte niemand. Aus Verzweiflung, liess ich mich auf viele fromme Experimente ein, bis ich mir selbst eingestand, dass all das weder meine Homosexualität veränderte, noch meine Scham behob. Ich musste meinen eigenen Weg finden. Richtung gaben mir dabei allein der Wunsch und das Wissen, dass ich es, wie jeder andere Mann verdient habe, mich in meinem Körper wohl zu fühlen und über eine selbstbewusste, männliche Identität zu verfügen.

Aber wo anfangen, wenn man völlig alleine und ohne jede Hilfe unterwegs ist? Ich liess mich von meinen Gefühlen leiten und begann in Freundschaften zu Männern über meinen inneren Selbstzweifel, meinen Selbsthass und meine abgrundtiefe Scham zu reden. ... Ich musste lernen, in vertrauten Beziehungen zu Freunden und in der Beziehung zu Gott, die Wut zu zeigen, die in diesem Schmerz gärte und die damit verbundene Trauer auszuweinen. Aber auch das konnte die Scham in mir nicht auflösen. Erst als ich in eine Freundschaft geriet, in der ich von einem Mann emotional abhängig war, den ich sehr idealisierte und ich alles tat, damit mich dieser nicht verliess oder von sich stiess, lernte ich durch viele Kämpfe hindurch einen Satz sprechen, der eine tiefe Veränderung in Gang setzte. Ich weiss noch gut, wie ich in dieser Freundschaft alles daran setzte, dem anderen irgendwie zu gefallen. Irgendwann brach ich unter diesen Anstrengungen zusammen und schrie den Satz: „Auch wenn ich kein perfekter Mann bin, habe ich es verdient, dass du mich als Mann wahrnimmst!" Kaum hatte ich diesen Satz zum ersten Mal gesprochen, schmolz die körperliche Sehnsucht nach dem Mann ab. Ich fühlte mich frei, irgendwie selbstbewusst, stark und in mir war das Wissen: Ich habe es verdient, dass andere Männer in mir einen Mann sehen. Jetzt war die Scham in mir zum ersten Mal durchbrochen. Und zum ersten Mal, war das nichts, was ich mir einredete, ich konnte es fühlen. Auf diesem Weg, das wusste ich, musste ich weitergehen. Auf diesem Weg verlor ich meine homosexuelle „Krücke". ... Heute bin ich 52, seit 25 Jahren verheiratet, Vater von drei Kindern.[69]

---

[69] Mit „Krücke“ möchte ich (Franz) folgendes sagen: „In über 5000 Begegnungen, die ich in meiner Arbeit als Berater und Therapeut mit homosexuellen Menschen hatte, fiel mir auf, dass es in unserer Gesellschaft und Kirche nicht mehr erlaubt ist, sich seiner Homosexualität denkend und reflektierend zuzuwenden. Vielmehr haben immer schon andere beschlossen, was ich über „meine sexuelle Orientierung“ zu denken habe. Ich frage daher: Vor was haben wir denn eigentlich Angst? In meiner langjährigen Beratungspraxis mache ich die Erfahrung: Wenn jemand innerpsychische Fragen entdeckt, die mit seiner Homosexualität zusammenhängen, dann sollte er die Freiheit haben, sie bearbeiten zu dürfen. Findet er keine Fragen, dann kann er an nichts arbeiten und dann verbietet es sich auch, ihm irgendwelche Zusammenhänge einzureden.“

Es gibt Männer und Frauen, die eine Öffnung in Richtung Heterosexualität erlebt haben. Sie leben heute in heterosexuellen Beziehungen, haben Kinder und führen ein normales Familienleben. Nur manchmal, in bestimmten Lebenskrisen oder Situationen, die an alte Wunden rühren, taucht das homosexuelle Begehren möglicherweise wieder auf. War die Veränderung dieser Menschen dann nicht echt oder haben sie am Ende nur ihre Homosexualität unterdrückt?

Fragt man die Betroffenen, dann sagen sie rund heraus: Wer glaubt, Sexualität wäre mit den Worten Homosexualität oder Heterosexualität ausreichend erklärt, irrt. Sexualität ist im Menschen immer verbunden mit tiefen, nicht-sexuellen Bedürfnissen. Hat ein Mensch einmal begonnen, sich bestimmte Bedürfnisse über Sexualität zu beantworten, dann beschreitet die Psyche in Zeiten besonderer Herausforderungen und Krisen gern wieder diesen Weg. Die Frage ist daher nicht, ob man nun homosexuell sei oder nicht. Die Frage ist, wie man auf solche Herausforderungen des Lebens antwortet.

2.2. Umgang mit Homosexualität

Ob Menschen nun Veränderung erleben oder nicht: wer eine homosexuelle Orientierung bei sich wahrnimmt, gerät oft in eine sehr schwierige Situation, die meist zu einer grossen inneren Isolation führt. Die Person spürt, dass sie nicht so fühlt wie die Mehrheit der Menschen. Die normalen Selbstzweifel und Minderwertigkeitsgefühle in der Pubertät können durch die homosexuelle Empfindung dahin führen, dass man sich als „falsch“ empfindet: „Ich bin nicht in Ordnung! Ich müsste anders sein!“ Damit kann die Entdeckung der eigenen Homosexualität in eine Lebenskrise führen.

Wie nun aber damit umgehen? Dazu gibt es in unserer Gesellschaft heute unterschiedliche Möglichkeiten. Die einen suchen die Hilfe einer Schwulen- und Lesbenorganisation auf. Dort lernt man in einem Stufenmodell, sich mit seiner Homosexualität anzunehmen. Dabei wird einem zunächst vermittelt, dass Homosexualität etwas Normales sei, womit vornehmlich die Umwelt, die Eltern oder die Kirche ein Problem hätten.

In einem zweiten Schritt wird daran gearbeitet, festzustellen, seit wann man homosexuelle Empfindungen habe. Da fast alle Homosexuellen solche Sehnsüchte bereits in ihrer Kindheit wahrgenommen haben, wird darin schnell ein Beweis dafür gesehen, dass Homosexualität angeboren sei. Dies führt dann regelmässig zur Empfehlung, dass man die homosexuelle Szene aufsuchen solle, um dort Gleichgesinnte zu treffen, was meist zum Erproben erster sexueller Kontakte führt.[70]

Kennzeichnend ist, so ein homosexueller Autor, der diese Form des Coming Out kritisiert, dass der Mensch dadurch eher zum „Homosexuellen" gemacht wird. Menschen, die diesen Weg gehen, fragen sich ab irgendeinem Punkt nicht mehr, mit welchen lebensgeschichtlichen Wurzeln die eigene Neigung verbunden ist oder ob sich darin vielleicht ein Identitätskonflikt spiegelt.

Und dennoch ist wichtig: Menschen, die homosexuelle Empfindungen bei sich feststellen, müssen diese erst einmal akzeptieren. Denn es bleibt: Niemand hat sich diese Empfindungen selbst rausgesucht und durch Ablehnung bestimmter Gefühle und letztlich durch Ablehnung seiner selbst findet man keine Perspektive.

Auf diesem Weg sollte man aber niemals allein bleiben. Es empfiehlt sich, sich einem Menschen anzuvertrauen. Vielleicht fällt dies leichter, wenn man sich bewusst macht, dass homosexuelle Empfindungen allein, aus einem Menschen noch keinen homosexuellen Menschen machen.

Katholische Unterscheidung zwischen Neigung und ausgelebter Homosexualität

Die Sexualität ist nicht nur etwas Persönliches, sie prägt wesentlich das Zusammenleben. Die Kraft der Sexualität kann aufbauen und heilen, aber auch verletzen und zerstören. Die Kirche unterscheidet zwischen homosexuellen Neigungen und homosexuellem Tun. Die homosexuelle Neigung, wie jede Art von Gefühlen und Empfindungen, ist nie Sünde. Entscheidungen und Handlungen können es jedoch sein.

Dazu schreiben die Schweizer Bischöfe: „Das Nein der Kirche zu homosexuellen Handlungen mag vielen als hart erscheinen. Steht es nicht in Widerspruch zur offenen Haltung Jesu, der alle aufgenommen hat, wie sie waren, ohne Unterschiede oder Vorbedingungen? So empfinden es viele Christinnen und Christen. Die Kirche lehnt keinen homosexuellen Menschen ab – das kann nicht genug betont werden. Homosexuelle Menschen sind wertvolle Menschen, die nicht selten ungerechte Ausgrenzungen ertragen müssen. Wie allen Menschen will die Kirche auch ihnen nahe sein. Dennoch kann sie die homosexuellen Handlun-

---

70 Vgl. Jürgen Ech, Rüdiger Hein: Wie verwandelt, Coming-out: Theorie und Praxis für Selbsthilfegruppen, Hamburg 1999; Andreas Lühr: Coming-out-Handbuch für Gruppenleiter, Berlin 1999; Brigitte Vetter: Sexualität, Störung, Abweichungen, Transsexualität, dort S. 61ff, Stuttgart 2007; Rolf Winiarski: Coming Out Total, Berlin 1995.

gen selbst in keinem Fall gutheissen. ... Die Erfahrung der Kirche wie auch jene vieler anderer Religionen und Kulturen zeigt, dass es Wege der Enthaltsamkeit gibt, die das Menschsein nicht verkürzen, sondern es bereichern. Dauerhafte zwischenmenschliche Beziehungen und Freundschaften können dazu eine grosse Hilfe sein."(Pastoralschreiben der Schweizer Bischöfe Nr. 10)

Immer wieder wird heute die Frage gestellt, ob homosexuelle Paare – vergleichbar einem Ehepaar bei der Trauung – gesegnet werden können. Dazu schreiben die Schweizer Bischöfe im gleichen Dokument: „Segen bezeichnet in der Heiligen Schrift und im Glauben der Kirche eine besondere Zusage der Gegenwart Gottes, der das Leben fördert und zur Entfaltung bringt. ... Jeder Mensch in jeder Lebenssituation kann einen solchen Segen empfangen. Aber nicht jedes Tun des Menschen wird von Gott gut geheissen." Daraus folgt, dass eine Segnung homosexueller Menschen jederzeit möglich ist, nicht aber die Segnung einer homosexuellen Verbindung. Ein solcher Segen darf einer sakramentalen Ehe in keiner Weise ähnlich sein.

Homosexuelle Gläubige

Papst Franziskus sagte im Blick auf Schwule und Lesben: „Wenn jemand Gott mit gutem Willen sucht, urteile ich nicht. Wer bin ich, dass ich urteile?" Vor allem anderen ist der homosexuell empfindende Mensch meine Schwester, mein Bruder. Wir gehören zusammen! Das ist oft auch der Wunsch von homosexuellen Gläubigen, dass sie wie alle anderen einfach dazugehören, ganz normal!

Menschen mit homosexueller Neigung dürfen in keiner Weise diskriminiert werden, wie dies leider in der Vergangenheit geschehen ist und auch heute noch geschehen kann. Der Katechismus lehrt: „Ihnen ist mit Achtung, Mitleid und Takt zu begegnen. Man hüte sich, sie in irgendeiner Weise ungerecht zurückzusetzen" (KKK 2358). Denn jede Person hat die gleiche fundamentale Würde und Identität, nämlich Kind, Tochter und Sohn Gottes zu sein und Erbe des ewigen Lebens in der Herrlichkeit Gottes. Gott liebt alle Menschen gleich, jenseits ihrer sexuellen Empfindungen, ihren jeweiligen Schwächen, Schwierigkeiten, Sünden und Leiden.

Wie für alle Menschen, die nicht in einer Ehe leben, so gilt auch für die Menschen mit homosexueller Prägung: „Auch diese Menschen sind berufen, in ihrem Leben den Willen Gottes zu erfüllen und, wenn sie Christen sind, die Schwierigkeiten, die ihnen aus ihrer Veranlagung erwachsen können, mit dem Kreuzesopfer des Herrn zu vereinen“ (KKK 2358).[71]

Werner - nach der Sicht Jesu fragen

Gegen Ende eines Glaubensseminars kamen zwei Frauen, die sehr engagiert und begeistert das Seminar mitgemacht hatten, auf den Referenten zu und outeten sich als lesbisches Paar. Sie fragten den Referenten: „... und nun, was denken sie nun über uns?" Der Referent sagte spontan: „am liebsten würde ich sie umarmen, aber nur wenn das für sie so stimmt." Die eine sagte sofort ja, die andere nach einigem Zögern. Letztere schrieb später in einem Brief, es sei dies die erste Umarmung von einem Mann gewesen, die sie in ihrem Leben hätte zulassen können; und sie hätte sich dabei sogar richtig gut gefühlt.

Bei einem späteren persönlichen Treffen fragten die Frauen, was er als katholischer Theologe zu ihrer gelebten lesbischen Sexualität sage. Der verheiratete Theologe gab Ihnen zur Antwort, sie sollten das doch Jesus selber fragen. Er riet ihnen, sich vor der nächsten sexuellen Handlung gemeinsam vor dem gegenwärtigen Herrn Jesus Christus niederzuknien und ihn um seine Sicht zu bitten. Einige Monate später berichteten sie, sie hätten aufgrund der gemachten Erfahrungen im Gebet ihre sexuellen Neigungen nicht mehr ausleben können; sie hätten sich entschieden, sexuell enthaltsam nur noch als gute Freundinnen zusammen zu leben.

Michael - Gott ehren mit meinem Weg

Ich bin 27 Jahre alt und empfinde homosexuell. Derzeit studiere ich und habe in den letzten Jahren viel über meine Homosexualität nachgedacht und komme zu dem Schluss: Ich will meine Homosexualität selbst dann nicht ausleben, wenn sich nichts an meinem Begehren ändert. Warum?

Das hat viel mit Ehrlichkeit gegenüber mir selbst zu tun. Als ich vor einigen Jahren begann über meine homosexuellen Gefühle nachzudenken, musste ich feststellen, dass ich eigentlich gar nicht an einer homosexuellen Partnerschaft

---

[71] Noch vollständig die Texte im Katholischen Katechismus: „Eine nicht geringe Anzahl von Männern und Frauen sind homosexuell veranlagt. Sie haben diese Veranlagung nicht selbst gewählt; für die meisten von ihnen stellt sie eine Prüfung dar. Ihnen ist mit Achtung, Mitleid und Takt zu begegnen. Man hüte sich, sie in irgendeiner Weise ungerecht zurückzusetzen. Auch diese Menschen sind berufen, in ihrem Leben den Willen Gottes zu erfüllen und, wenn sie Christen sind, die Schwierigkeiten, die ihnen aus ihrer Veranlagung erwachsen können, mit dem Kreuzesopfer des Herrn zu vereinen“ (KKK 2358).

„Homosexuelle Menschen sind zur Keuschheit gerufen. Durch die Tugenden der Selbstbeherrschung, die zur inneren Freiheit erziehen, können und sollen sie sich — vielleicht auch mit Hilfe einer selbstlosen Freundschaft —, durch das Gebet und die sakramentale Gnade Schritt um Schritt, aber entschieden der christlichen Vollkommenheit annähern“ (KKK 2359).

interessiert bin. Der Grund dafür ist, dass ich in homosexuellen Kontakten nie den anderen Mann als Gegenüber gesucht habe, sondern allein seine Bewunderung für mich. Die wünsche ich mir aber vor allem in Situationen, in denen ich sehr beschämt bin. In solchen Situationen will ich dann auch nie den Mann als ganzen Menschen, sondern nur seine äussere Hülle, seine Bewunderung für mich, seine uneingeschränkte Zuwendung. Das heisst in meinen homosexuellen Gefühlen und Phantasien idealisiere ich mir den anderen Mann zurecht, der mich erlösen soll. Sobald der Mann irgendwelche Schwächen hat, schwindet die Idealisierung und ich muss den anderen wegstossen und will nichts mehr mit ihm zu tun haben.

Ich weiss, dass der Drang zu meiner homosexuellen Inszenierung mit einem emotionalen Missbrauch in meiner Kindheit zusammenhängt. Damals wurde ich sehr beschämt und seit dem kann ich Nähe und Bestätigung ausserhalb der Sexualität nicht mehr entspannt erleben. Weil ich das alles über meine Homosexualität weiss, kann ich in ihr nichts Gesundes und Heiles sehen, das ich in einer Partnerschaft ausleben will.

Was mich sicher macht als Christ auf diesem Weg weitergehen zu können, sind vor allem zwei Dinge: Die Motivation aus dem Wort Gottes und echte Freundschaften zu Menschen, die mich tragen und verstehen und bei denen ich Heimat finde. So lese ich in der Bibel, dass Gott den Menschen als sein Abbild, in der Einheit von Mann und Frau, geschaffen hat. In dieser leiblichen Einheit sieht Gott etwas Besonderes. Paulus sagt, dass unser Leib ein Tempel des Heiligen Geistes sein soll. Lebe ich meine Homosexualität aus, dann drücke ich in der Gemeinschaft mit einem anderen Mann nicht das Abbild Gottes aus. Gleichzeitig ist mein Leib dann auch nicht Tempel des Heiligen Geistes.

Ich sehe mein Leben im Zusammenhang mit Matthäus 19,11-12.[72] *Dort weist Jesus darauf hin, dass es nur zwei Formen des geschlechtlichen Lebens geben kann: Das der Ehe oder das des Verzichtes auf Sex um des Himmelreiches willen. Solche Menschen weisen mit ihrem ganzen Leben auf das Kommen des Herrn hin. Und das will auch ich tun, indem ich auf homosexuelle Praxis verzichte. Denn es gibt im Leben mehr als Sex! Unser Leben ist bestimmt, Gott treu zu sein! Und diese Treue geht eben durch den ganzen Leib. Gerade aber weil ich um meine tiefe Verwundung weiss, kann ich einen solchen Weg nicht alleine gehen. Daher lebe ich heute in enger Gemeinschaft mit anderen Männern, bei denen ich lerne, Nähe ausserhalb von Sex anzunehmen und über meine Ängste und die Scham, die mich täglich begleitet, zu sprechen. Vielleicht brauche ich all das ein Leben lang. Wenn ich Gott dadurch ehre, will ich diesen Weg gern gehen!*

---

72 *„Jesus sagte zu ihnen: Nicht alle können dieses Wort erfassen, sondern nur die, denen es gegeben ist. Denn es ist so: Manche sind von Geburt an zur Ehe unfähig, manche sind von den Menschen dazu gemacht und manche haben sich selbst dazu gemacht - um des Himmelreiches willen. Wer das erfassen kann, der erfasse es“ (Mt 19,11–12).*

Wer sich entscheidet, seine homosexuelle Neigung nicht auszuleben, erfährt am eigenen Leib das Kreuz Jesu. Das Kreuz, ein Leiden als Folge der Treue zu Jesus, verbindet uns immer tiefer mit Jesus und bewirkt Segen. Es ist ein Kampf, der sich lohnt! Da sind wir nie allein, denn wir alle und so auch „homosexuelle Menschen sind zur Keuschheit gerufen" (KKK 2359). Wir alle brauchen für unseren Weg der Keuschheit die Unterstützung durch Glaubensgeschwister.

Keiner von uns, welche sexuelle Ausrichtung, welche Verletzungen und Prägungen er auch hat, kann ohne die Gnade Gottes so leben, wie Gott dies wünscht. Wir alle brauchen Umkehr und Heiligung. Die frohe Botschaft ist, dass durch die Gnade Gottes Veränderung im Leben möglich wird, wie dies Paulus immer wieder erfahren hat. Diese Heiligung kann ein langwieriger und geduldiger Prozess sein. Sie fängt jedoch immer mit der persönlichen Entscheidung an, kompromisslos Gottes Willen zu folgen.

Dazu gibt es für alle, auch speziell für Menschen, die homosexuell empfinden, Hilfen. Diese Hilfen können mit seelsorgerlicher Begleitung, Beratung, Therapie zu tun haben, unbedingt aber auch mit spiritueller Unterstützung.[73] Katechesen, Predigten und gute geistliche Ermutigung können Menschen in einem schwierigen Prozess Unterstützung sein, Sinn und Halt zu erleben und eine eigene Vision für das Leben mit seinen Höhen und Tiefen zu empfangen oder zu entwickeln.

Nicht wenige Menschen bestätigen, dass eine Neuorientierung der homosexuellen Gefühle, oft nach einem mühevollen und langwierigen Prozess, möglich wurde.[74] Fast alle bestätigen, dass sie durch professionelle Hilfe, aber auch durch geistliche Begleitung, Unterstützung erhalten haben, um ihren Weg besser gehen zu können.

---

73 So haben sich Männer, die sich für diesen Weg entschieden haben, zu einer Art „Selbsthilfegruppe" zusammengefunden. Die sogenannte „Bruderschaft des Weges" ist eine neue geistliche Gemeinschaft von Männern, die bewusst ihre homosexuellen Empfindungen nicht ausleben, sondern in ihrem Stand, ob verheiratet, verlobt oder ledig, ganz danach trachten wollen, Gottes Willen zu erfüllen. Um in ihrer Beziehungsfähigkeit für die Ehe zu reifen, oder auch um dauerhaft zölibatär lebend ein geglücktes Leben zu gestalten, unterstützen sie sich gegenseitig durch Gebet, durch Rat im Alltag, durch Ermutigung und Ermahnung. Und selbstverständlich konzentriert sich die Bruderschaft nicht nur auf sich selbst, sondern möchte auch anderen Christen in deren Ringen, Hilfe und Zeugnis sein. So führt sie Männerseminare durch, um andere Männer in den Reifungsschritten ihrer männlichen Identität zu unterstützen (kontakt:mshoffmann@me.com).

74 Wissenschaftlich untersucht und bestätigt sind folgende Möglichkeiten: 1. Die sexuelle Orientierung verändert sich nicht. Betroffene, die jedoch Homosexualität

Wenn Homosexuelle ihre Sexualität ausleben ist dies für Angehörige, welche die biblisch-kirchliche Sichtweise teilen und sich mit der Kirche verbunden fühlen, ein zusätzlicher geistlicher Schmerz.

Angela, Mutter von vier Söhnen – Jedes Kind so lieben, wie es ist

„Mami, ich werde nie mehr eine Frau mit nach Hause bringen." „Warum?" „Weil ich auf Männer stehe!" So erfuhr ich von einer Minute zur andern, dass mein Sohn homosexuell ist. Zuerst konnte ich kaum glauben, was ich gehört hatte, sah aber, dass er es wirklich ernst meinte. Ein tiefer Schmerz durchdrang mein Herz. Das kann doch gar nicht sein. Mir ist doch all die Jahre nichts aufgefallen, hab nichts gesehen, was mich hätte stutzig machen sollen. Er hatte doch eine fast fünfjährige Beziehung zu einer Frau.

Aber auch die Schuldfrage kam in mir hoch. Was haben wir, ich, bei der Erziehung falsch gemacht? Müssten dann nicht meine drei andern Söhne auch Probleme haben? Was ist geschehen, was kann ich tun? Mein Gott, hilf mir, jetzt das Richtige zu sagen.

Ich weiss noch, wie ich sagte: „Auch wenn du homosexuell bist, bist du doch mein Sohn und meine Liebe zu dir wird sich dadurch nicht ändern. Ich liebe dich, so wie du bist!"

Viele Fragen blieben unbeantwortet in meinem Herzen. Der Schmerz ist immer noch da. Und die Frage, Gott warum?

Als unser Sohn dann zu uns kam und uns zu seiner Hochzeit einlud, war für uns ganz klar: Es ist sein Leben, seine Entscheidung, die wir respektieren. Zugleich wussten wir, dass wir das nicht mit unserem Glauben vereinbaren konnten. Wir erklärten ihm dies offen und ehrlich, dass wir seine Entscheidung respektieren. Doch könnten wir – aus der Überzeugung unseres Glaubens, dass nur eine Ehe zwischen Mann und Frau vor Gott richtig sei, an seiner Hochzeit nicht teilnehmen. Wir wussten, dass wir als gläubige Katholiken ihn auf diesem Weg, der falsch ist, nicht unterstützen dürfen. Er war enttäuscht und traurig. Aber er respektierte auch unsere Entscheidung.

Wir, das heisst die ganze Familie, lieben ihn nach wie vor. Wir pflegen den Kontakt und organisieren alle zwei Monate ein Familientreffen. Auch haben wir in der Familie und mit einigen Freunden angefangen, eine immerwährende Novene für ihn zu beten. Wir beten nicht darum, dass sich seine sexuelle Ausrichtung nach unseren Vorstellungen ändert, sondern dass die Pläne des Herrn mit ihm in Erfüllung gehen. Wir werden damit nicht aufhören, bis der Herr sein Herz von Grund auf erneuert hat.

---

aus weltanschaulichen Gründen nicht ausleben möchten, erhalten Hilfe, sexuell abstinent zu leben. 2. Die gleichgeschlechtliche Anziehung verringert sich oder nimmt ganz ab. 3. Heterosexuelle Orientierung entwickelt sich.
(Quelle: http://www.homosexualitaet-beratung-veraenderung.ch/index.php)

Ich bin dankbar, dass wir einen schönen Zusammenhalt in der Familie haben. Dies zeigt mir, dass es wichtig ist, jedes unserer Kinder (die alle schon erwachsen sind) so zu lieben und zu respektieren, wie es ist. Gott ist es, der unsere Sorgen in Freude verwandeln wird.

* * *

http://www.

www.dijg.de Das Deutsche Institut für Jugend und Gesellschaft forscht und informiert über zukunftsfähige Lebensgrundlagen und nachhaltige Entwicklungsarbeit in den Bereichen Lebenskultur, Ehe und Familie, Identität, Sexualität, Homosexualität, Menschenrechte, Diakonat.

www.wuestenstrom.ch/de Wüstenstrom bietet vielfältige Hilfen rund um die Fragen von Sexualität und Identität. Sie will Menschen helfen, die unter ihrer sexuellen Ausrichtung leiden und eine konflikthaft empfundene Sexualität und Abhängigkeiten zu anderen Menschen (z.B. Homosexualität, Bi-, Heterosexualität) erleben.

Gaston Nogrady (Hrsg.): **Konflikt Homosexualität. Fragen – Antworten – Berichte.** Die „Sächsische Bekenntnis-Initiative" wagt hier den Versuch, auf 20 Fragen rund um Homosexualität aufgrund der Bibel als Richtschnur Antworten zu geben. Dabei geht es bei 7 Fragen und Antworten auch um seelsorgerliche Aspekte. Am Schluss des Büchleins steht der Erfahrungsbericht eines Mannes, der von seinen homosexuellen Empfindungen frei geworden ist.

4. Abtreibung

Der offizielle Begriff des Gesetzgebers für „Abtreibung" lautet „Schwangerschaftsabbruch". Darunter versteht man die Entfernung des Embryos oder des Fötus aus der Gebärmutter. Eingriffe, welche die Einnistung eines befruchteten Eis in der Gebärmutter verhindern (Frühabtreibung) gelten für den Gesetzgeber nicht als Schwangerschaftsabbruch. In der Umgangssprache wird meist der Begriff „Abtreibung" verwendet. Er macht deutlich, dass es beim Schwangerschaftsabbruch um den Tod eines bereits lebenden Kindes geht. „Tötung ungeborenen Lebens" macht deutlich, dass infolge einer Entscheidung das Leben eines Menschen gewaltsam beendet wird.

Entwicklung des Lebens

Unmittelbar nach dem Verschmelzen von Ei- und Samenzelle beginnt ein neues Leben, das Leben eines Kindes. Jedes unserer Organe: Herz, Magen, Auge, Ohr und auch das Gehirn entstammen dieser Urzelle, diesem genetischen „Baukasten". Damit ist ein Wunder geschehen: eine neue biologische und geistige Realität, ein Mensch mit einer unverwechselbaren Würde ist entstanden.[75]

Nach der Verschmelzung von Ei- und Samenzelle, macht sich das neue Leben auf den Weg in die Gebärmutter. Dort angekommen findet das Kind nach mehreren Tagen den optimalsten Platz zum Einnisten, um ans Blutsystem der Mutter Anschluss zu bekommen. Mit der erfolgreichen Einnistung beginnt das Leben als Embryo. Aus dem Embryo entwickelt sich nicht ein Mensch, sondern er entwickelt sich als Mensch. So lassen sich nach ca. 15 Tagen bereits Nervenströme messen und ab dem 21. Tag beginnt das Herz zu schlagen. In der sechsten Schwangerschaftswoche kann man bereits die Hände- und Fussknospen sehen. Bis zur achten Schwangerschaftswoche sind alle Organe im Körper des Kindes angelegt. Der Embryo hat menschliche Gestalt und ist jetzt etwa 2,5–3,0 cm gross.

Ab der achten Schwangerschaftswoche wird der kleine Mensch nicht mehr Embryo genannt, sondern Fötus (griechisch für „Kleines"). Der erste grosse Teil der Entwicklung ist abgeschlossen. In den nächsten

---

75 „Das menschliche Leben ist vom Augenblick der Empfängnis an absolut zu achten und zu schützen. Schon im ersten Augenblick seines Daseins sind dem menschlichen Wesen die Rechte der Person zuzuerkennen, darunter das unverletzliche Recht jedes unschuldigen Wesens auf das Leben" (KKK 2270).

Monaten wächst der kleine Mensch und entwickelt die Funktionen der unterschiedlichen Organe. Reflexe werden bereits trainiert. Schon in der zehnten Schwangerschaftswoche saugt der kleine Mensch bereits am Daumen. Ab dem sechsten Monat kann ein Kind bei einer Frühgeburt schon ausserhalb der Gebärmutter überleben. In dieser Zeit wird die Substanz gebildet, welche die Lungenbläschen aufspannt, sodass die Kinder ausserhalb der Gebärmutter atmen können. Dadurch ist die moderne Medizin fähig, in Ausnahmefällen sogar schon Kinder ab der 21. Schwangerschaftswoche ausserhalb der Gebärmutter am Leben zu erhalten.

Einige Zahlen

Ein kleiner Mensch entwickelt sich voll Hoffnung und dann, welch ein Schock, wird er abgetrieben ...! Dazu Mutter Teresa: „Die schlimmste Krankheit ist das Gefühl, unerwünscht zu sein". Immer wieder mahnte sie vor der ganzen Weltöffentlichkeit: „Abtreibung ist Mord im Mutterschoss. Ein Kind ist ein Geschenk Gottes. Wenn du es nicht willst, dann gib es mir. Ich will es." „... Bei einer Abtreibung lernt die Mutter nicht zu lieben, sondern sie tötet sogar ihr eigenes Kind, um ihre Probleme zu lösen. Und bei einer Abtreibung wird dem Vater gesagt, dass er keinerlei Verantwortung für das Kind übernehmen muss, das er in die Welt gesetzt hat. ... Jedes Land, das Abtreibung akzeptiert, lehrt sein Volk nicht zu lieben, sondern zur Gewalt zu greifen, um zu bekommen, was man wünscht."[76]

„Durchschnittlich werden in Deutschland täglich 303 ungeborene Kinder abgetrieben. Mit 40 Millionen jährlichen Opfern ist Abtreibung die häufigste Todesursache weltweit. Zum Vergleich: Der Zweite Weltkrieg forderte 50-60 Mio. militärische und zivile Todesopfer. ... Weltweit wird jede 5. Schwangerschaft durch Abtreibung beendet, in Europa jede Dritte. ..."[77] Durch frühabtreibende Mittel und andere Methoden, die nicht als Abtreibungen gezählt werden, muss man aber von einer weitaus höheren Zahl ausgehen.

Damit ist der Mutterleib der gefährlichste Ort für das Leben eines Menschen und zwar genau der Ort, der als Inbegriff der Geborgenheit und

---

[76] Mutter Teresa sagte dies nicht, um Frauen, die oft unter gewaltigem Druck ihrer Umgebung stehen, zu verurteilen. Zunächst wolle sie die Würde des Kindes in Erinnerung rufen: Jedes Kind sei ein Geschenk, geschaffen als Ebenbild Gottes, „um zu lieben und geliebt zu werden." (aus: Leo Maasburg: Mutter Teresa. Die wunderbaren Geschichten. Pattloch Verlag München 2012 S. 194.198-199).

[77] Quelle: Weisses Kreuz. Zeitschrift für Lebensfragen. Nr. 43. 3/2010. S. 14.

Sicherheit gilt (galt).[78] Die unschuldigsten und wehrlosesten aller Menschen stehen im Mutterleib ohne staatlichen Schutz da, wenn die Menschen, die sie beschützen sollten – Mutter, Vater, Arzt – ihren Tod beschlossen haben.[79] Hinter all diesen Zahlen, hinter all den Situationen und Haltungen, die zu einer Abtreibung führen, sind riesige Nöte verborgen. Denn Opfer ist nicht nur das abgetriebene Kind, Opfer sind ebenso die Mütter, die Väter, Grosseltern, Ärzte und das Pflegepersonal.

Die Schwächsten schützen

Papst Franziskus hat im Apostolischen Schreiben „Evangelii Gaudium" aufgerufen, das Leben der ungeborenen Kinder zu schützen: „Die ungeborenen Kinder... sind die Schutzlosesten und Unschuldigsten von allen, denen man heute die Menschenwürde absprechen will, um mit ihnen machen zu können, was man will, indem man ihnen das Leben nimmt und Gesetzgebungen fördert, die erreichen, dass niemand das verbieten kann." (EG 213)

„Es ist nicht fortschrittlich, sich einzubilden, die Probleme zu lösen, indem man ein menschliches Leben vernichtet. Doch es trifft auch zu, dass wir wenig getan haben, um die Frauen angemessen zu begleiten, die sich in sehr schweren Situationen befinden, wo der Schwangerschaftsabbruch ihnen als eine schnelle Lösung ihrer tiefen Ängste erscheint, ... Wer hätte kein Verständnis für diese so schmerzlichen Situationen?" (EG 214)

4.1. Hilfe – Ich bin schwanger!

Frauen, die vor der Entscheidung stehen, ihr Kind anzunehmen oder abzutreiben, stehen oft vor einem riesigen Berg von Problemen. Zuerst

---

[78] Vgl. Ute Buth/Thomas Schirrmacher: Schwangerschaftsabbruch. Fakten und Entscheidungshilfen. S. 92.

[79] Rechtliche Situation in *Deutschland*: Der Schwangerschaftsabbruch gilt als Unrecht, kann aber – nach einem Besuch einer Beratungsstelle und dreitägiger Bedenkzeit – bis zur 12. Schwangerschaftswoche straffrei durchgeführt werden. In besonders schwerwiegenden Situationen für die Schwangere kann die Zeitbegrenzung wegfallen. *Österreich*: Straffrei ist der Schwangerschaftsabbruch ohne Angabe von Gründen in den ersten 12 Wochen durch einen Arzt, der die Schwangere vorher beraten hat. Nachher ist der Schwangerschaftsabbruch nur noch in besonderen Umständen straffrei. *Schweiz*: Grundsätzlich ist zwar der Schwangerschaftsabbruch strafbar, doch innerhalb von 12 Wochen nach der letzten Periode der Frau straffrei, wenn die Frau eine Notlage geltend macht und mit dem Arzt ein Beratungsgespräch geführt hat. Nachher ist er nur noch in besonderen Umständen straffrei.

ist es der falsche Zeitpunkt für ein Kind. Das Kind passt überhaupt nicht in ihren momentanen Lebensalltag und noch weniger in ihre Pläne und Wünsche (und oft auch in die des Vaters). Dazu kommt oft das Gefühl der psychischen und physischen wie auch der finanziellen Überforderung. Das verschärft sich, wenn das Kind von einem Partner kommt, der nicht der „Mann des Lebens" ist. Damit scheinen die Probleme der Frau über den Kopf zu wachsen und der „einfachste" Weg scheint der des Abbruchs zu sein.

Was soll oder kann eine Frau tun, die in einer ausweglos scheinenden Situation mit Schrecken feststellt, dass sie schwanger ist? Zuerst ist es hilfreich, aus der Einsamkeit herauszutreten und das anonyme Gespräch mit einer Beratungsstelle zu suchen. Dort kann eine schwangere Frau erfahren, dass es für sie und auch für das Kind viele, auch finanzielle Hilfe und Unterstützung gibt.

Wie sollen sich Angehörige (Eltern der Frau, Freunde, der Vater des Kindes, ...) verhalten? Die schwangere Frau braucht jetzt vor allem Wertschätzung und die Erfahrung, dass sie von vielen mitgetragen wird, und dass das Kind erwünscht ist. Man kann auch darauf hinweisen, dass das Kind nicht „das Problem", sondern vielmehr ein Geschenk ist.

Welche Hilfen gibt es, wenn eine Frau mit der Mutterschaft überfordert ist? Wenn es für die Frau nicht möglich sein wird, nach der Geburt selbst für das Kind zu sorgen, gibt es verschiedene Möglichkeiten:

Adoption: Viele Eltern, denen der Kinderwunsch versagt bleibt, nehmen oft gern ein Kind auf. Je nach Adoptionsverfahren kann auch der Kontakt zur biologischen Familie bestehen bleiben.

Pflegefamilie: In manchen Fällen kann auch die Mutter ihr Kind vorübergehend an eine Familie abgeben, die sich um das Kind kümmert, um es später wieder selber zu versorgen

Anonyme Geburt: Frauen können ohne Angabe des Namens in einer Klinik ihr Kind zur Welt bringen und dieses dort in der Obhut des Pflegepersonals lassen. Danach wird eine Adoptivfamilie für das Kind gesucht

Babyklappe: Wenn eine Frau ihr Kind zu Hause auf die Welt bringt und sie selber überfordert mit der Verpflegung des Kindes ist, kann sie in gewissen Städten ihr Kind in eine sogenannte Babyklappe legen, wo über einen Alarm das Pflegepersonal eines Krankenhauses informiert wird und das Kind nach medizinischer Erstversorgung zur Adoption freigegeben wird.

Lara – Ich hab's geschafft!

März 2012 ging ich wegen Bauchschmerzen und Unwohlsein zu meiner Hausärztin. Dort hat man einen Schwangerschaftstest gemacht: POSITIV! Ich war total geschockt! Ich war gerade 16 und wollte den Hauptschulabschluss machen… Ich hatte alles geplant und dann hiess es: „Schwanger". Die Ärztin meinte sofort „Überleg es dir wegen einer Abtreibung". Ich konnte nicht antworten. Ich musste klar im Kopf werden. Ich lief danach einige Runden um nachzudenken. Ich konnte es einfach nicht glauben.

Ich machte einen Termin beim Frauenarzt aus. Dort konnte schon gar kein Vaginalultraschall mehr gemacht werden, weil das Baby zu gross war! Der Frauenarzt machte eine normale Ultraschalluntersuchung. Dort sah ich einen Mensch, ein Baby, MEIN BABY. Ich war bereits in der 16. Schwangerschaftswoche. Ich starrte nur noch auf den Bildschirm und konnte es nicht glauben. Ein kleiner Mensch ist in mir. Mir kamen die Tränen. Nicht weil ich etwa traurig war, sondern ich war so gerührt und unbeschreiblich glücklich, obwohl die Schwangerschaft nicht gewollt war. Eine Abtreibung wäre keine Option für mich gewesen. Ich bekam das Ultraschallbild mit. Ich sah mir das Bild immer an, ich starrte richtig und konnte es nicht fassen: So was Wundervolles wächst in meinem Bauch! Mir war klar: Mein Lebensstil muss sich ändern. Ich hatte eine schwere Zeit davor, ich habe Drogen genommen und hatte psychische Probleme. Ich ging zur Beratungsstelle. Dort bekam ich Tipps, wie ich es meiner Mama sagen soll, welche Hilfen es für mich, als so junge Mama gibt. Sie gab mir nicht nur Infos, sondern machte mir Mut. Einige Tage später sagte ich es meiner Mama – ganz vorsichtig. Sie war sehr ruhig und hat mir Mut und Unterstützung zugesprochen.

Endlich war ich wieder glücklich. Ich hatte Unterstützung von meiner Familie und vom Partner. Ich bekomme heute immer noch so ein schönes Gefühl, wenn ich mich an die ersten Tritte des Kindes erinnere. „Es" zu spüren, wie sich „was" in mir entwickelt – es ist einfach unbeschreiblich.

Im November 2013 war es so weit! Beschreiben kann ich es nicht. Es war einfach perfekt. So ein Gefühl kannte ich nicht. Was ich fühlte als das Baby da war und auf meiner Brust lag. Es war unglaublich. Ich weinte, lachte, alles auf einmal. Er war so klein, so süss, so wunderschön. Jetzt bin ich Mami.

Heute ist der Kleine neun Monate alt. Sein erster Zahn ist fast da. Er robbt und steht schon, er lacht und küsst, er winkt und klatscht. Sagt Mama, sagt Papa. In so einer kurzen Zeit hat er so viel geschafft und gelernt. Wenn er lächelt geht für mich die Sonne auf. Er ist unser Engel, eine Bereicherung für unser Leben. Ich könnte tagelang über ihn schwärmen. Es ist schön meinen kleinen Krümmel wachsen zu sehen.

Vorher war ich noch ganz unten und heute sind wir so glücklich. Mama und Papa zu sein ist für uns das schönste auf der Welt. Jetzt kann ich endlich sagen "ICH BIN STOLZ AUF MICH" Vor der Schwangerschaft war ich ein

Wrack, heute geh ich lächelnd durch die Welt. Hätte ich mich damals für eine Abtreibung entschieden – ich wäre noch tiefer gerutscht.

Heute weiss ich: Eine eigene Familie zu haben ist das wahre und schönste auf dieser Welt. Mein Kleiner ist mein Engel! Er ist gekommen und hat mich aus meinem Tief gerettet und hat aus mir eine starke Frau gemacht.

4.2. Abtreibungsmethoden und Folgen

Die Situationen, die zur Abtreibung führen, sind vielfältig. Viele Frauen entscheiden sich nicht frei, für oder gegen das Kind, sondern stehen unter massivem Druck des Partners, der Familie, der Arbeitssituation oder anderer Faktoren. Da haben Schwangere und ihre Angehörigen oft den Wunsch, die „Angelegenheit“ möglichst schnell hinter sich zu bringen und möchten sich nicht durch Beratungen und Informationen über mögliche Neben- oder Nachwirkungen in ihrer Entscheidung beeinträchtigen lassen. So kommt es zur Abtreibung.

Methoden

Es gibt drei Phasen in der Schwangerschaft, in denen mit unterschiedlichen Methoden ein Kind abgetrieben werden kann.

– Absaugen und Ausschabung

In den ersten 14–16 Wochen können Abtreibungen durch Absaugen und Ausschaben (sogenannte Kürettage) durchgeführt werden. Dabei wird der Gebärmutterhals ausgedehnt, um ein Saugrohr in die Gebärmutter einzuführen. Sollte der Kopf des Kindes zu gross sein, muss er vorher mit einer Zange zerdrückt werden. Danach werden die Überreste des Kindes mit einer Kürette ausgeschabt, damit es nicht zu schweren Entzündungen kommt, die unter Umständen zum Tod der Mutter führen können.

– Medikamentöse Abtreibung

Bis zum 49. Tag kann eine Schwangerschaft durch Hormone abgebrochen werden. Das Anti-Gelbkörperhormon Mifepriston (RU 486) baut, die das Kind versorgende Gebärmutterschleimhaut ab, so dass es in den kommenden 48 Stunden nach der Einnahme des Medikaments stirbt. Mit einem weiteren Hormon (Prostaglandin) wird die Austreibung eingeleitet. Zwei Wochen nach Einnahme des Medikamentes muss durch eine Ultraschalluntersuchung überprüft werden, ob nicht Teile des Embryos zurückgeblieben sind, sonst muss die Gebärmutter noch ausgeschabt werden, um Infektionen und anderen Komplikationen vorzubeugen.

– Abtreibungen nach der 14. Schwangerschaftswoche

Abtreibungen in dieser Phase der Schwangerschaft werden im deutschsprachigen Raum nur durchgeführt, wenn man eine Behinderung bei einem Kind vermutet. Dazu kann durch Prostaglandin eine Geburt eingeleitet werden, die der Fötus in den seltensten Fällen überlebt.[80] Die meisten Abtreibungen finden um die 10. Woche herum statt. Dies deshalb, weil die Frauen meist erst kurz zuvor merken, dass sie schwanger sind und sie unter einem grossem Entscheidungsdruck stehen, da die Frist zur möglichen straffreien Abtreibung nur bis zur 12. Schwangerschaftswoche geht.

Einschub: Vorgeburtliche (pränatale) Diagnostik

Im Bereich rund um die Abtreibung spielt die vorgeburtliche Diagnostik eine immer grösser werdende Rolle. Mitte des letzten Jahrhunderts wurde die Sonographie (auch Ultraschall genannt) für die Medizin fruchtbar gemacht. Damit konnte man, ohne in den Körper einzudringen, Informationen über eventuelle Krankheiten erhalten und so Diagnosen erstellen. Heute ist aus der Gynäkologie die Ultraschalluntersuchung nicht mehr wegzudenken. Sie hilft, Lage und Entwicklungszustand des Kindes in der Schwangerschaft zu beurteilen. Als Folge davon gibt es seit den 80er Jahren die Möglichkeit, bereits bei ungeborenen Kindern Operationen zu machen und so frühzeitig Krankheiten zu behandeln.

Die vorgeburtliche Diagnostik kann nicht nur für die Gesundheit der Menschen eingesetzt werden, sondern auch zu einem Instrument werden, das die Abtreibung fördert.[81] So können ab der 11. Schwangerschaftswoche Kinder mit Down-Syndrom identifiziert werden. Die meisten Down-Syndrom Diagnosen enden mit einer Abtreibung. Oft genügt schon die Vermutung, um eine Abtreibung zu „rechtfertigen",

---

80 Bei einer anderen Methode lockert der Abtreiber medikamentös zuerst den Muttermund, um dann den Fötus Stück für Stück mit einer Zange aus der Gebärmutter herauszureissen. Bei einer weiteren Technik wird der kleine Mensch nach einer Geburtseinleitung geboren oder durch einen Kaiserschnitt aus der Gebärmutter entfernt, nachdem vorher durch eine Spritze in das Herz des Fötus ein Herzstillstand induziert wurde.

81 Bei der pränatalen Diagnostik gibt es nicht invasive Untersuchungen (Untersuchungen bei denen nicht in den Körper eingegriffen wird) wie z. B. Ultraschall und Magnetresonanztomographie. Dann gibt es invasive Untersuchungen wie z. B. die Fruchtwasseruntersuchung, die Chorionzottenbiopsie, die Nabelschnurpunktion sowie die Blutabnahme für den Präna-Test. Durch solche invasive Untersuchungen kann ein Kind sogar sterben.

auch über die 12. Schwangerschaftswoche hinaus. Äusserst problematisch ist, dass es im Ultraschall diesbezüglich nicht selten auch Fehldiagnosen gibt! Schwangere mit einem Kind mit Down-Syndrom oder vermuteter Missbildung werden oft massivem Druck ausgesetzt, ihr Kind abtreiben zu lassen.

In-Vitro-Fertilisation (IVF): Seit den 60er Jahren haben Ehepaare, die auf natürlichem Weg keine Kinder bekommen können, die Möglichkeit, durch künstliche Befruchtung zu einem Kind zu kommen. Dabei werden Eizellen und Spermien im Reagenzglas zusammengeführt, wodurch ein Embryo entsteht. Bei solcher In-Vitro-Fertilisation werden aber meist mehrere Embryonen produziert. Die Embryonen, die nicht gebraucht werden, werden entweder für mögliche Folgeschwangerschaften eingefroren oder weggeworfen.[82] Da es bei der In-Vitro-Fertilisation zu Missbildungen kommen kann, wird dabei oft auch die Präimplatationsdiagnostik (PID) angewendet, um festzustellen, ob eine genetische Fehlbildung vorliegt. Ist dies der Fall, führt dies meist zu einer Vernichtung des Embryos.[83]

Mögliche Komplikationen einer Abtreibung

Manche Frauen erleben den Abbruch in ihrer schwierigen Situation zunächst als Erleichterung, denn das angstmachende Problem scheint gelöst zu sein. Und dennoch: Jede Abtreibung hat Folgen.

Vorerst kann es körperliche Frühkomplikationen geben, die während oder kurz nach dem Eingriff auftreten und auch körperliche Spätkomplikationen, die Wochen, Monate und Jahre danach von Bedeutung sein können. Dann gibt es psychische, psychosomatische und geistliche Folgen des Schwangerschaftsabbruches. Frauen nach einer Abtreibung können unmittelbar daran an Schuldgefühlen leiden und mit Depressionen reagieren. Die seelischen Folgen werden unter dem Begriff

---

[82] Die Kirche lehnt die In-Vitro-Fertilisation aus mehreren Gründen ab. Sie (IVF) widerspricht nicht nur der Würde des Menschen (fehlender ehelicher Akt), sondern ist auch mit dem Problem der Produktion überzähliger Embryonen verbunden, deren Schicksal ungewiss ist. Mehr dazu unter Kapitel 5.8.

[83] Bei der PID werden mehrere Embryonen im Reagenzglas hergestellt, die ausserhalb der Gebärmutter herangebrütet werden, bis zum 8-Zell-Stadium. In diesem Stadium entfernt man eine Zelle und prüft diese auf eine bestimmte genetische Krankheit. Sollte ein genetischer Defekt, z.B. ein Downsyndrom, festgestellt werden, wird der Embryo verworfen. Nach der Lehre der Kirche gibt es kein Recht auf ein gesundes Kind.

[84] Frauen, die das Trauma der Abtreibung erlebt haben, sprechen oft von Alpträumen und Flashbacks. Flashbacks führen Frauen vor ihrem geistigen Auge in die

Post Abortion Syndrom (PAS) zusammengefasst.[84] Sie realisieren erst später die Endgültigkeit ihrer dramatischen Entscheidung und leiden, dass sie die Situation nicht mehr umkehren können.

Abtreibung ist eine der traumatischsten Erfahrungen, die ein Mensch haben kann. Gefühle von Trauer, Kummer, Angst, Schuld und Zorn können nicht nur bei der Frau, die sich der Abtreibung unterzieht, sondern auch beim Vater des Kindes, bei Verwandten und Freunden auftreten. Wird die Abtreibung verschwiegen, wird die Einsamkeit noch grösser: Man empfindet sich als von allen Menschen verlassen, in einer unsagbaren Not. Ein unsagbarer Schmerz, der zu Beziehungsproblemen, zu Depressionen und anderen seelischen Schwierigkeiten führen kann. Wer den Abtreibungsbefürwortern Glauben schenkte und das Abgetriebene als belanglosen „Zellklumpen" ansah – nun aber zum lebendigen Glauben findet, erkennt im Licht Gottes schmerzlich, was da Furchtbares geschehen ist. Was nun? Was können Betroffene tun?

4.3. Hilfen nach der Abtreibung

Papst Franziskus schreibt: „Das Drama der Abtreibung wird von manchen mit einem oberflächlichen Bewusstsein erlebt, so dass sie sich über das schwerwiegende Übel, das ein solcher Akt mit sich bringt, fast nicht im Klaren sind. Viele … meinen, keinen anderen Ausweg zu haben. … Ich weiß um den Druck, der sie zu dieser Entscheidung geführt hat. Ich weiß, dass dies eine existentielle und moralische Tragödie ist. Ich bin sehr vielen Frauen begegnet, die in ihrem Herzen die Narben dieser leidvollen und schmerzhaften Entscheidung trugen. Was geschehen ist, ist zutiefst ungerecht."[85]

Der Trauer Ausdruck geben

Die existentielle und moralische Tragödie einer Abtreibung braucht viel Zeit zur Aufarbeitung und Heilung. Wie in jedem Trauerprozess

---

Situation der Abtreibung zurück und sie sind nicht mehr fähig, die Situation zu steuern. Gerade um den Zeitpunkt des errechneten Geburtstermin oder dem Jahrestag der Abtreibung herum, erleben Frauen dieses psychologische Phänomen. Frauen sprechen von Depressionen, Weinkrämpfen und Stimmungsschwankungen. Unterschiedliche Studien sprechen von einem 6-8 mal höheren Risiko für einen Suizid nach einem Schwangerschaftsabbruch. Beziehungen leiden auch oft unter der Abtreibung. Frauen treiben oft auch deswegen ab, um eine wacklige Beziehung am Leben zu erhalten und erfahren oft das Gegenteil. Denn Studien belegen, dass 40 - 75% der Ehen und Partnerschaften nach einer Abtreibung zerbrechen.

85 Aus dem Brief von Papst Franziskus am 1. September 2015 zur Praxis von Beichte und Ablass während des Heiligen Jahres der Barmherzigkeit.

muss die Mutter zuerst akzeptieren, dass ihr Kind tot ist. Die Mutter braucht einen Raum für Trauer, in dem sie um ihr Kind weinen kann. Sie kann ihrem Kind einen Namen, ihm in einem Gedicht oder einem Brief schreiben, was sie für das Kind empfindet. Frauen brauchen in diesem Prozess Menschen, die sie verstehen, unterstützen und in den nächsten Schritten geduldig begleiten. Sie müssen wissen, dass sie mit ihrer Not nicht allein sind. Hilfreich kann es auch sein, zu lesen, wie es anderen Frauen nach der Abtreibung ergangen ist.[86]

Versöhnung – Vergebung – Heilung

Papst Franziskus schreibt im gleichen Brief weiter, dass jeder Mensch, der bereut und mit „aufrichtigem Herzen das Sakrament der Vergebung empfangen will", Versöhnung mit Gott erhält. Frauen, die an einer Abtreibung leiden, brauchen Hoffnung auf Heilung ihrer Wunden. Versöhnung mit dem Kind, Versöhnung mit sich selbst, Versöhnung mit dem Partner und allen Mitbetroffenen und vor allem Versöhnung mit Gott.

Wenn zu mir (Leo Tanner) als Priester, eine Mutter oder ein Vater kommen, die ihr Kind abgetrieben haben, ist es sehr wichtig, ihnen zuzuhören. Dann empfehle ich für die geistliche Heilung folgende Schritte:

1. Gott, das abgetriebene Kind und die Kirche um Vergebung zu bitten und das Busssakrament zu empfangen.

2. Das Kind als ihr Kind willkommen zu heissen, ihm einen Namen zu geben und sich darauf einzustellen, ihm in der Ewigkeit zu begegnen.

3. Das Kind der Erlösung Jesu Christi anzuvertrauen, indem eine Hl. Messe für das Kind gefeiert wird und die Eltern dabei anwesend sind. Eventuell auch die Bitte auszusprechen, dass Jesus dem Kind die Begierdetaufe schenke und es so in die Würde des Volkes Gottes aufnehme.

4. Um Heilung für die inneren Wunden und Verletzungen zu beten. Evtl. dafür (als Mutter) auch das Sakrament der Krankensalbung zu empfangen.

---

[86] Dazu eignen sich z. B. die Erfahrungsberichte bei: www.rahel-ev.de

* * *

http://www.

Hilfen für schwangere Frauen: Frauen, die überraschend schwanger geworden sind, können in vielfältige Probleme, Nöte und Konflikte geraten. Manche können auch bedrängt werden, das werdende Kind abzutreiben. Es gibt jedoch eine Anzahl Organisationen, die sich für diese Frauen einsetzen und helfen wollen, dass jedes Kind das Licht der Welt erblicken darf. Folgende Organisationen bieten dazu Hilfe und Unterstützung an:
www.vorabtreibung.net - Tel. 008000 60 67 0 (kostenlos aus Österreich und der Schweiz) Tel. 08000 60 67 67 (kostenlos aus Deutschland)
Deutschland: **www.vita-l.de** – Ungewollt schwanger - Es gibt Alternativen. Tel rund um die Uhr: 0800-36 999 63 / www.alfa-ev.de Aktion Lebensrecht für Alle.
Österreich: **www.hli.at** - Lebenszentrum Wien
Schweiz: **www.shmk.ch** - Stiftung Schweizerische Hilfe für Mutter und Kind (SHMK), und www.babyfenster.ch; Gratisnummer für Hilfesuchende: 0800 811 100.
Liechtenstein: **www.schwanger.li**

Hilfen nach einer Abtreibung: Es gibt viele Mütter, Väter, aber auch Spitalpersonal und weitere Personen, die ihre Entscheidung bereuen, einer Abtreibung zugestimmt oder sie gar selber vorgenommen zu haben. Hilfreich ist eine gute Seelsorge. Personen können bei folgenden Stellen Hilfe finden:
Deutschland: **www.rachelsweinberg.de** – Heilsame Hoffnung nach einer Abtreibung.
Österreich: **www.saveoneeurope.org** - Hoffnung für Frauen und Männer nach einer Abtreibung.

Manfred M. Müller: **Fünf Schritte. Heilung von Abtreibungswunden.** Abtreibung: Ein Kind stirbt. Die Mutter wird schwer verletzt, der Kindsvater gleichfalls. Andere Familienmitglieder (z.B. überlebende Geschwister) sind ebenso betroffen. Das vorliegende kleine Buch ist für Frauen (und Männer) geschrieben, die nach der Abtreibung ihres Kindes leiden. Es zeigt fünf Schritte zur Heilung in eine neue Freiheit.

3. Teil: Entwicklungs- und Reifungswege

Es geht im christlichen Leben nicht nur darum, Wunden zu pflegen und zu heilen, sondern Verletzungen und Leiden wo immer möglich zu vermeiden. Viele Verletzungen geschehen schlichtweg aus Mangel an Wissen, weil das Heil bringende des Evangeliums nicht bekannt ist. Darum sagt Jesus: *„Ihr seid das Licht der Welt. Eine Stadt, die auf einem Berg liegt, kann nicht verborgen bleiben. Man zündet auch nicht ein Licht an und stülpt ein Gefäß darüber, sondern man stellt es auf den Leuchter; dann leuchtet es allen im Haus. So soll euer Licht vor den Menschen leuchten, … " (Mt 5,14–16).* Eine Stadt auf dem Berg ist ein Orientierungspunkt für die ganze Umgebung. Eine Lampe an der Decke gibt dem ganzen Raum Licht.

Auch Paulus spricht von der Berufung Licht zu sein: *„Tut alles ohne Murren und Bedenken, damit ihr rein und ohne Tadel seid, Kinder Gottes ohne Makel mitten in einer verdorbenen und verwirrten Generation, unter der ihr als Lichter in der Welt leuchtet" (Phil 2,14–15).* So wie sich Seefahrer an den Sternen (den Lichtern der Welt) orientierten, so sollen die Menschen *mitten in einer verdorbenen und verwirrten Generation* sich an den Jüngern Jesu orientieren können.

Wir Christen sollen Orientierungspunkte für die Menschen in der Welt sein und uns dadurch eben auch von der Welt unterscheiden. *Das Licht* soll leuchten. Unser Leben soll Andere zum Nachdenken bringen, für sie eine Ermutigung oder ein Anruf sein. Denn das Licht unter einem Gefäss zu verstecken ist sinnlos.

Doch angesichts des Anpassungsdruckes der säkularen Gesellschaft können wir in die Versuchung kommen, uns zurückzuziehen und das (vielleicht unerwünschte) Licht des Evangeliums zu verbergen. Dennoch ist und bleibt es unsere Berufung *das Licht* zu bezeugen und zwar möglichst so, dass es angenommen werden kann. Dabei sind wir nicht dafür verantwortlich, ob das Licht des Evangeliums auch tatsächlich angenommen wird.

Dem folgend versuchen wir nun das Licht des Evangeliums im Hinblick auf die Sexualität darzulegen. Wir wollen in den vielfältigen Lebensbereichen und Fragen aufzeigen, worin das Licht und die Schönheit des Evangeliums im Licht der katholischen Kirche bestehen. Auch hier ist jeder eingeladen, in aller Freiheit darauf zu hören, wozu er jetzt in seiner Lebenssituation eingeladen wird.

1. Sexuelle Aufklärung im Zeitalter von Gender

Unsere Kinder wachsen in einer Welt auf, die umgeben ist von sexuellen Bildern und Reizen. Durch den Druck von Gender werden sie (je nach Ort) schon im Kindergarten oder in den ersten Schulklassen im obligatorischen Sexualunterricht mit (problematischen) Sexualpraktiken vertraut. Dazu kommt, dass Kinder schon mit 9–12 Jahren durch ihre Mitschüler Pornos zu sehen bekommen können, teilweise sogar schon früher. Was macht dies mit unseren Kindern? Wie können wir sie vor schädlichen Einflüssen schützen und im Guten bestärken? Was können Eltern tun?

Die Bedeutung der Sexualaufklärung im Alltag – ein Gespräch mit Dr. Ute Buth

Frau Dr. Ute Buth[87] engagiert sich seit Jahren in der sexuellen Aufklärung für Eltern, Kinder und Jugendliche. Sie beantwortet uns nun einige Fragen:

Frau Dr. Ute Buth: Wann beginnt die sexuelle Aufklärung?

Zunächst ist es Eltern wichtig, dass sie sich bewusst machen: Von wem und wie habe ich sexuelle Aufklärung erlebt? So hat jeder Mensch seine ganz individuelle sexuelle Lerngeschichte. Ihre Entstehung lässt sich gut am Beispiel einer zunächst leeren Computerfestplatte verdeutlichen, die wir alle zu Beginn des Lebens mitbekommen haben. Sämtliche Informationen, die wir im Laufe unseres Lebens zum Thema Sexualität erhalten, speichern wir dort ab. Und zwar nicht nur das, was wir hören oder sehen, sondern auch Erfahrungen, die wir machen – seien es gute oder schlechte, angenehme oder unangenehme. Solche Informationen, Erfahrungen und Emotionen können ganz unterschiedlicher Herkunft sein: Was haben wir z.B. als Babys oder Kleinkinder generell über Körperkontakt gelernt? Was tut uns gut, was empfinden wir als unschön? Welche Berührungen mögen wir nicht?

Selbstverständlich ist es auch von Bedeutung, wie in unserer Herkunftsfamilie über Sexualität gesprochen oder eben nicht gesprochen wurde. Das Schweigen zum Thema Sexualität spricht Kindern gegen-

---

[87] Frau Dr. Ute Buth ist verheiratet und hat zwei Kinder. Sie ist Frauenärztin, zertifizierte Sexualberaterin (DGfS), Fachberaterin für das Weisse Kreuz Deutschland e.V. Sie leitet eine sexualethische Beratungsstelle in Bochum. Mehr über sie und ihre Schriften: www.herzenskunst-beratung.de/www.aufgabe-und-chance.de.

über eine laute und deutliche Sprache: *„Über Sex spricht man nicht. Das ist peinlich, schmutzig, schambesetzt, verboten. So etwas gibt es hier nicht. Fang bloß nicht damit an …!“* Das sind Botschaften, die nonverbal gesendet werden können. Wenn wir das erlebt haben, dann haben wir in der Regel andere Wege gesucht, um an die gewünschten Informationen zu kommen. Das können auch Wege z. B. Pornographie sein, die zu falschen Vorstellungen führen können, was „normaler Sex“ sei.

Wie und von wem auch immer ich als Frau und als Mann sexuelle Aufklärung erlebt habe, heute ist es notwendig, die sexuelle Aufklärung bewusst als Aufgabe wahr- und als Chance anzunehmen. Die sexuelle Aufklärung beginnt von Anfang an. Das Kind lernt viel darüber, wie ich ihm im Alltag begegne. Sexualität gehört wie viele andere Themen selbstverständlich mit in den Alltag. Kinder lernen ihre Geschlechtlichkeit kennen. Aber kindliche Sexualität ist nicht Erwachsenensexualität. Sie entdecken neugierig ihre Welt, auch ihr Geschlecht, so wie sie auch Finger haben, Ohren, Augen, Beine und Arme.

Die Geschlechtsteile sind nicht minderwertig und schlecht, sondern ein persönlicher Bereich, wo keiner die Grenzen überschreiten darf.

Wer klärt heutzutage auf?

Sexualaufklärung durch die Eltern war leider noch nie selbstverständlich. Während man in früheren Jahrzehnten das Thema oft schamhaft verschwieg, kämpfen wir heute mit einer Überfrachtung des Alltags durch Sexualität. Werbebotschaften en masse prasseln auf uns ein. Sicher ist: Wenn wir nicht initiativ werden, Sexualaufklärung wird in irgendeiner Form kommen! Und sei es durch Medien, Kindergarten- oder Schulkameraden, Handys (Smartphone) oder Internet.

Viele Eltern haben Sorge, ihre Kinder mit Sexualaufklärung zu frühzeitig zu konfrontieren. Doch Fachleute, wie z.B. der Medienwissenschaftler Prof. Martin Furian[88] weisen hingegen darauf hin, dass die Erstinformation, die ein Mensch zu einem bestimmten Thema erhält, einen besonderen Stellenwert einnimmt. Er vergleicht diese mit zähem, kristallisiertem Honig, der schwer wieder aus einem Glas zu entfernen sei. Diese Erkenntnis unterstreicht die Wichtigkeit der rechtzeitigen Erstinformation von verantwortungsvoller Seite.

Wir Eltern sollten dieses Privileg aktiv nutzen, denn wir vermitteln unseren Kindern ja auch sonst viel Wissenswertes, was sie zum Leben brauchen. Es ist unerlässlich, unseren Kindern von klein auf ein gutes,

---

88 Furian, Martin, Furian, Thimm: Liebeserziehung, Anregung zur Sexualaufklärung und Partnerschaft. Quelle und Meyer Verlag.

altersgemäßes Wissen zum Thema Sexualität mit auf den Weg zu geben. Werden Fragen hingegen lächerlich gemacht, so werden die Kinder beschämt und gehen in den Rückzug.

Sexualerziehung ist ein alltägliches Geschehen, das man nie für immer erledigt und dann ad acta legen könnte. Vielmehr ist es wichtig bei diesen Themen dran zu bleiben, nicht aufgesetzt („Wir müssen mal reden …“), sondern möglichst spontan, wie es sich aus der Situation ergibt.

Wie fängt die Sexualaufklärung bei kleinen Kindern und im Kindergartenalter an?

Am besten gelingt die Sexualaufklärung, wenn wir schon kleine Kinder mit wesentlichen Informationen ganz selbstverständlich vertraut machen, etwa so: „*Kinder wohnen zu Beginn ihres Lebens im Bauch der Mutter. Wenn ein Kind entsteht, dann geben Vater und Mutter einen Teil dazu. Das kann man z.B. daran merken, dass du die Augen von Mama und die Haarfarbe von Papa geerbt hast. Der Raum im Bauch der Frau, in dem Babys heranwachsen ist wie ein Schwimmbad, damit die Babys sich immer gut bewegen können.*“ Bei Kindern im Alter von 4–5 Jahren kommt die Information hinzu, wie Babys aus dem Bauch wieder herauskommen: „*Aus dem Raum im Bauch der Mutter werden die Babys durch die Scheide geboren.*“ Meist kommt diese Frage auf, wenn in der eigenen Familie oder im Freundeskreis ein Baby erwartet wird. Das Grundwissen kann schon sehr früh vermittelt werden.

Eine weitere Herausforderung stellt sich im letzten Kindergartenjahr: Vorschulkinder sollten, so die Meinung von Fachleuten, bevor sie zur Schule gehen, wissen, was Geschlechtsverkehr ist. Und zwar nicht mit dem Ziel, die Kinder möglichst früh zu sexualisieren, sondern weil sie dann ein gutes Grundwissen in Sachen Sexualität haben (vgl. das Beispiel mit dem Honigglas oben). Denn wenn ältere Kinder anzügliche Bemerkungen machen, laufen nicht aufgeklärte Kinder Gefahr, zutiefst verunsichert zu werden.

Darüber hinaus ist es auch bedeutsam, dass die Kinder frühzeitig lernen, die Geschlechtsorgane beim Namen zu nennen. So kann ganz selbstverständlich im Alltag, z.B. beim Waschen darauf hingewiesen werden: „*Beim Jungen gibt es den Penis und die Hoden, Mädchen haben eine Scheide und Schamlippen.*“ Das ist auch deshalb wichtig, damit Kinder, die einen sexuellen Missbrauch erleben, zumindest in der Lage sind, deutlich zu machen, was geschehen ist. Wichtige Grundsteine zur Prävention können wir Eltern legen, wenn wir selbst ein kindliches Nein, wo dies möglich ist, auch respektieren. Z.B. sollte der Verwandtenkuss nicht erzwungen und die kindliche Scham nie lächerlich gemacht werden.

Was müssen Kinder in der Grundschule wissen?

Kinder im Grundschulalter sollen von den Eltern erfahren, wie ein Baby im Mutterleib entsteht, sich entwickelt und wie es geboren wird: *„Wenn Erwachsene sich sehr lieb haben, zeigen sie sich ihre Zuneigung auf unterschiedliche Weise. Sie streicheln und küssen sich. Das kennen Kinder auch. Erwachsene haben aber noch eine andere besondere Art, sich zu zeigen, wie lieb sie sich haben: Der Mann steckt seinen Penis in die Scheide der Frau. Das finden beide schön. Manchmal, wenn gerade eine Eizelle im Körper der Frau vorbereitet ist, kann eine Samenzelle des Mannes diese befruchten. Dann entsteht ein neuer Mensch, die Frau erwartet ein Baby. Aus Mann und Frau werden Vater und Mutter. Für Kinder ist das eine komische Vorstellung – aber das musst du auch noch nicht verstehen. denn es ist ja eine Art wie Erwachsene sich ihre Liebe zeigen."*

Auch die Entwicklung vom Kind zum Erwachsenen soll im Grundschulalter angesprochen werden. Dies ist vor allem auch deshalb wichtig, damit Kinder auf Körperveränderungen vorbereitet sind: Mädchen sollten wissen, dass die Regelblutung irgendwann einsetzen wird, anstatt davon überrascht zu werden und zu denken: „Hilfe, ich verblute!" Jungen haben ihren ersten Samenerguss meist nachts als feuchten Traum. Wenn sie nichts davon wussten, denken sie womöglich beschämt, sie hätten ins Bett gemacht. Und Kinder im Grundschulalter sollen lernen, Grenzen zu setzen, Nein zu sagen und sich notfalls Hilfe zu suchen, wenn sie Übergriffe erleben.

Was ist in der Pubertät wichtig?

In der Pubertät sind Körperveränderungen für die Heranwachsenden kein theoretischer Unterrichtsstoff mehr; alles wird nach und nach live am eigenen Körper beobachtet und erfahren. In einer Zeit, in der die Fruchtbarkeit erwacht, Schwangerschaften schon möglich sind und gleichzeitig die Hormone oft Samba tanzen, ist es besonders wichtig, dass junge Leute gut aufgeklärt durchs Leben gehen. Wer bisher nicht über Sexualität gesprochen hat, wird vielleicht jetzt schmerzlich feststellen, dass nun andere Ratgeber gefragt sind. Wem erst jetzt bewusst wird, dass er wesentliches zur sexuellen Aufklärung verpasst hat, kann dennoch versuchen das Gespräch anzubieten, auch indem man zugibt, etwas versäumt zu haben.

Die Pubertät ist die Zeit, in der die Wertevorstellungen der Eltern, die früher im Kindesalter so einfach übernommen wurden, hinterfragt werden, neu geordnet und vieles über Bord geworfen wird. (Manches wird dann später wieder mehr oder weniger heimlich zurück ins Boot geholt, aber Auseinandersetzung ist nun mal vorrangig bei vielen Pubertierenden angesagt.)

Teenager wollen als solche wahrgenommen werden, die unterwegs auf dem Weg vom Kind zum Erwachsenen ihr Leben meistern können. Wer mag es daher einer Teenager-Schwangeren verargen, wenn diese partout ihren Eltern nichts von der Schwangerschaft erzählen mag, lieber das Kind gleich abtreiben möchte, hat sie doch jahrelang aus deren Mund nichts anderes als abfällige Bemerkungen über solche gehört, die in jungen Jahren zu dumm waren, um entsprechend vorzusorgen ... Wie viel mehr signalisiert eine andere Mutter von vier Kindern hingegen Gesprächsbereitschaft: „*Wenn ihr mal empfindet, ihr hättet einen Fehler gemacht, so ist es wichtig, auf diesen nicht gleich spontan noch einen anderen Fehler drauf zu setzen ... Wir können immer miteinander reden und gemeinsam überlegen, was man dann tun kann.*"

In der Pubertät spielt Verantwortung eine grosse Rolle: Verantwortung für eine selbstbestimmte Sexualität, die eigene und Grenzen anderer achtet. Verantwortung für die eigene sexuelle Lerngeschichte. Verantwortung aber auch für ein neues Leben, das beim Sex entstehen kann. Die Heranwachsenden sollten Grundlegendes über die Entwicklung von Kindern im Mutterleib lernen, über ihre Ausdifferenzierung schon in frühen Schwangerschaftswochen und dass dort kein undefinierbarer Zellklumpen heranwächst, sondern ein einzigartiger, wunderbar gemachter neuer Mensch. Es ist viel gewonnen, wenn die Teenager ein gutes Verständnis in diesen Fragen entwickeln und verantwortungsvoll mit ihrem Körper und ihrer Sexualität umgehen.

* * *

http://www.

Auf **www.aufgabe-und-chance.de** stellt Dr. Ute Buth ihr Aufklärungskonzept "Sexualaufklärung-Aufgabe-und-Chance (C) vor." Es ermutigt Eltern, als Erste Verantwortung für ihre Kinder zu übernehmen. Dazu bietet sie nun eine Lizenzierung als Multiplikatorenschulung an. Darüber hinaus hat sie ihr Unterrichtskonzept für die Grundschule im Aufklärungsunterricht verschriftlicht und bietet Schulungen für Lehrerkollegien an.

Auf **www.eltern.gutaufklaeren.de** finden Eltern altersgerechte Hinweise zum Thema Sexualaufklärung, Buchhinweise, Tipps von Eltern für Eltern und vieles mehr. Ebenfalls finden Lehrkräfte aus Schule und Pfarrgemeinde jede Menge Material und Hintergrundinformationen rund um das Thema Sexualaufklärung. Trägerschaft: Weisses Kreuz e.V., das geistlich mit der Glaubensbasis der Deutschen Evangelischen Allianz verbunden ist.

Maria und Richard Büchsenmeister: **Stark Selbstbewusst Aufgeklärt. Sexualerziehung vom Kleinkindalter bis in die Vorpubertät.** Fragen über Sexualität stellen Kinder oft sehr früh. Die eigenen Eltern sind die ersten, die dem Kind Schritt für Schritt das Geheimnis der menschlichen Sexualität erklären. Sie sind der prägendste Faktor im Leben des Kindes. Wie das funktionieren kann, lesen Sie hier in vielen praktischen Beispielen.

Rolf Trauernicht: Denkangebot Nr. 7: Sexualaufklärung. **„Liebe Eltern, erzählt uns doch nichts vom Storch. Klärt uns lieber auf!" Eure Kinder.** Wie sag ich's meinem Kinde ...? An dieser Frage kommt keiner vorbei, der selber Kinder hat. Ist es nicht so, dass wir unseren Kinder von etwas Schönem erzählen wollen? Von etwas, das Gott so wunderbar gemacht hat? Warum fällt uns das oft so schwer? Mit diesem Denkangebot möchten wir dazu beitragen, dass das Gespräch mit (unseren) Kindern über Sexualität Formen annimmt und an Leichtigkeit gewinnt. Weißes Kreuz e.V.

Regula Lehmann: **Sexualerziehung? Familiensache! Just do it – bevor es andere tun!** Die Autorin ist Mutter von vier Kindern und einer Pflegetochter, Kursleiterin und Elterncoach. Viele eigene Erfahrungen, Fachliteratur sowie der Austausch mit Pädagogen und Freunden bilden die Grundlage zur „Sexualerziehung in der Familie". Für jeden Altersabschnitt, (von der Schwangerschaft bis 20 Jahren) den Eltern gemeinsam mit ihrem Kind durchleben, bietet das Buch ermutigende Anregungen und Hilfestellungen.

Marie Wabbes: **Ich dachte, du bist mein Freund. Kinder vor sexuellem Missbrauch schützen.** Marie Wabbes bietet mit ihrer Geschichte vom kleinen Bären und seinem „Freund", dem grossen Wolf, eine Hilfe, mit Kindern über die Gefahr des sexuellen Missbrauchs zu sprechen. In einem Nachwort von Dr. Dietmar Seehuber finden Erziehende Hinweise, wie ein solches Gespräch aussehen kann und was sonst noch getan werden kann, um Kinder zu schützen. Geeignet ab 4-6 Jahren.

Malcolm Doney und Meryl Doney: **„Mama, Papa und ich. Wo kommen die kleinen Babys her?"** Kinder wollen alles ganz genau wissen: Wo kommen die Babys her? Wie bin ich in Mamas Bauch gekommen? Und wie heraus? Antwort gibt dieses einfühlsame Buch: verständlich, offen, mit fröhlichen Zeichnungen von Nick Butterworth und Mick Inkpen. Ein Aufklärungsbilderbuch. Geeignet ca. 4-8 Jahre.

Schneider/Guckes: **Ein Baby im Bauch.** Wenn in Mamas Bauch ein Baby heranwächst, haben Kinder viele Fragen. Von aussen ist nichts zu sehen, doch was da drinnen jetzt passiert, ist spannend: Wie gross ist das Baby schon? Kann es mich schon hören? Schläft es dann, wenn wir auch schlafen? Liebevoll illustriert gibt dieses Buch Antworten auf dem neuesten Stand der Wissenschaft und doch schon für Dreijährige verständlich. Kein „Aufklärungsbuch", sondern ein Buch über die Entwicklung des Kindes in der Schwangerschaft.

2. Pubertät – Erwachen der Sexualität

Das bewusste Erleben der eigenen Sexualität beginnt in der Pubertät. Sie ist die Zeitspanne, in der ein Kind zum Erwachsenen wird, genauer vom Mädchen zur Frau, vom Jungen zum Mann. Man nennt Pubertät auch Reifezeit, Wachstum und Jugendzeit.

2.1. Zur Pubertät

Der Zeitpunkt der Pubertät hat sich vorverschoben. Heute kann sie mit 9–10 Jahren beginnen. Mädchen können die Geschlechtsreife bereits mit 11 Jahren erreichen. Zurückzuführen ist dies auf eine Verbesserung der Ernährung und auf bessere Gesundheitsbedingungen. Der erhöhte Körperfettgehalt führt zu einer verfrühten Regelblutung. Auch wenn die Geschlechtsreife schon früh entwickelt ist, kann die Adoleszenz noch bis zu zehn Jahren dauern. Um was geht es in dieser Zeit?

Selbstständig werden

Meist sind es die Eltern, die uns nach und nach erklärten, wie das Leben funktioniert. Ohne ihre Hilfe und Tipps wären wir als Kleinkinder verloren gewesen. Eltern (Bezugspersonen, erwachsene Vorbilder) geben uns ihre Ansichten, Wertvorstellungen, ihre Vorlieben, ihre Art an Dinge heranzugehen, … mit. Die Pubertät ist die Zeit, in der wir, das als Kleinkind erworbene Wissen überprüfen und wir herausgefordert werden, aus dem Kindsein herauszusteigen. Wir müssen nach und nach erwachsen werden und unser persönliches Profil entwickeln. Dazu muss sich der junge Mensch schrittweise von seinen Eltern lösen.

Das zeigt uns auch Jesus: Als Zwölfjähriger verlässt Er (vorübergehend) Seine Eltern und bleibt im Tempel zurück. Voller Angst suchen Maria und Josef Ihn und *„als seine Eltern ihn sahen, waren sie sehr betroffen und seine Mutter sagte zu ihm: Kind, wie konntest du uns das antun? Dein Vater und ich haben dich voll Angst gesucht. Da sagte er zu ihnen: Warum habt ihr mich gesucht? Wusstet ihr nicht, dass ich in dem sein muss, was meinem Vater gehört? Doch sie verstanden nicht, was er damit sagen wollte“ (Lk 2,48–50).* Vater heisst im Aramäischen auch Ursprung. Der Ursprung des Menschen liegt in Gott und nicht bei seinen leiblichen Eltern. Auf diesem Reifungsweg soll der Mensch immer mehr Gottes Stimme hören lernen und dieser Stimme auch folgen.[89] Nur von dort her kann der junge Mensch seine Identität finden

[89] Dafür gibt es auch den Begriff des Gehorsams. Gehorsam heisst zunächst für das kleine Kind, das zu tun, was die Eltern, die Lehrpersonen in der Schule, … sa-

und sich schrittweise von seinen Eltern lösen. Die Formen, wie der junge Mensch sich von seinen Eltern löst können unterschiedlich sein: Es gibt Situationen in denen es scheint, dass Teenies, einfach aus Prinzip gegen alles sind, was von ihren Eltern kommt. Manche grenzen sich Schritt für Schritt ab. Andere werfen viele elterliche Vorstellungen erst einmal über Bord. Später können sie ihre Meinung ändern, ja sogar die vorher abgelehnte Position nun ganz neu für sich selbst vertreten.

Für alle Beteiligten bedeutet diese Zeit eine grosse Herausforderung, denn Teenies sind anders, reagieren anders, tragen andere Kleidung, andere Haarschnitte (Frisuren), setzen ihre Prioritäten anders, ... Das sind stürmische Zeiten. Eltern fassen es manchmal nicht, was ihnen ihr pubertierender Nachwuchs alles an Beleidigungen, Verantwortungslosigkeit und Stimmungswechsel zumutet. Dass Teenager so sind, hat viel mit der Entwicklung des Gehirns in diesem Alter zu tun. Teenies zwischen 11–12 Jahren laufen mit einer riesigen Baustelle im Kopf herum, deren chaotische Auswirkungen auch in den Jahren danach noch spürbar sein können, manchmal im Bereich der Persönlichkeit sogar bis Mitte zwanzig.[90]

Entwicklungsschritte in der Pubertät

Jugendliche müssen in dieser Zeit verschiedene Entwicklungsschritte gehen, die sie alleine, mit Gleichaltrigen oder mit Hilfe der Eltern oder anderen Erwachsenen bewältigen können. Eine wesentliche Aufgabe ist die Identitätsfindung und die Entwicklung der Persönlichkeit.

Dazu gehört das *Sich selbst kennenlernen*. Deshalb setzen sich Jugendliche besonders gerne mit sich, mit den eigenen Stärken, Vorlieben und Schwächen auseinander. Sie stellen Erwartungen an sich selbst und nehmen bewusster die Erwartungen der Umwelt, an sie, wahr. Neue Kräfte und Begabungen werden ausprobiert und manche Teenager begeben sich in gefährliche Situationen, einzig deswegen, um ihre Einzigartigkeit zu beweisen und die Autoritäten zu unterlaufen.

---

gen. Doch dabei darf es nicht bleiben. Der Mensch muss aus diesem menschlichen Gehorsam in den Gehorsam Gottes hineinfinden. Er soll in sich hineinhorchen lernen, seine Identität entdecken und der Stimme des Heiligen Geistes folgen. Das wird dort besser gelingen, wo er schon als Kind darin eingeübt wurde, selbst die Stimme Gottes zu hören und von anderen Stimmen zu unterscheiden.

[90] Die neuere Gehirnforschung zeigt, dass „das Teenagergehirn in verschiedenen Bereichen nochmals einem enormen Wachstumsschub und damit verbundenen Umgestaltungen unterliegt, die sich meist in den für Teenager typischen Verhaltensweisen zeigen." Mehr dazu: Teenager und ihr Gehirn. Wilfried Veeser in: Denkangebot 7. Sexualaufklärung. Juli 2014 S. 11–14. Herausgeber: Weisses Kreuz E.V. Sexualethik und Seelsorge.

Ein wichtiger Aspekt dabei ist die *emotionale Loslösung von den Eltern:* Das ist sowohl für Jugendliche als auch für Erwachsene eine schwierige Aufgabe. Für die Eltern ist der Loslösungsprozess meist schmerzlich, denn, obwohl sie ihre Kinder zu tüchtigen Erwachsenen erziehen wollen, möchten sie die familiäre Struktur möglichst lange aufrechterhalten.

Der zeitlich aufwendigste Aspekt ist die *Ausbildung:* Schon früh muss sich der junge Mensch für eine Berufsausbildung oder auch für die weiterführende Schulausbildung entscheiden. Solche beruflichen Entscheidungen wird er mit zunehmender Reife immer sicherer und beständiger treffen können. Dabei geht es um die Entwicklung von persönlichen Zukunftsperspektiven. Während Kinder planlos leben können, stellt sich für Jugendliche die Aufgabe, ihr Leben zu organisieren und Ziele anzusteuern, von denen sie glauben, sie erreichen zu können. Dies betrifft nicht nur die Ausbildung, sondern auch die Freizeitbeschäftigungen: Hobbys, Sport, …

Damit verbunden ist die Aneignung eines sozial verantwortungsvollen Verhaltens. Junge Menschen müssen lernen, *Verantwortung* für ihre Handlungen und deren Auswirkungen auf sich und andere zu *übernehmen.* Dazu gehört der Aufbau eines Wertesystems. Der junge Mensch stellt die Werte der Umgebung oftmals in Frage und distanziert sich davon. Er beginnt sich mit verschiedensten Gesellschaftsgruppen auseinanderzusetzen. Dabei lernt er neue Wertesysteme kennen. Das kann zu Angst und Ablehnung bei Erwachsenen führen. Die Auseinandersetzung des Jugendlichen mit Werten und Haltungen ist ein notwendiges Phänomen, damit er eine eigenständige Struktur von Werten als Orientierung für sein Handeln aufbauen kann. Dazu gehört auch die religiöse Entwicklung, die die Frage nach dem Lebenssinn, Lebensziel und der Berufung in sich birgt.

Jugendliche gehen in dieser Zeit *neue Beziehungen* zu Altersgenossen beiderlei Geschlechts ein. Der Einfluss solcher Beziehungen droht oft grösser zu werden, als der, der Eltern. Für eine gesunde Entwicklung ist es aber wichtig, dass auch in dieser Zeit die Bindung zu den Eltern als Stabilitätsfaktor die entscheidende Bindung im Hintergrund bleibt. Sonst entsteht eine Gleichaltrigenorientierung. Diese birgt Gefahren in sich, weil sich die Alphatierchen unter den Jugendlichen der Führungsverantwortung nicht bewusst sind, die sie erhalten, wenn sich andere junge Menschen zu stark an sie binden.[91]

---

[91] Gordon Neufeld hat dies eindrücklich im Buch „Unsere Kinder brauchen uns!“ dargelegt.

Das schmälert aber nicht die Bedeutung oder den Wert von Jugendfreundschaften. Freundschaften im Jugendalter können sich mit den Jahren zu intensiven Bindungen entwickeln, die das ganze Leben lang anhalten. In diesen neuen Beziehungen muss der junge Mensch lernen, die eigene Geschlechtsrolle anzunehmen. Dazu gehört die Annahme und Entwicklung der eigenen Sexualität. Dieses Thema wollen wir ausführlicher behandeln.

Hinweis

In diesem sensiblen Zeitraum des Übergangs von der Kindheit ins Erwachsenenalter braucht der junge Mensch zwei fundamentale Erfahrungen durch seine wichtigsten Bezugspersonen. Nämlich Wertschätzung und klare Grenzen.

Liebe und Wertschätzung: Dies bedeutet nicht, dass Eltern die falschen Verhaltensweisen der Teenies bejahen sollen. Es geht vielmehr um die Entscheidung, sie auch jetzt zu lieben: „Du bist mir nicht egal. Ich stehe weiter zu dir, egal, was du tust und mir zumutest." Dabei kann mir die Erkenntnis helfen: Nicht der Teenie selbst, sondern sein Gehirn macht es allen Beteiligten schwer! Ein echtes Lob ist deshalb Balsam für die Seele eines Teenies.

Klare Grenzen und durchschaubare Regeln: Gerade, weil es Teenies partiell selber nicht mehr gelingen kann, die Kontrolle über ihr eigenes Verhalten zu behalten, brauchen sie verlässliche Menschen in ihrem Umfeld, die ihnen helfen, Regeln und Grenzen zu finden. Wichtig ist, diese Regeln und Grenzen gemeinsam auszuhandeln und Kompromisse zu erarbeiten. Dazu gehören auch Konsequenzen, welche die Teenies selbst vorschlagen können, wenn sie die abgemachten Regeln nicht einhalten.[92]

2.2. Die Sexualität erwacht

Wesentlich zur Pubertät gehören die körperlichen Veränderungen und damit das „Erwachen" der Sexualität. Die Veränderungen geschehen durch Hormone (Botenstoffe), die als ein „körpereigenes Informationssystem" den bestimmten Körperbereichen mitteilen, was gerade zu tun ist. Die Sexualhormone lösen die Entwicklung der Geschlechtsreife aus.

---

92 Heinz Etter, der den Ansatz der Vertrauenspädagogik ausgearbeitet hat, kann hier Eltern eine grosse Hilfe sein: www.vertrauenspaedagogik.ch.

Bei der Frau

Kern dieser Entwicklung ist bei der Frau der weibliche Zyklus, die Fähigkeit, dass der Körper der Frau einen Eisprung herbeiführen kann. So ist die Menstruation das erste, offensichtliche Zeichen der erlangten Fruchtbarkeit. Sie gehört von nun an zur Frau, bis sie in die Menopause kommt. Bereits die Anfänge dieser Veränderungen sind für das Mädchen beobachtbar. Wer um die Zeichen weiss, ist nicht überrascht, wenn die Menarche, die erste Menstruation, einsetzen wird.

Weil die Menstruation als Belastung erfahren wird und mit Schmerzen verbunden sein kann, erhält sie bei vielen Frauen oft einen negativen Unterton. Doch die Monatsblutung ist eine Reinigungszeit, eine Art Frühjahrsputz, eine Auswaschung des Zimmers, der Gebärmutter. Sie ist der Start und die Vorbereitung für ein grosses neues Projekt: die Bereitung des weiblichen Körpers, Leben weiterzugeben. Wenn Mädchen die Abläufe ihres Zyklus kennen und sie beobachten, erhalten sie damit einen Zugang zu sich selber.

Was geschieht denn in einem solchen Zyklus? Im ersten Teil des Zyklus wird der Eisprung vorbereitet. Das Gehirn sendet Hormone aus, welche den Eierstock der Frau anweisen, einen neuen Follikel mit einem Ei reifen zu lassen. Der Follikel bildet das bekannte weibliche Hormon Östrogen. Je grösser der Follikel wird, je mehr Östrogene werden gebildet. Dies ist für die Frau beobachtbar aufgrund der schleimigen Absonderung aus der Scheide, des sogenannten Zervixschleimes. Wenn der Follikel sprungreif ist, sendet das Hirn ein weiteres Hormon aus, das den Eisprung auslöst.

Höchstens 24 Stunden, in der Regel aber weniger, ist diese Eizelle befruchtungsfähig. Es ist dem Zervixschleim der Frau zu verdanken, dass die fruchtbare Zeit jedoch nicht ganz so kurz ist. Denn die Spermien des Mannes können (in der Regel) bis zu fünf Tage in sehr gutem Schleim überleben. Dieser erste Teil des Zyklus kann ganz unterschiedlich lang sein. Denn der Körper der Frau ist keine Maschine. Merkt er zu grosse Belastungen irgendwelcher Art, unterbricht er den Prozess. Schliesslich will er ja fähig sein, ein Kind austragen zu können. Aus diesem Grund ist der Eisprung ein gesundes Zeichen.

Nach dem Eisprung beginnt die zweite Phase des Zyklus, die Östrogenkurve sinkt auf ein tieferes Niveau zurück. Aus dem zum Gelbkörper veränderten Follikel bildet sich dafür das zweite bestimmende Hormon der Frau, nämlich das Progesteron, das Gelbkörperhormon. Es ist z.B. für den weiteren Aufbau der Gebärmutter verantwortlich, damit eine befruchtete Eizelle sich einnisten kann. Diese zweite Phase ab dem Eisprung sollte eine konstante Länge von 12-16 Tagen haben. Diese Zeit benötigt das neue Lebewesen, um sicher in der Gebärmutter anzukommen. Nistet sich kein Embryo in dieser Zeit ein, sinken die beiden Hormone, Östrogen und Progesteron auf einen tiefen Punkt und die Gebärmutterhaut wird ausgestossen. Wir stehen damit wieder am Beginn des neuen Zyklus. Die Menstruation setzt ein.

Die Fähigkeit der Frau zur Fruchtbarkeit ist ein grosses Wunder. Die Frau wird körperlich vorbereitet, neues Leben aufzunehmen und ihm Nahrung, Schutz und Geborgenheit zu schenken. Ihr Körper wird vorbereitet neun Monate lang neues Leben in sich heranwachsen zu lassen. Unglaublich schön! Wenn sich die Frau mit ihrem Körper und der neuen Situation auseinandersetzt, braucht sie Zeit zum Staunen! Darum sehnt sich die Frau nicht zuerst nach Sex, sondern nach Zärtlichkeit, Annahme und Geborgenheit.

Beim Mann

Die Erlangung der Fruchtbarkeit ist beim Mann ebenso spektakulär. Im Unterschied zur Frau spielt sich das grosse Wunder aber viel unbemerkter ab. In der Pubertät wird ein neuer grosser Testosteronschub ausgelöst. Das Testosteron bewirkt unter anderem die Reifung der Hoden. Samenzellen werden in unglaublicher Anzahl gebildet. Ein fruchtbarer Mann bildet pro Sekunde 500 bis 1000 Spermien. Ein wahres Wunder, wer sich die Zeit nimmt, einfach mal den Sekundenzeiger seiner Uhr zu beobachten und sich dabei überlegt, welche Mengen an Spermien in dieser Zeit gebildet werden.

Das offensichtliche Zeichen der erlangten Fruchtbarkeit ist beim Mann der Samenerguss. Er ist verbunden mit einem tollen Gefühl. Meist ereignet sich der Samenerguss in einem sexuellen Traum oder sexuellen Bildern und Vorstellungen, die mit der Nacktheit der Frau, die für ihn sehr reizvoll ist, zu tun haben. Deshalb schaut er bei einer Frau auch zuerst auf das, was ihren Reiz ausmacht: Auf die Figur, den Busen, das Gesicht, die Lippen, die Beine, eben auf den Körper. Er ist von seiner sexuellen Triebkraft her, zuerst auf das Körperliche ausgerichtet. Der Mann ist von seiner Triebdynamik der Sexualität manchmal richtig ergriffen, weil sie so stark ist. Die sexuelle Triebkraft ist bei Männern, besonders auch in der Pubertät, gross. Ist der Mann sexuell nicht aktiv, baut der Körper die Samenzellen wieder ab, oft indem es während dem Schlaf zu einem Samenerguss kommt.

Auch für den Mann ist die Sexualität etwas Grosses: Denn im Mann ist der Samen für neues Leben vorhanden. Er kann neues Leben zeugen und Vater werden. Der Mann muss nun lernen, Selbstbeherrschung über seinen Körper und seine Kräfte zu gewinnen. Denn das Testosteron ist pure Energie, ist Kraft und Lust! Das ist für den jungen Mann in dieser Stärke eine völlig neue Erfahrung, mit der er zuerst einen guten Umgang finden muss.

Eine wichtige Aufgabe für die junge Frau und den jungen Mann besteht darin, die körperlichen Veränderungen wahrzunehmen, sie richtig einzuordnen und als Teil ihrer Persönlichkeit anzunehmen. Dazu gehört, ein eigenes Körpergefühl zu entwickeln, den Körper bewusst in Sport, Freizeit und Arbeit sinnvoll zu nutzen und die eigene Sexualität zu bejahen, die normalerweise ein Stück Verunsicherung hervorruft.[93]

Der jungen Frau und dem jungen Mann können wir im Blick auf die Veränderungen der Sexualität sagen: „Staune über deinen Körper. Betrachte ihn als etwas Heiliges! Und danke für ihn. Deine Sexualität ist ein wunderbares Geschenk und zugleich eine Herausforderung." Mit dem Beter von Psalm 139 können wir sagen: *„Ich danke dir, dass du mich so wunderbar gestaltet hast. Ich weiß: Staunenswert sind deine Werke" (Ps 139,14).*

Das natürliche Schamgefühl schützt die Intimität

In der Pubertät entwickeln Teenager eine ganz besondere Sensibilität bezüglich ihres Körpers, der sich im Wandel befindet. Diese Veränderungen verunsichern und es entsteht ein ausgeprägtes Schamgefühl. Diese natürliche Scham bezieht sich jedoch nicht nur auf die körperliche Nacktheit. Scham wird auch durch Versagen, Peinlichkeiten oder Blossstellungen ausgelöst.

Dazu sagt Christa Meves: „Das Schamgefühl dient als Schutz der Person, besonders während ihrer fragilen Entwicklung. Sie dient besonders dem Schutz vor Blossstellung, vor Ein- und Übergriffen, welche die Person entwürdigen oder zerstören könnten." Eltern sollten daher während der Pubertät die besonderen Empfindungen ihres Kindes berücksichtigen, indem sie dem Teenager genügend Raum für seine Privatsphäre ermöglichen.

---

93 Manchmal funktionieren die Botenstoffe (Hormone) nicht so, wie sich das die Jugendlichen vorstellen. Die Folge ist: Die Pubertät setzt zu früh oder zu spät ein. Jugendliche haben oft das Gefühl, dass es bei ihnen anders sei: Zu früh, zu spät, zu wenig sichtbar, zu sehr sichtbar, … ist. Im Vergleich mit anderen wird man immer anders sein.

Die eigene Sexualität bewusst wahrnehmen

Die Pubertät ist die Zeit, in der wir unsere Sexualität kennenlernen und erste Erfahrungen mit ihr machen. Es ist die Zeit, das andere Geschlecht auf natürliche, nicht körperliche Weise, kennenzulernen und damit umzugehen. Die Pubertät ist nicht dazu da, erotische Beziehungen auszuprobieren. Das verletzt in der Regel und hindert die Entwicklung des jungen Menschen zur Selbstständigkeit. Es ist natürlich nicht verboten, mit fünfzehn einen Freund zu haben. Doch es kommt darauf an, wie ich diese Freundschaft lebe.

In der Pubertät denken wir über die eigene Sexualität nach und lernen mir ihr umzugehen. Dazu können folgende Fragen hilfreich sein:

Wie habe ich die körperliche Nähe als Kind erlebt? Wie empfand und empfinde ich heute Körperkontakt, Berührungen und Liebkosungen? Was habe ich als angenehm, was als unangenehm erlebt?
Welches Vorbild vom liebevollen Umgang habe ich zuhause bei den Eltern, wie habe ich ihre Ehe (Beziehungen,...) erlebt? Was habe ich positiv befunden? Worunter habe ich gelitten? Wo habe ich mir gesagt: So wie meine Mutter, mein Vater möchte ich auch leben? Oder: Nein, das will ich anders machen!
Wie wurde ich ins Geheimnis der Sexualität eingeführt (aufgeklärt)? Von wem? Wie habe ich die erste Monatsblutung/den ersten Samenerguss erlebt? Was machte dies mit mir? Wie habe ich Nacktheit, Neugierde, ... erlebt? Welche Erfahrungen habe ich gemacht? Welche Beobachtungen habe ich dazu gemacht?
Was bedeuten mir Zärtlichkeiten? Was lösen sie aus? Welche sexuellen Bilder, Filme, ... habe ich gesehen? Was haben sie bei mir ausgelöst an Gefühlen, Wünschen,...?
Die ersten Erfahrungen der Sexualität werde ich in mein weiteres Leben und in die ersten Beziehungen mitnehmen...

* * *

http://www.

www.familylife.ch/ der-elternkurs.ch. Der tennie-elternkurs. Eltern, die mit ihren Teenagern eine liebevolle Beziehung pflegen und sicher Grenzen setzen.Teenager, die mit Wut, Konflikten und Stress umgehen können. Teenager, die gute Entscheidungen fürs Leben treffen. Dazu will dieser Kurs verhelfen. Die fünf Themen: 1. Ein starkes Fundament bauen 2. Den Bedürfnissen unserer Kinder begegnen. 3. Grenzen setzen. 4. Gesunde Beziehungen entwickeln. 5. Unser Ziel für die Zukunft.

www.familienseminar.ch. Ehepartner können nicht mehr richtig miteinander reden, sind unsicher in der Erziehung ihrer Kinder. Im Beruf engagierte Väter ziehen sich immer mehr aus der Familie zurück, ... Das Familienseminar hilft christlichen Ehen und Familien und motiviert Paare, in ihre eigene Ehe und Familie zu investieren.

www.vertrauenspaedagogik.ch. Die von Heinz Etter entwickelte Vertrauenspädagogik ist ein Erziehungsansatz, der sich an der Haltung Jesu orientiert. Erziehung gelingt dann, wenn als Basis das gegenseitige Vertrauen da ist. Kind und Eltern haben verschiedene Rollen, unterschiedlichen Einfluss und Autorität, aber sie wirken im gegenseitigen Respekt zusammen.

www.pep4teens.de. Sie haben Zoff mit ihrem Sohn, Krach mit ihrer Tochter und Streit mit ihrem Partner über die richtige Methode der Erziehung ihrer Kinder? Sie sind Alleinerziehend und fühlen sich oft überfordert im Umgang mit ihrem pubertierenden Nachwuchs? Lernbereite Eltern können gelingende Beziehungen zu ihrem Teenager aufbauen und diese auch in der schweren Zeit des Umbruchs und Aufbruchs erhalten.

Regula Lehmann & Pascal Gläser: **Rakete startklar! Wie aus Jungs echte Kerle werden.** Jungen müssen sich in einer komplexen und stark sexualisierten Welt zurechtfinden. Dieses Aufklärungsbuch will sie kurz vor dem Eintritt in die Pubertät bestmöglich auf die Herausforderungen des Erwachsenwerdens vorbereiten. Jungs sollen Bescheid wissen: über sich selbst und über das, was bei Mädchen in der Pubertät abgeht.

Tabea Freitag: **Fit for Love? Praxisbuch zur Prävention von Internet-Pornografie-Konsum – Umgang mit Teens.** Fast die Hälfte der elf- bis dreizehnjährigen Kinder haben bereits pornografische Bilder oder Filme gesehen. "Fit for Love?" vermittelt ein ganzheitliches Verständnis von Liebe und Sexualität in ihrer körperlichen, psychischen und Beziehungsdimension mit umfassendem Lehrmaterial auch für Jugendgruppen.

Crone, Eveline: **Das pubertierende Gehirn. Wie Kinder erwachsen werden.** Die Autorin erklärt anhand der neuesten Gehirnforschung die nervenaufreibenden Turbulenzen während der Pubertät. Der umfassende Gehirnumbau während der Adoleszenz hat einen Zusammenhang mit dem manchmal befremdlich anmutenden Verhalten der Jugendlichen.

Veeser, Wilfried: **Das positive Erziehungsprogramm für Eltern mit Kindern von 12 bis 17 Jahren.** Mit diesem Lernprogramm lernen Eltern, die Entwicklung ihrer Kinder ihrem Alter gemäss zu fördern und viel Stress aus den alltäglichen Spannungssituationen herauszunehmen.

Gary Chapman: **Die fünf Sprachen der Liebe für Teenager.** Auch der Teenager braucht das Wissen, geliebt zu werden. Doch welche Worte, ... können das Herz des Teenies erreichen? Früher war man sich immer ganz sicher, was der kleine Sohn braucht, aber jetzt, wo er Zärtlichkeiten zurückweist? In vielen praktischen Beispielen gibt der Autor Anregungen ... und als Eltern gewinnt man wieder an Sicherheit, der eigene Sohn ist nicht mehr ganz so fremd.

3. Erste Beziehungen – Warten mit Sex ...?!

Die Jugendjahre sind eine Zeit, um seine Talente auszubilden, sich in Ausbildung, Studium und Beruf weiter zu entwickeln, aber auch um Verantwortung in Bereichen der Jugendarbeit und in Vereinen zu übernehmen. Es ist gut sich zu fragen: Was sind meine Ziele und Wünsche für mein Leben? Welchen Liebesplan hat Gott mit mir? Welche Fähigkeiten hat Gott mir geschenkt?

3.1. Erste Beziehungen

In dieser Zeit sind kollegiale und freundschaftliche Beziehungen zu Jugendlichen gleichen Geschlechts wichtig. Doch können diese plötzlich einen anderen Stellenwert erhalten, wenn sich ein Jugendlicher völlig überraschend verliebt. Was nun?

Verliebt ...

Es hat gefunkt! Bereits der Gedanke an den Anderen lässt das Herz schneller schlagen. Das „Verliebtheitshormon" Phenylethylamin löst ein Hochgefühl aus. Nun sieht die Welt auf einmal ganz anders aus. Verliebte haben für (scheinbar) unwichtige Sachen keine Zeit mehr, denn sie sind ganz auf den Anderen ausgerichtet und denken dauernd an ihn. Verliebte werden von ihren Gefühlen überflutet und möchten möglichst viel Zeit mit der geliebten Person verbringen. Verliebtsein ist wie eine Brausetablette. Wie sich die Tablette in Flüssigkeit auflöst, so werden Hormone ins Blut ausgeschüttet, die starke Glücksgefühle auslösen.

Für Mädchen ist es ein sehr schönes Gefühl, verliebt zu sein. Sie reagieren sehr auf Zartheit, auf eine zuvorkommende Art, auf die Stimme und die Rücksichtnahme eines Burschen. Auch für den Burschen ist es ein aufregendes Gefühl, sich in ein Mädchen zu verlieben. Er reagiert besonders, wenn er ein Mädchen attraktiv findet. Die Eigenschaften und Vorzüge des Mädchens sind für ihn oft zweitrangig. Beginnt er eine Beziehung, will sein Körper rasch mehr, nicht weil er rücksichtslos ist, sondern weil er von Natur aus ein grösseres sexuelles Bedürfnis hat.

Für beide ist es wichtig, dass sie von uns Erwachsenen hören, dass solche Gefühle schön und gut, aber noch nicht mit Liebe gleichzusetzen sind. Wenn für junge Verliebte von Anfang an klar ist, dass sie sich nicht auf Sex miteinander einlassen, hat dies Folgen für die Beziehung: Sie geht entweder, wenn sich die Verliebtheitsgefühle aufgelöst haben, oft bald zu Ende oder sie ist der Beginn einer tiefen Freundschaft, die früher oder später in die Ehe mündet.

Eine Beziehung eingehen

Wer verliebt ist, steht vor der Frage: Soll ich mich auf eine ernstgemeinte Beziehung einlassen oder nicht? Beziehungen können etwas Wunderschönes sein, Beziehungen können aber auch verletzen. Darum die Frage: Wann ist man bereit für eine ernstgemeinte Freundschaft? Dr. Gudrun Kugler lädt ein über vier Fragen nachzudenken:[94]

„*1. Habe ich, hat er/sie schon eine gereifte Identität?* Ist er ein Mann oder noch ein Junge? Ein Junge spielt, ein Mann übernimmt Verantwortung. Ist sie ein Mädchen oder eine Frau? Ein Mädchen will beeindrucken. Sie freut sich über neidische Blicke und möchte sich überlegen fühlen. Eine Frau ist ein Beziehungswesen, das den Triumph der Überlegenheit nicht mehr braucht. Sie hat ihren Sinn im Sein gefunden.

2. Habe ich, hat er/sie einen guten Charakter? Um mit einem anderen Menschen glücklich „alt zu werden", ist es wichtig, dass er einen guten Charakter hat. Dies lässt sich nicht mit einem Blick feststellen. In einer Längsschnittbetrachtung würde man sich folgende Fragen stellen: Steht er/sie auf eigenen Beinen? Hat er sein Leben in Ordnung gebracht? Wie geht er oder sie mit anderen Menschen um? Wie geht er mit Konflikten, Krisen oder Scheitern um? Hat er oder sie Freude an seinem Beruf?

3. Bin ich, ist er/sie partnerschaftsfähig? Partnerschaftsfähig ist, wer sich selber mag und sich selber nicht mehr als das allerwichtigste ansieht. Natürlich ist jeder ein Leben lang sozusagen „auf dem Weg". Aber man gelangt im Reifungsprozess an einen Punkt, an dem Beziehungsfragen zu sich selbst, entspannt in den Hintergrund rücken.

4. Was ist das Motiv unserer Liebe? Warum will ich, will er diese Beziehung? Geht es um den anderen, oder um eine seiner Eigenschaften wie z.B. Aussehen, gesellschaftlicher Status, Vermögen, etc.? Will ich durch diese Beziehung von Problemen ablenken? Will ich einfach nicht alleine sein? Geht es mir um die Aufmerksamkeit und dass sich jemand um mich kümmert, mehr als um ihn selbst? Möchte ich diese Beziehung selbst – oder erwartet sie jemand anders von mir?"

---

[94] Dr. Gudrun Kugler leitet die Online-Heiratsbörse für katholische Partnersuchende www.kathTreff.org und bloggt für katholische Singles auf www.kathTreff.org/blog. Sie ist Autorin des Single-Ratgebers „Niemand ist eine Insel – wie man den Partner fürs Leben findet."

3.2. Und wie ist es mit dem Sex ...?

Wenn sich zwei Menschen lieben und sich auf eine Beziehung einlassen, dann stellt sich bereits von Anfang an die Frage: Wie wollen wir diese Beziehung, auch im Bereich der Sexualität, leben? Um in dieser Frage klarer sehen zu können, ist zunächst einmal wichtig, den Zeitgeist und die Sexualität zu verstehen.

Der Zeitgeist ...

Heute gibt es kaum einen Film, kaum eine Werbung, in der man nicht halbnackte oder nackte Menschen sieht. Die zunehmende Erotisierung der öffentlichen Medien, weckt immer früher sexuelle Bedürfnisse. Zudem werden wir in unserer Kultur weitgehend ermutigt, die Sexualität frei auszuleben. Dazu kommt eine einseitige Aufklärung, die sich in den Schulen meist auf die biologische Aufklärung sowie die Möglichkeiten der Verhütung beschränken.

Die sinnvolle Einordnung der Sexualität in die Gesamtpersönlichkeit und die Erziehung zu einem verantwortlichen Handeln, kommen zu kurz oder werden gänzlich unterschlagen. Manche Eltern gehen soweit, der Tochter mit 14 oder 15 Jahren die Pille zu besorgen, damit soll vermieden werden, dass sie schwanger wird. Zugleich ist es aber auch das Zeichen, dass Sex in diesem Alter als selbstverständlich und als etwas Normales akzeptiert ist. Und dennoch lohnt es sich zu warten. Man muss nicht mit 16 oder 18 Jahren einen Partner haben, mit dem man intim wird. Man muss gar nichts!

Fragen ...

Jugendliche haben Fragen zur Sexualität. Ihre Fragen sind mitgeprägt von dem, was sie bisher zum Thema Sexualität aufgeschnappt und mitgenommen haben. Wenn Eltern die christliche Sicht von Sexualität nicht einbringen, dann erhalten Jugendliche eine verzerrte und verkürzte Sicht der Sexualität. Entsprechend klingen die Fragen, wenn ein junger Mensch plötzlich mit seiner erwachenden Sexualität und der medial doch meist recht gleichlautenden Meinung zur Sexualität konfrontiert ist:

Sex macht Spass. Warum soll ich mir das nicht gönnen? Was soll denn schon an Sex schlecht sein?

Ich möchte Erfahrungen sammeln, um damit dann in meiner Ehe profitieren zu können.

Ich will mein erstes Mal jetzt erleben. Ich bin neugierig. Was kann mir warten schon bringen?
Alle meine Freunde erleben die voreheliche Sexualität. Warum soll ich nicht mitreden können?
Wie kann ich denn ohne Sex zu haben, sicher sein, dass wir zusammen passen?
Der Partner drängt mich zu Sex. Ich habe Angst ihn zu verlieren. Was soll ich tun?

Auf solche Fragen ist es kaum möglich, schnelle und gute Antworten zu geben, weil sie meist das Wesentliche nicht treffen. Im Neuen Testament erfahren wir, wie Jesus auf schwierige Fragen antwortet. Oft antwortet Jesus überraschend und bringt eine neue Sichtweise ein, welche den Fragenden einlädt, einen Entwicklungsschritt zu machen. So sind wir in diesen Fragen der jungen Menschen herausgefordert den Blick auf das Wesentlich zu richten und den Jugendlichen zuerst auf eine andere Sichtweise der Geschlechtlichkeit einzuladen.[95]

Sexualität verstehen

Sexualität hat verschiedene „Wirkungen", die es zu beachten gibt. Doch zunächst ist Sexualität etwas Heiliges. Gott hat die Sexualität und damit auch den Sex erschaffen. Er hat die Lust und die Freude der Menschen aneinander geschaffen. Gott hat auch den Orgasmus geschaffen.

---

[95] TeenSTAR, ein persönlichkeitsbildendes sexualpädagogisches Programm für Jugendliche lädt zu einem Weg, zu einer ernsthaften Auseinandersetzung ein. Zuerst erhalten die Jugendlichen viele korrekte Infos über den Aufbau und Funktion der Geschlechtsorgane, Wissen über das Zyklusgeschehen der Frau und die Zusammenhänge der Hormone. Aus diesem Wissen entsteht Staunen und Achtung, sich selbst gegenüber. Das andere Geschlecht wird als ein Wunderwerk erkannt.
Nun sind die Jugendlichen gereift, um den Blick auf den Einfluss des Umfeldes zu richten, um Scheinwelten aufzudecken und hinterfragen zu lernen. Anschliessend setzen sie sich über Themen von Freundschaft, Verliebtsein, Beziehung, Liebe auseinander. Die neue Sichtweise, vor allem der Blick auf sich selber, das Kennenlernen von sich selber und die Wertschätzung von sich selber verändert die Fragen.
In einem nächsten Schritt geht es darum, die Entstehung und Entwicklung des Lebens wahrzunehmen. Jetzt kann die Frage nach der Bedeutung des Geschlechtsverkehrs, nach Verantwortung und nach den Zusammenhängen zwischen Liebe, Leben und Sex gestellt werden. Das Ziel während des ganzen Prozesses besteht darin, dass die Jugendlichen selber zu Einsichten kommen, selber Argumente entwickeln. Das fördert einen Prozess der Reife und dadurch entstehen Fragen auf einer neuen Ebene. In jedem TeenSTAR-Kurs werden die Jugendlichen behutsam begleitet, die erwachende oder erwachte Sexualität in ihrer Gesamtpersönlichkeit zu integrieren und verantwortungsvoll mit der wunderbaren Gabe der Fruchtbarkeit resp. Zeugungsfähigkeit umgehen zu können.

Von Ihm stammt das Kribbeln des Verliebtseins, die Anziehung, die die Geschlechter aufeinander ausüben und die Schönheit des Körpers. Die ganze Körperlichkeit des Menschen ist Sein Geschenk. Wer den Körper eines Anderen berührt, berührt Heiliges. Denn in unserem Körper ist der Heilige Geist gegenwärtig.[96]

– Sexuelle Gesten sind eine Sprache

Wir drücken unser Inneres mit Worten aus. Ebenso aber kommunizieren wir ohne Worte durch Gesten, den Gesichtsausdruck, die Körperhaltung, ... Auch in dieser Kommunikation mit unserem Körper drücken wir etwas von unserem Innern aus. So ist es etwas anderes, ob wir jemandem voll Freude zuwinken oder zornig die Faust erheben.

Auch in der Art der Kleidung werden non-verbale Signale ausgesendet. Leichtbekleidete Mädchen, die sexy wirken wollen und sich entsprechend verhalten, signalisieren, dass sie an Sex, aber nicht unbedingt an der wahren Liebe interessiert sind. Ebenso sind sexuelle Gesten eine Sprache ohne Worte. So drücken folgende Gesten verschiedene Dinge aus: eine zärtliche flüchtige Berührung, die Hände halten und so spazieren, ein Wangenkuss und ein Zungenkuss. Jede dieser Gesten ist Ausdruck von Liebe, von einer unterschiedlichen Art von Beziehung. Meine Liebe muss mit den äusseren Zeichen übereinstimmen.

Wenn ich mit jemandem Hand in Hand oder gar eng umschlungen spazieren gehe, den ich eigentlich gar nicht mag, dann ist dies eine Lüge. Ich lüge mit meinem Körper. Deshalb sollen wir uns fragen: Schenke ich diese Liebesgeste mit meinem ganzen Herzen oder tue ich es nur, weil es mir im Moment Spass macht oder ich ein Ziel erreichen will?

Zärtliche Berührungen, ein Kuss auf den Mund, Zungenküsse, intime Berührungen, sich ausziehen, sich gegenseitig sexuell erregen und miteinander schlafen – wann ist eine Liebesgeste wahr und wann ist sie eine Lüge? Auch wenn es auf der Stufenleiter der Liebesgesten noch viel mehr Möglichkeiten gibt, ist doch der Maximalpunkt klar definiert: Man kann nicht noch tiefer, noch inniger seine Liebe mit dem Körper ausdrücken, als miteinander zu schlafen. Das ist die tiefste und höchste Geste, die wir zur Verfügung haben.

---

[96] Paulus hat diese Heiligkeit des Körpers so formuliert: *„Oder wisst ihr nicht, dass euer Leib ein Tempel des Heiligen Geistes ist, der in euch wohnt und den ihr von Gott habt? Ihr gehört nicht euch selbst; denn um einen teuren Preis seid ihr erkauft worden. Verherrlicht also Gott in eurem Leib!“ (1 Kor 6,19–20)*

Diese Liebesgeste gehört also, wenn sie wahr und echt sein soll, zu der tiefst möglichen Verbindlichkeit einer Beziehung, nämlich zum *Für immer*. Und zu diesem *Für immer* gehören eben auch die Folgen, die sich aus dieser Geste heraus ergeben. Das heisst: Erst wenn man sich entschieden hat, sich einander ganz und *für immer* zu schenken, kann man diese Liebesgeste mit ganzem Herzen schenken. Dann ist sie wahr.[97]

Wenn man Liebesgesten verschenkt, die nicht mit dem Herzen „gedeckt" sind, entsteht zwischen Körper, Seele und Geist tiefinnerlich ein Riss in unserer Identität. Dieser Zwiespalt in uns verhindert, dass wir bis in die Tiefe unseres Herzens hinein Glück und Erfüllung erleben. Deshalb lohnt sich das Warten. Erst wenn eine Frucht reif ist, ist sie durch und durch süss. Wie schön ist es, sich seinem späteren Ehepartner voll und ganz zu schenken und dafür auf ein paar Partyflirts zu verzichten.

– Sexualität stiftet Verbindlichkeit

Jede Liebesgeste schafft körperliche und seelische Verbundenheit zwischen den Liebenden. Je intensiver die Liebesgesten sind, desto stärker schweissen sie zusammen. Die Verbindung, die in der sexuellen Vereinigung eingegangen wird, wird in der Bibel mit *„ein Fleisch werden" (vgl. Mk 10,8)* charakterisiert. Fleisch ist zäh. Was passiert, wenn man „ein Fleisch" in zwei Teile zerreisst? Wenn eine Beziehung, in der zwei einander alles geschenkt haben, wieder auseinander geht, dann entstehen Verletzungen. Noch lange kann eine körperliche und seelische Bindung weiter bestehen.

Deshalb gehört zu Liebesgesten auch die Verantwortung für die Folgen. Wir sollten uns fragen: „Bin ich bereit, die Verbindlichkeit der Beziehung einzugehen, die ich mit dieser Geste zum Ausdruck bringe?" Bereits bei einer Beziehung, in der man nur seelisch und geistlich miteinander verbunden ist, kann das Auseinandergehen einer Beziehung enorm belasten und schmerzhaft sein. Doch je mehr wir uns gegenseitig geschenkt haben, umso grösser werden bei einer Trennung der Schmerz und die Verletzung sein. Eine Beziehung sollte jedoch, solange man nicht verheiratet ist, ohne Schuldgefühle wieder gelöst werden können.

---

97 Wenn man Gesten verschenkt, obwohl sie nicht mit der entsprechenden Liebe „gedeckt" sind, werden die Gesten unglaubwürdig. Wie sollte ich denn, wenn ich mit fünf Männern oder Frauen geschlafen habe und ihnen so das *Für immer* geschenkt habe, dem/der Sechsten mit einer Liebesgeste etwas geben, was seinen Wert nicht schon längst verloren hat?

Wenn man also eine Beziehung eingeht, sollte man sich fragen: Aus welchem Grund gehe ich diese Beziehung ein? Aus wahrer Liebe und weil ich mich an den andern binden und ihm/ ihr zur Seite stehen will? Oder fühle ich mich einsam und ungeliebt und brauche jemanden, der mich tröstet?

Eine gute Beziehung erfordert Selbstständigkeit und die Ablösung vom Elternhaus. Zu dieser Selbstständigkeit gehört ganz wesentlich, dass ich lerne, auf mein Innerstes zu hören und wage, dazu zu stehen. Dann wächst innere Stärke heran. Deshalb ist die Frage wichtig: Wage ich zu mir selbst zu stehen, auch wenn dies anderen nicht passt oder nicht *in* ist?

Denn erst solche Selbstständigkeit und Treue zu mir selbst befähigen mich, gute Beziehungen aufzubauen und zu leben. Kein Mensch kann mir das Glück geben. Mein Glück hängt nicht von den anderen ab, sondern von mir selbst. Glück wächst in dem Mass, wie wir fähig sind, nach unserem Innersten zu leben und andere zu lieben. Und – vergessen wir nicht: Für die Erfüllung meiner tiefsten Sehnsüchte ist Gott zuständig. Jede menschliche Liebe, von der ich mir die Erfüllung aller Wünsche erhoffe, wird mich enttäuschen! Denn nur Gott kann mir durch Seine Liebe in Allem zur Seite stehen und die Kraft geben, den andern wahrhaft lieben zu lernen.

Warum sich das Warten bis zur Ehe lohnt?

Zu all dem, was bereits gesagt wurde, noch einige ergänzende Hinweise, weshalb sich das Warten lohnt:

– Die Wahlfreiheit und Bindungsfähigkeit erhalten

Mit dem Erleben der Sexualität entsteht eine sehr intensive Bindung zwischen zwei Menschen. Der Körper schüttet beim Geschlechtsverkehr Hormone (vor allem Oxytocin) aus, deren Aufgabe es ist, eine Bindung zwischen zwei Menschen herzustellen. Zudem wird jede Erfahrung, die mit einem Gefühl verbunden ist, im Gehirn gespeichert.

Die erste Beziehung, die mit Geschlechtsverkehr gelebt wird, führt zu einer besonderen Bindung und Prägung, für die Frau mehr als für den Mann. So werden bei weiteren sexuellen Kontakten die ersten Erinnerungen lebendig bleiben und nachfolgende Beziehungen beinträchtigen. So wird durch vorehelichen Geschlechtsverkehr eine Vorentscheidung getroffen, die eine tatsächlich freie Entscheidung erheblich beeinflussen kann. Auch wenn die Beziehung bereits längere Zeit aufgelöst ist, kann sich dadurch (vor allem eine Frau) an den früheren Partner als „gebunden“ erfahren. Dazu kommt: Wenn nun ein Mensch wieder und wieder die Erfahrung macht, dass diese Bindung keinen Bestand hat und auch nicht haben soll, verliert Oxytocin seine stabilisierende Funktion. Die Folge: Die Bindungsfähigkeit nimmt ab.

– Die Botschaft des Körpers

Im körperlichen Eins-Werden schenken sich zwei Menschen einander ganz. Wo man sich ganz öffnet und schenkt, wird man auch umso verletzbarer. Daher braucht gerade die gelebte Sexualität den grösstmöglichen Schutz. Die sexuelle Hingabe an einen anderen Menschen muss von einer totalen und 100%igen Treue gedeckt sein. Wenn jemand mit seinem Partner ins Bett geht und nicht wirklich versprechen kann „Ich will dir treu sein, bis dass der Tod uns scheidet“, dann ist das fragwürdig.

Vorehelicher Geschlechtsverkehr bedeutet: Ich nehme dich, ich sage Ja zu deinem Körper, aber noch kein endgültiges Ja zu dir als Person, und zwar bedingungslos und endgültig.

Denn durch die fehlende endgültige Bindung lässt sich jeder der beiden einen Ausweg oder einen Fluchtweg offen. Jeder muss sich daher in dieser Situation der vorehelichen Beziehung ehrlich die Frage stellen: Werde ich geliebt oder doch mehr mein Körper?

– Der Blick auf eine mögliche Schwangerschaft

Sex kann zu Schwangerschaften führen. Doch eine Schwangerschaft kann wegen der fehlenden persönlichen Reife, der Lebens- und Beziehungssituation oder die wirtschaftlichen Umstände nicht ratsam und auch nicht erwünscht sein. Also wird versucht eine unerwünschte Empfängnis zu verhüten. Doch es gibt keine 100%ige sichere Verhütung. Ein, wenn auch kleines, Restrisiko bleibt immer.

– Der Blick auf die Hochzeit

Wenn Zwei bereits miteinander zusammenleben und Verkehr haben: Was kommt dann mit der Hochzeit, wenn man den Bund vor Gott und den Menschen eingeht, noch Wesentliches hinzu? Wir legen das sakramentale Versprechen ab, die Treue Jesu zur Kirche sichtbar in der Ehe leben zu wollen. Doch das Zeichen dafür, nämlich das *„ein Fleisch werden“*, haben wir bereits vollzogen. So wurde der Höhepunkt des neuen Lebens in der Ehe bereits vorweggenommen.

Nadine – mein Herz nur für den Einen

Mit 14 Jahren fand ich Anschluss in einer Jugendgruppe, die Gottesdienste musikalisch gestaltete. Mich faszinierte ihre Entschlossenheit, für Gott und mit Gott zu leben und ihr eigenes Handeln danach zu richten. Auch in Bezug auf „Warten vor der Ehe" haben die Jugendlichen klar dafür Stellung genommen. Ich erlebte das erste Mal, dass nicht nur meine Eltern überzeugt ihren Glauben leben, sondern auch total „coole" und normale junge Leute.

Dies weckte in mir das Verlangen, auf meine grosse Liebe zu warten. Die jungen Männer, die ich in meiner Jugend kennenlernte, liess ich nie ganz in mein Herz hinein. Es entstanden Freundschaften, doch zu einer Partnerschaft kam es nie. Mein Herz wollte ich nur EINEM öffnen, wenn ich mir sicher war, dass ich mir eine Zukunft mit ihm vorstellen könnte. Ich wusste, wenn er bereit ist, auf die Sexualität bis zur Ehe zu warten und für mich dieses „Opfer" bringt, dann werden wir in der Ehe auch die Tiefen überstehen.

Als ich 25 Jahre alt war, eroberte Christian mein Herz und tut es heute noch jeden Tag von Neuem. Ich bin so überglücklich, dass ich mein Herz und auch meine körperliche Liebe für ihn aufgehoben habe. Die Zeit bis zur Hochzeit, auf die körperliche Vereinigung zu warten war nicht einfach und wir sind immer wieder an unsere Grenzen gestossen. Das Warten brachte dennoch viel Schönes mit sich. Es ist eine Zeit, in der man kreativ wird, dem anderen die Liebe auf vielerlei Weisen zu zeigen, ausser der Sexualität. Dies haben wir mit in die Ehe genommen und praktizieren es heute noch.

Sandro – ein überraschender Sinn

Aufgewachsen bin ich in einem kleinen Dorf mit etwa 1000 Einwohnern. Meine Mutter wollte, dass ich jede Woche in die Sonntagsmesse gehe, was aber für mich jedes Mal eine Mutprobe war. Ich machte mir Sorgen, was wohl die anderen von mir denken würden und wollte nicht als Aussenseiter dastehen. Na ja, so schlief ich lieber von der mit Alkohol durchzogenen Nacht aus. Party, Rauchen, Drogen ausprobieren und weiteres prägten meine Jugend. Unter anderem machte ich auch eine sexuelle Erfahrung mit einem Mädchen.

Als ich 18 war, traf ich in einer Kneipe Franziska. Es dauerte nicht lange und wir wurden ein Paar. Nach ca. zwei Monaten fragte sie mich, ob ich sie in die Sonntagsmesse begleite und die Woche darauf wieder und dann wieder. Ihr zuliebe ging ich dann auch immer mit. Da es meine erste Beziehung war, wollte ich nicht gleich aufgeben, nur weil sie eine Kirchgängerin war.

Die Zeit verging und nach vier Monaten war das Verlangen, mit ihr zu schlafen natürlich gross. Als ich Andeutungen machte, verklickerte sie mir, dass sie bis zur Ehe warten wolle. Äusserlich liess ich mir nicht anmerken, dass ich mit der Einstellung nicht übereinstimmte und dachte mir, dass ich sie dann doch noch irgendwie rumkriegen werde.

Ich habe alles gemacht, was sie von mir verlangt hat und dabei ging es mir innerlich sehr schlecht, doch ins Bett gekriegt hab ich sie nicht. Ich versuchte es mit Romantik, doch nicht einmal auf dieser Ebene konnte sie mir ihre Liebe zeigen. Mein Hunger nach seelischer und körperlicher Liebe wurde immer grösser. Die Angst vor dem Alleinsein war zu gross, weshalb ich mit ihr zusammen blieb und eigentlich darunter litt.

So vergingen die Monate und 1 ½ Jahre waren im Nu dahin. Franziska wollte unbedingt einen Glaubenskurs besuchen und versuchte auch mich dafür zu begeistern. Wir stritten uns oft und dem Frieden zuliebe nahm ich auch an diesem 9-monatigen Kurs teil, der wöchentlich montags stattfand. Die Freude am Glauben der anderen Jugendlichen hat mich fasziniert. Ich konnte es kaum erwarten, bis Montag ist. In den darauffolgenden Monaten habe ich gemerkt, dass ich nichts für Franziska empfinde, aber der Glaubenskurs hat mich in dem Moment am meisten erfüllt.

Die Beziehung scheiterte dann an Streit und Mangel an Zuneigung. Dennoch hatte die Beziehung einen Sinn: Ich fand zu Gott. Im Nachhinein bin ich sehr dankbar, dass wir nie zusammen geschlafen haben, denn eine sexuelle Beziehung bindet einander noch tiefer. So habe ich die vollkommene Liebe für meine Ehefrau aufgehoben.

Bewusst Grenzen setzen

In einer vorehelichen Beziehung besteht „Liebe darin, dass man die Reinheit des anderen bewahrt und sich in Zurückhaltung übt. Ihr müsst euch darüber im Klaren sein, dass vorehelicher Sex mit Liebe wenig zu tun hat.“ (Harris, Joshua) Wer dies jedoch leben möchte, braucht Grenzen. Es ist wichtig, die Grenzen der Nähe miteinander zu besprechen und sie zu schützen. Ebenso wichtig ist es, ehrlich und offen auch über Enttäuschungen und Verletzungen zu reden. Das schützt die wahre Liebe. Wenn man mit dem Sex bis zur Ehe warten will, dann gelingt dies am besten, wenn die Zwei behutsam die Grenzen selbst entwickeln.[98] Grenzen werden in der Regel immer als einengend empfunden. Doch gerade das Aushalten dieser Spannung trägt aber zur Charakterbildung bei.

Was tun, wenn man Grenzen überschritten hat? Einfach den Grenzposten verschieben? Die gute christliche Tugend heisst *Umkehr.* Bekennen, voreinander und vor Gott, um Vergebung bitten und diese an-

[98] Dazu einige Tipps von Paaren, die mit diesem Ziel unterwegs waren: Keine Kleider gegenseitig ausziehen und die Geschlechtsteile sollten unberührt bleiben. Nicht zuviel unter sich sein, sondern weiterhin andere Kontakte pflegen und sich um Freunde kümmern. Kein gemeinsamer Urlaub ohne Freunde, keine Übernachtung im gleichen Schlafzimmer. Sucht Herausforderungen, an denen ihr beruflich und charakterlich wachsen könnt (z.B. gemeinsame Aufgaben in einer Pfarrgemeinde, Auslandsaufenthalte, Kurse, ...). Für sich klären, was man nur seinem Ehepartner geben möchte.

nehmen und dann mit Seiner Hilfe und mit gegenseitiger Unterstützung weiter verantwortlich leben.

* * *

http://www.

www.teenstar.ch/at oder **www.teen-star.de** TeenSTAR ist ein persönlichkeitsbildendes sexualpädagogisches Programm für Kinder und Jugendliche ab 11 Jahren. Mit diesem Programm, das eine Alternative zu gängigen Aufklärungsprogrammen ist, wird weltweit gearbeitet und hat die Auszeichnung für ein echtes nachhaltiges Programm erhalten.

www.parentstar.ch ParentSTAR ist ein Kurs für Eltern, von Eltern aufgebaut auf den Grundlagen von TeenSTAR. Sexualität ist ein integraler Bestandteil der Persönlichkeit. Darum ist die Sexualerziehung integraler Bestandteil der Erziehung der Kinder und keine reine Informationsvermittlung. Die Impulse, das Paargespräch und der Austausch mit anderen Eltern bestärken die Familien in ihren Erziehungsaufgaben.

www.wahreliebewartet.de/ch „Wahre Liebe wartet“ ermutigt alle Teenies, Jugendliche und Unverheiratete, sich für „Kein Sex vor der Ehe“ zu entscheiden und bietet dazu vielfältiges Material an.

Horn, Ute & Hahn Winfried: **Baustelle erste Liebe: Mit Teenagern über Freundschaft, Liebe und Sexualität sprechen – Ein Infobuch.** Unsere Kinder scheinen zwar durch Medien und die Schule sehr gut aufgeklärt zu sein, aber das ersetzt nicht das Gespräch zwischen den Eltern und dem Teenie. Weil Jungen und Mädchen unterschiedlich sind, geht ein Kapitel auf die unterschiedliche Erziehung inkl. Gesprächsanregung für Mutter-Tochter/Sohn-Gespräche oder Vater-Sohn/Tochter-Gespräche ein. Eine Argumentationshilfe für Eltern!

Horn, Ute & Horn, Daniel: **Baustelle Erste Liebe, Für Teens, Für alle, die es wissen wollen!** Freundschaft, Liebe, Sexualität - was ist normal? Ab wann sollte „man“ eine Beziehung haben? Wie lange sollte „man“ sich kennen, um mit der sexuellen Liebe anzufangen? Ute Horn und ihr Sohn Daniel (17) geben auf persönliche Fragen, Antworten und Hilfen, damit die Jugendlichen später nicht sagen müssen: „Das hat mir nie jemand gesagt.“

Kuby, Gabriele: **only you. gib der liebe eine chance!** Dieses Buch, mit vielen neuen Perspektiven, gibt Denkanstösse, hilft allen Jugendlichen, die noch unsicher in Bezug auf das sind, was sie eigentlich wollen und brauchen. „Only you“ bietet auch Jugendlichen, denen die christlichen Werte vermittelt wurden, dann aber von diesem Weg abkamen, die Möglichkeit, über ihr Leben nachzudenken und zu ihren ursprünglichen Absichten zurückzufinden.

Rolf Trauernicht: Denkangebot Nr. 1 Weisses Kreuz e.V.: **Kein Sex vor der**

Ehe? Warum sich sexuelle Enthaltsamkeit bis zur Ehe lohnt und wie das möglich ist. Wir haben uns daran gewöhnt, dass viele jüngere und auch ältere Paare ohne eine Eheschliessung zusammenziehen. Warum bis zur Ehe warten in einer Gesellschaft, in der es normal geworden ist, mit 16 Jahren zum ersten Mal Sex gehabt zu haben? Im Folgenden wird auf eine einfühlsame Weise darauf eingegangen und der Leser befähigt, sich selbst eine Meinung zu bilden sowie die Verantwortung für seine Meinung und sein Leben zu übernehmen.

Lerchen, Wilma: **Wie finde ich den richtigen Partner? Freundschaft und Sexualität – Zufall oder Entscheidung? Impulse für Jugendliche und junge Erwachsene.** Wilma Lerchen erzählt von ihren persönlichen Erfahrungen zum Thema Partnerwahl und Freundschaft. Einfühlsam und klar zugleich formuliert sie Denkanstösse und Fragen, vermittelt Orientierungs- und Entscheidungshilfen. Sie zeigt auf, wie wertvoll es sein kann, aufeinander zu warten, und ermutigt zum sensiblen Umgang mit dem Partner und mit sich selbst.

Quay, Paul M.: **Symbolik christlicher Sexualität. Die christliche Bedeutung der menschlichen Sexualität.** Der Autor legt zu wesentlichen Fragen der menschlichen Sexualität die christliche Sicht dar. Anhand allgemeiner Erfahrungen, Schriftstellen und wissenschaftlicher Erkenntnisse, erläutert der Autor Wert und Bedeutung der Symbolik, mit der Gott uns Menschen auf vielerlei Weise, Seine Liebe zu Seinen Geschöpfen mitteilt.

4. Vorbereitung auf die Ehe – Verlobung

Wenn zwei Menschen verbindlich miteinander auf dem Weg sind, stellt sich die Frage nach einer gemeinsamen Zukunft, nach einer möglichen Ehe. Ist der Entschluss zu heiraten gereift, werden die weiteren Schritte besprochen. Damit verbunden stellt sich auch die Frage: Sollen wir uns verloben und was bedeutet uns die Verlobung?

Sinn der Verlobung

Verbindlich sind Verlobungen vor allem in den Kulturen, in denen Ehen von den Eltern arrangiert werden. So war im Judentum des Alten Testamentes eine Verlobung die Voraussetzung für den Eheschluss. Damals verpflichtete eine eingegangene Verlobung zur Heirat. Die Verlobung war der eigentliche Bundesschluss.

In unserer Zeit beinhaltet die Verlobung die feste Absicht, in absehbarer Zeit zu heiraten. Eine kirchliche Verlobung bezeichnet zusätzlich das Versprechen zur gemeinsam angestrebten sakramentalen Eheschliessung. Die Verlobung ist eine Vorentscheidung, eine Etappe zur endgültigen Entscheidung. Sie ist jedoch keine Vorwegnahme der Eheschliessung, vielmehr macht sie die Heiratsabsicht bei den Verwandten und Freunden öffentlich. Sie schenkt auch Zeit zur Klärung der Berufung und der Wahl. Durch ihre begrenzte Dauer fordert sie zur definitiven Entscheidung heraus.

Mit der Verlobung beginnt auch ein neuer Lebens- und Glaubensweg, der Weg hin zur Ehe als Sakrament. Die Verlobten „sollen diese Bewährungszeit als eine Zeit ansehen, in der sie lernen, einander zu achten und treu zu sein in der Hoffnung, dass sie von Gott einander geschenkt werden. Sie sollen einander helfen, in der Keuschheit zu wachsen“ (KKK 2350). In diesem Text wird deutlich, dass Mann und Frau ein gegenseitiges Geschenk sind, das Gott, dem je anderen macht. Die Verlobungszeit als eine Art Ehe-Katechumenat zu sehen und zu gestalten, ist eine besonders intensive Form der Ehevorbereitung. Diese Zeit fördert das Zusammenfinden und das Wachstum in Glaubensfragen. Sie fordert dazu heraus, den persönlichen Glauben mit dem andern zu teilen.

Die Feier der Verlobung

Die Verlobung kann als weltliche und auch als kirchliche Feier gestaltet werden. Beide Weisen eignen sehr gut zum Kennenlernen beider Familien. Im offiziellen Segnungsbuch, dem Benediktionale, heisst es einleitend zur Verlobungsfeier: „Die Verlobung ist der Ausdruck des festen Willens zweier Menschen, miteinander die Ehe einzugehen. Die Bekundung dieser Absicht ist so bedeutsam, daß eine religiöse Gestaltung der Verlobungsfeier sinnvoll ist."

Bei der Verlobung wird die Vorentscheidung zur Ehe als freudiges Ereignis gefeiert. Mögliche Orte der kirchlichen Feier sind das eigene Haus, eine Kapelle, eine Kirche oder während einer Wallfahrt. Die Gestaltung der Verlobungsfeier kann sehr schlicht und privat sein, sie kann aber auch im Rahmen einer Gemeinde oder in einer Gemeinschaft stattfinden. Durch diese Feier soll die Verlobungszeit des Paares nach dem Willen Gottes gesegnet werden, um das gegebene Verlobungsversprechen im Vertrauen auf Seine Hilfe mit dem Heiligen Geist zu prüfen und zu entscheiden.

Im Benediktionale (S. 245) findet sich ein Beispiel für einen liturgischen Ablauf der Verlobungsfeier.[99] Die Segensfeier kann – wenn öffentlich in einer Gemeinde begangen – als ein eigener Wortgottesdienst gestaltet oder an eine Eucharistiefeier zwischen Schlussgebet und allgemeinem Segen angeschlossen werden. Der Ring wird bei der Verlobung vom anderen übergeben, aber sich selbst als Selbstverpflichtung aufgesteckt.

Klärungen in der Verlobungszeit

Mit dem Entschluss heiraten zu wollen, muss vieles besprochen und geklärt werden. So beginnt eine Zeit, in der die zukünftigen Eheleute vertieft lernen müssen, wie sie miteinander kommunizieren und darüber austauschen, was ihre Interessen, Sehnsüchte, Wünsche und Ängste sind. Für eine christliche Verlobung ist zudem wesentlich, noch nicht zusammen zu leben, sondern aufeinander zu warten, einander zu respektieren, die innere Welt und die Träume des anderen kennenzulernen.

Dazu gehört, nach Antworten auf viele Fragen des gemeinsamen Lebens zu suchen, wie zum Beispiel: Was ist uns in unserem Leben wichtig? Welche Lebensziele haben wir? Dazu gehören die Vorstellungen und Wünsche für die Zukunft, Beruf, Freizeitgestaltung, Geldverwaltung. Eine entscheidende Frage ist die Frage nach Kindern. Weiter ist zu klären, welche Rolle spielt Gott und die Kirche im gemeinsamen Le-

---

[99] Im neuen Gotteslob der Erzdiözese München und Freising befindet sich bei der Nummer 896 ein Vorschlag für eine kirchliche Verlobungsfeier.

ben? Welche Bedeutung hat der Sonntagsgottesdienst, das gemeinsame Gebet, die christliche Erziehung der Kinder?[100]

Weitere zu klärende Fragen sind: Wie gehen wir mit Problemen um? Dazu ist auch ein Blick auf die Herkunftsfamilie erforderlich: Wie offen wurde dort über Probleme gesprochen? Wie haben unsere Eltern Konflikte gelöst? Durfte man alles sagen und fragen? Wo fühlten wir uns im Elternhaus verstanden und wo nicht? Wer hat in der eigenen Familie leichter den ersten Schritt zur Versöhnung gemacht? War es der Vater oder die Mutter?

Was bringen wir von unseren Herkunftsfamilien an Lebenskultur, Werten aber auch an Verletzungen mit? Leben wir in versöhnten Beziehungen mit unserer Familie? Wie sieht das Verhältnis zu den zukünftigen Schwiegereltern aus? Wie soll der künftige Kontakt zu den Eltern aussehen?

Wie wurden in den eigenen Familien Feste gefeiert z. B. Weihnachten, Geburtstage, Hochzeitstag? Welche Kultur des Feierns wollen wir für unsere Familie entwickeln und pflegen?

Was bedeutet es für mich, Mutter oder Vater zu werden? Was bedeuten mir und dem Partner Kinder? Was werden wir durch die Kinder gewinnen, worauf werden wir verzichten müssen? Ist mir die Ehe und die Familie so viel wert, dass ich dafür bereit bin manche Freiheiten aufzugeben? Wie wollen wir unser Familienleben gestalten?

Wie haben unsere Eltern einander gezeigt, dass sie sich lieben? Der Ausdruck ihrer Liebe wird oft unsere eigene Art Liebe zu zeigen, prägen. Wie sieht unser sexuelles Gewordensein, unsere Geschichte aus? Welche Wünsche, Ängste, Sehnsüchte habe ich in Bezug auf die Sexualität in der Ehe? Sehe ich Sexualität als etwas, das man „einfach nur macht" oder ist für mich die Sexualität eine Sprache, mit der ich aus-

---

[100] Was vor der Eheschliessung an Glaubenspraxis nicht praktiziert wurde, wird meist erst recht nicht funktionieren, wenn man verheiratet ist. Wenn der Glaube nicht etwas ist, das im alltäglichen Leben bereits integraler Bestandteil ist, wird der Glaube bei Schwierigkeiten nicht durchtragen und weiterhelfen können. Das Gebet und das Glaubensleben braucht speziell in der Familie eine richtig verstandene Ritualisierung. Diese Rituale müssen schon festgelegt und gelebt werden, bevor der Bund der Ehe eingegangen wird. Es ist ein Trugschluss zu meinen, dass sich das Gebet von alleine ergibt. Es erfordert vielmehr vom Paar eine bewusste Entscheidung und die klare Selbstverpflichtung immer wieder gemeinsame Zeiten und Formen des Gebets zu finden.

Wenn das Paar keine gemeinsame religiöse Praxis lebt, wird sich dies besonders in der Kindererziehung auswirken. Deshalb kann der Besuch eines Glaubenserneuerungskurses eine sehr gute, wertvolle Investition für die kommende Ehe sein.

drücken kann, wie sehr ich den anderen liebe. Welche Einstellung haben wir zur Familienplanung? Wie sieht das die Kirche? Kann ich die Sicht der Kirche zur Verhütung teilen? Welche Wege empfiehlt sie? Wollen wir die Grundlagen für die natürliche Empfängnisregelung kennenlernen und einen Kurs besuchen?

Zärtlichkeit und Liebe haben sehr viele Gesichter. Sie können sich in der Sprache, in gegenseitiger Hilfe, in kleinen Überraschungen und in der Zeit, die wir einander schenken ausdrücken? Durch welche Gesten fühle ich mich und wodurch fühlt sich mein Partner am meisten geliebt?

Was verbindet uns, was trennt uns am meisten? Wo fühle ich mich missverstanden? Wo liegen unsere grössten Probleme? Fällt es uns leicht darüber zu sprechen oder umgehen wir diese Themen?

Möchten wir in dieser Zeit der Vorbereitung auf die Ehe eine geistliche Begleitung durch ein anderes Paar und/oder durch einen Priester (Seelsorger/in? Wie sehen andere unsere Beziehung? Es kann durchaus hilfreich sein, Vertrauenspersonen zu fragen, wie sie über unsere Beziehung und die geplante Ehe denken?

Die Zeit vor der Ehe ist eine Zeit des Kennenlernens und des Zusammenwachsens zweier unterschiedlicher Menschen, zweier Familien und zweier Freundeskreise. Wenn eine Beziehung gewachsen und gefestigt ist, dann ist die Zeit zur Hochzeit gekommen. Wenn sich auf diesem Vorbereitungsweg das Ja zueinander vertieft hat, können die konkreten Vorbereitungen für die Hochzeit in Angriff genommen werden. Gibt es aber auf diesem Weg bleibende innere Unsicherheiten und Zweifel, kann es notwendig sein, die Verlobung aufzulösen. Noch ist Zeit, dies ohne Gesichtsverlust und schwerwiegende Folgen tun zu können.

Franziska und David – Vorfreude auf die Ehe...

Wir haben uns an Ostern 2009 zum ersten Mal gesehen. Nach vielen Mails und einigen Dates haben wir 5 Monate später entschieden, dass wir uns besser kennenlernen möchten und sind in eine gemeinsame Beziehung gestartet. Mein Mann war zu diesem Zeitpunkt 20 Jahre alt und ich 17. Da unser elterliches Zuhause ca. 50 km voneinander entfernt war und ich noch keinen Führerschein hatte, haben wir uns nur an den Wochenenden gesehen.

Nach einem ¾ Jahr unserer Beziehung haben wir dann begonnen beim anderen zu Hause zu übernachten, um die gemeinsame Zeit etwas zu verlängern. Da wir beide aus einem sehr katholisch praktizierenden Elternhaus stammen, war es für uns klar, dass wir vor der Ehe nicht miteinander schlafen werden. Um dieses Vorhaben etwas leichter durchzustehen, für uns stellte dies eine grosse Herausforderung dar, haben wir uns entschieden, immer in getrennten Zimmern zu schlafen. Allerdings war es für uns wichtig und notwendig, dass wir uns bewusst für dieses Ziel entschieden haben und es uns gegenseitig auch immer wieder gesagt und daran erinnert haben. Sonst hätten wir es nicht durchgehalten.

Unsere Beziehung wurde mit der Zeit immer fester und ernster. Wir haben oft über unsere Zukunftsvorstellungen gesprochen (Arbeit, Wohnung, Kinder, Heiraten,...) und dass wir es uns eigentlich gut vorstellen könnten unser Leben gemeinsam zu verbringen. Nach 2 ½ Jahren Beziehung habe ich meiner Frau einen Heiratsantrag gemacht, den sie zu meinem grossen Glück angenommen hatte. Der Antrag an sich hat unter vier Augen stattgefunden. Einen Monat später haben wir die Verlobung in einer Kapelle zusammen mit unseren Familien gefeiert und offiziell gemacht. Für mich als Mann war ihr Ja auf meine Frage ein Stück Sicherheit, da ich wusste, sie hat sich bewusst für mich entschieden und möchte mit mir die Zeit bis zur Hochzeit ganz intensiv und nur mit mir erleben. Ausserdem ging es auch darum, ein gemeinsames Zuhause zu schaffen und somit war für uns beide klar, der andere möchte ernsthaft eine gemeinsame Zukunft mit mir eingehen, was viele Entscheidungen wie z. B. die Finanzierung, diverse Wünsche und Anregungen etc. erleichtert hat, weil wir ein gemeinsames Ziel vor Augen hatten.

Ich habe mich schon vor dem Antrag mit Überlegungen zum Hausbau beschäftigt. Während der Verlobungszeit wurde der Hausbau dann ganz konkret und auch hier war es wiederum sehr hilfreich zu wissen, der andere steht hinter einem. Da wir zur Hochzeit in unser neues Haus einziehen wollten, waren wir schlussendlich zwei Jahre verlobt. Was uns damals ewig vorkam, hat sich für uns im Nachhinein als perfekte Vorbereitungszeit herausgestellt.

Eine Herausforderung während der zwei Jahre war auch, dass, bedingt durch den Hausbau an dem ich oft bis spät in die Nacht beschäftigt war, einer berufsbegleitenden Ausbildung meiner Frau und den Hochzeitsvorbereitungen, unsere gemeinsame Zeit und die Kommunikation oft sehr beschränkt war. Besonders meine Frau war darüber oft sehr enttäuscht und war sich dann meiner Liebe nicht ganz sicher, was manchmal zu Konflikten und verletzenden Situationen führte. Doch in solchen Momenten stellten wir uns immer wieder unser gemeinsames Ziel, die Hochzeit vor Augen, was uns wieder Kraft und Durchhaltevermögen gegeben hat. Und trotzdem war es für mich als Frau immer wieder ein grosser Liebesbeweis, wenn mein Mann seine Freizeit „nur für mich" in den Hausbau investiert hat, wenngleich er deshalb nur wenig Zeit für mich hatte.

Mit der Verlobung haben wir im Herzen schon Ja zu einander gesagt und somit ist es bis zur Hochzeit immer schwieriger geworden, sich nicht auch körperlich dem anderen voll hinzugeben, da es „gefühlsmässig" keinen Grund mehr gibt zu warten. Und nur noch auf Verstandsebene dagegen „angekämpft" wird. Einige Hilfestellungen für uns waren: gemeinsames Gebet, getrennte

Schlafzimmer, klare Berührungsgrenzen, keinen gemeinsamen Urlaub zu zweit sowie die gegenseitige Erinnerung an das Ziel Hochzeit, beziehungsweise, dass das bisherige Bemühen umsonst gewesen und ein Kind in unserer jetzigen Situation nicht zu verantworten wäre.

Wir haben natürlich auch des Öfteren über Sex miteinander gesprochen, über Vorstellungen, Wünsche und Träume. Doch wir haben mit der Zeit festgestellt, je länger und intensiver wir uns darüber unterhalten haben, desto schwieriger wurde es für uns, „die Finger" vom anderen zu lassen. Besonders für mich als Mann, war es oft sehr schwer meiner Freundin und Verlobten zu widerstehen, da Männer einfach schneller auf visuelle Reize reagieren. Im Nachhinein bin ich meiner Frau sehr dankbar, über ihren eisernen Willen, unser Vorhaben bis zum Ziel gemeinsam durchzustehen, wenngleich ich mich insgeheim manchmal vor den Kopf gestossen und abgewiesen fühlte, wenn sie mich wieder an unsere Abmachung erinnert hat. Doch die Situation war auch oft umgekehrt, um nicht die Vermutung aufkommen zu lassen, es wäre für die Frau immer viel leichter als für den Mann. Es war einfach immer wieder das gegenseitige ermuntern, das uns wieder Kraft und Mut gegeben hat.

Doch so sehr wir uns auch angestrengt haben, ist es uns auch manchmal passiert, dass wir unsere Berührungsgrenzen überschritten haben. In diesen Momenten haben wir diese Zärtlichkeiten so genossen, doch wenig später überkam uns umso mehr das schlechte Gewissen. Wir haben die Situationen in der Beichte abgelegt und wieder einen Neuanfang gestartet.

Trotzdem war es als Mann immer wieder eine aufregende Herausforderung, die „Angebetete" von sich zu überzeugen und immer mehr zu erobern, bis sie sich einem bei der Hochzeit vollkommen schenkt. Denn für eine Frau von der ich alles „bekomme", brauche ich mich nicht anzustrengen und im Grunde möchte das doch jede Frau, dass der Zukünftige sich um sie bemüht, um ihr Herz zu erobern.

Eine besonders schöne Geste von meinem Mann war einmal, dass er in meinem Zimmer überall kleine Post-It's mit Komplimenten versteckt hat. (z. B. an der Haarbürste, Spiegel, Lernbücher) Mich hat dies so berührt und ich habe wirklich gemerkt, er möchte mich erobern. (Was ihm auch gelungen ist)

Ein Priester hat uns am Anfang unserer Beziehung einmal die Frage gestellt, ob wir bereits am anderen eine negative Eigenschaft festgestellt haben, die eventuell in der Ehe zum Problem werden könnte. Wir haben diese Frage verneint (rosarote Brille usw.). Aber umso näher der Hochzeitstermin kam, umso mehr haben wir uns gegenseitig unter die Lupe genommen, da wir uns bei jeder Kleinigkeit diese Frage gestellt haben. „Werde ich diese Schwäche auch in 10, 30 oder 50 Jahren annehmen können?" Nach jeder kleinen Auseinandersetzung war daher die anschliessende Versöhnung wieder eine bewusste Entscheidung zu meinem Mann/ meiner Frau, die uns immer mehr die Sicherheit brachte: „Ja, ich will diesen Mann/diese Frau heiraten."

Die Verlobung war auch für unsere Familien ein Stück Freude und Erleichterung im Umgang mit der/dem zukünftigen Schwiegertochter/sohn. Über viele Themen konnten wir mit unseren Eltern und Geschwistern ganz anders und leichter reden, wenn jeder die Gewissheit hat, dass dieser Mensch in Bälde zur Familie gehören wird.

Für uns waren „das Warten" und die Verlobung ein grosses Geschenk, das wir jedem Paar wünschen. Wir lernten uns auf eine ganz andere und vor allem viel umfassendere Art kennen und konnten es vor lauter Vorfreude fast nicht mehr erwarten, in das gemeinsame Abenteuer Ehe zu starten.

Ehevorbereitungskurse

Zur konkreten Ehevorbereitung bieten die Kirche und geistliche Bewegungen verschiedene Möglichkeiten an. Die Österreichische Bischofskonferenz hat eine verpflichtende Ehevorbereitung von mindestens einem Tag vorgeschrieben. Die Erfahrung zeigt, dass eine intensive Ehevorbereitung, die Beziehung von Mann und Frau vertieft und dem Paar eine wichtige Säule für die Zukunft bietet.

* * *

http://www.

Die Schönstattbewegung bietet an vielen Orten ein bewährtes sechsteiliges Trainingsprogramm für Brautleute an: Traut Euch. Die Themen: 1. Wir reden miteinander, weil Du mir wichtig bist. Dazu gehört auch die Entwicklung einer Streitkultur. 2. Du und Ich – wir gehören zusammen: Ich sage Ja zu Dir, zu Dir als Mann, zu Dir als Frau. Männliche und frauliche Eigenart sollen sich ergänzen. 3. Wir werden eins in der Liebe: Mit Leib und Seele lieben lernen, Orientierung in den Fragen um die Empfängnisregelung. 4. Wir leben aus dem Sakrament der Ehe. 5. Wir gestalten unser gemeinsames Leben: Umgang mit der Zeit, einen Neubeginn setzen im Verhältnis zu ... Wir werden Familie! 6. Wir bereiten unseren Hochzeitstag vor: Liturgiegestaltung und Festgestaltung. Näheres bei: **www.schoenstatt.at/traut-euch-start.**

www.ehekurs.ch/www.ehekurs.org: Der ehe-vorbereitungskurs. An fünf Treffen werden praktische Impulse in humorvollerweise zu grundlegenden Themen der Partnerschaft gegeben und im Zweiergespräch vertieft. In der Regel beginnt jedes Treffen mit einem Essen, bei dem Paare miteinander und mit anderen Paaren ins Gespräch kommen können. Die fünf Themen: 1. Miteinander reden. 2. Verbindlichkeit. 3. Konflikte lösen. 4. Wachsende Liebe. 5. Gemeinsame Ziele und Werte.

Initiative Christliche Familie (ICF): ICF versteht sich als Anbieter und Veranstalter von Angeboten für Familien, Ehepaare und Kinder. Ihr Anliegen ist es, den Familien zu dienen und sie in ihrer Berufung zu stärken. Das Angebot zur Ehevorbereitung lautet: Fit für Ehe. Näheres bei: **www.christlichefamilie.at**

5. Das Sakrament der Ehe

Die katholische Kirche glaubt, dass Jesus nach Seiner Auferstehung und Himmelfahrt zum Vater, die Welt nicht alleingelassen hat. Sein Versprechen steht: *„Ich bin bei euch alle Tage bis zum Ende der Welt“ (Mt 28,20).* Dieses Versprechen löste Jesus ein, in den Sakramenten. „Die Sakramente sind sinnlich wahrnehmbare, wirksame Zeichen der Gnade, die von Christus eingesetzt und der Kirche anvertraut sind und durch die uns das göttliche Leben gespendet wird“ (KKK 224). „Wie Jesus Christus als sichtbarer Mensch durch seine Worte und Taten das Heil gebracht hat, so wählt er weiterhin bis zu seiner Wiederkunft sichtbare Zeichen, Taten und Worte als Weg, um sein Heilswerk fortzusetzen.“[101]

Das Wort „Sakrament“ stammt vom lateinischen Begriff „sacramentum“. Dieses Wort stammt aus dem Soldatenalltag und bedeutet so viel wie Fahneneid, Soldateneid, Pfand oder Bürgschaft. Ein Sakrament ist ein sichtbares Zeichen einer verborgenen Heilswirklichkeit. Im Sakrament vollzieht sich eine Verbindung von Gott her und zu Gott hin. Er verbindet sich tiefer mit uns und wir auch mit Ihm.

Im Sakrament der Ehe schenkt Christus den Ehepaaren etwas, das ohne dieses Sakrament nicht da wäre: Sie werden nicht nur zu Mann und Frau „erklärt“, sondern sie werden in und durch ein unauflösliches Band miteinander und mit Gott verbunden. „Das Sakrament der Ehe … ist wie ein bereitgestelltes göttliches Fahrzeug, in das die Liebenden einsteigen können – ein Fahrzeug, von dem Braut und Bräutigam wissen, dass es genügend Treibstoff enthält, um mit Gottes Hilfe ans Ziel ihrer Sehnsucht zu kommen“ (Youcat: 425). Dieses „göttliche Fahrzeug“ weist darauf hin, dass das Ehesakrament zuallererst ein Geschenk von Gott her ist. Gott nimmt die Liebenden in Sein Fahrzeug auf. Er nimmt sie an, so wie sie sind. Seine Liebe trägt sie. Die Ehepartner sollen sich von Gott getragen wissen.

Damit ist die Ehe zuerst eine Entlastung: Die Eheleute werden von dem Leistungsdruck befreit, einander das Ein-und-Alles oder die perfekte Traumfrau respektive der perfekte Mann sein zu müssen. Aber die sakramentale Ehe ist weit mehr als nur diese Entlastung – sie ist eine Gabe: „Durch das Sakrament der Ehe wird den Ehepaaren jene Fähigkeit zur Liebe geschenkt, die durch unseren Erlöser Jesus Christus in

---

101 Schwaderlapp, Dominik: Für immer Ja. S. 74.

die Welt gekommen ist."[102] Diese Fähigkeit zur Liebe ist eine Gnade, eine Kraft von oben, die befähigt, das Liebesgebot Gottes in der Ehe zu verwirklichen. Gott verbindet das „JA" des Ehepaares zueinander mit seinem „JA" zu diesem Ehebund. Mit diesem „JA" Gottes, wird Gott der Dritte im Bunde. Sein „JA" ist ein unwiderruflicher Bund mit uns.

Das konkrete, sichtbare Zeichen für diesen Neuen und Ewigen Bund ist das Kreuz Jesu. Jesus sagte beim Letzten Abendmahl, unmittelbar vor Seinem Tod: *„Dieser Kelch ist der Neue Bund in meinem Blut, das für euch vergossen wird" (Lk 22.20).* Wie jedes Sakrament hat die Ehe ihren Ursprung in der Hingabe und Liebe Christi am Kreuz. Daher fliesst von Gott her die Kraft zur Liebe zu uns. Von daher ist klar, dass eine christliche Ehe nur als Antwort auf den Bund Gottes mit uns gelebt werden kann. Die christliche Ehe ist somit die Antwort auf die vorausgehende Liebe Gottes zu uns.

Die Hingabe Christi zur Kirche leben

Worin besteht nun das Zeichen, das Sakrament? Welche unsichtbare Wirklichkeit soll durch das Sakrament sichtbar und erfahrbar werden?

Paulus braucht das Bild der Ehe, um die Beziehung von Jesus Christus zu Seiner Kirche auszudrücken. *„Ihr Männer, liebt eure Frauen, wie Christus die Kirche geliebt und sich für sie hingegeben hat, um sie im Wasser und durch das Wort rein und heilig zu machen... Darum wird der Mann Vater und Mutter verlassen und sich an seine Frau binden und die zwei werden ein Fleisch sein. Dies ist ein tiefes Geheimnis; ich beziehe es auf Christus und die Kirche" (Eph 5,25–26.31–32).*

Im griechischen Urtext steht hier das Wort „Mysterium". Schon allein dieser Begriff macht deutlich, dass es hier um etwas geht, das unser kognitives Verstehen übersteigt. Warum? Das körperliche Einswerden von Mann und Frau ist für Paulus ein Bild, ein Abglanz der Liebe Christi, der innigen Vereinigung Christi mit der Kirche, mit jedem Getauften. So eng, wie Mann und Frau beieinander und ineinander sind, so eng ist Christus mit der Kirche verbunden.

Von daher dürfen wir sagen, dass jede Sehnsucht, die wir nach Intimität, Liebe und Gemeinschaft haben, uns daran erinnert, dass der Sinn unseres Lebens darin besteht, im Himmel ganz eins mit Gott zu sein. Und jedes Mal, wenn Mann und Frau sich in der Ehe sexuell vereinigen, soll sie das daran erinnern, dass sie zu einer tiefen Gemeinschaft mit Gott, zu einer himmlischen Hochzeit berufen sind. So ist die Ehe hier auf Erden ein Abglanz oder ein Bild für die letzte Vereinigung, nach der wir

[102] Schwaderlapp, Dominik: Für immer Ja. S. 76.

uns alle sehnen – die Einheit mit Gott und der ganzen Menschheit. Auf diesem Hintergrund ist die Ehe – die Einheit von Mann und Frau – auf Erden ein Vorgeschmack des Himmels!

Paulus bezieht also das *„Ein-Fleisch-Werden"* auf die Einheit von Jesus Christus mit Seiner Kirche. Christus hat sich unauflöslich und für immer mit Seiner Kirche vereint, ja Er hat sich mit ihr vermählt. Er gibt Sein Leben hin, damit sie leben kann. Diese göttliche Liebe ist hundertprozentig treu. Seine Liebe zur Kirche bleibt für immer. Wenn nun die Liebe und Treue Gottes zu uns bleibend, treu und unauflöslich ist, so ist das Abbild dieser Liebe – die christliche, sakramentale Ehe – ebenso unauflöslich. Denn im Ja-Wort der Brautleute und im Vollzug der Ehe „bindet" sich Gott unwiderruflich an das Ehepaar und nimmt sie in Seinen ewigen, bleibenden und unauflöslichen Bund hinein und nährt sie mit Seiner Liebe.

Wenn ein Mann und eine Frau heiraten, binden sie sich mit ihrem ganzen Leben an Jesus Christus und aneinander. Beide versprechen, sich dem anderen zu schenken und den anderen in entsprechender Weise anzunehmen. Ohne Wenn und Aber. Die Eheleute versprechen die Liebe und die Treue Jesu Christi zu Seiner Kirche sichtbar leben zu wollen. Jede sakramental geschlossene Ehe bringt somit die Einheit und Treue zwischen Christus und Seiner Kirche zum Ausdruck – mehr noch: sie ist *Zeuge* dieser Einheit, dieser Liebe und Treue.

Der Eheschluss

Wie wird das Sakrament der Ehe geschlossen? Zuerst erklären Braut und Bräutigam öffentlich, dass sie bereit sind, eine christliche Ehe zu führen. Sie bekunden, dass sie die Ehe gut überlegt und freiwillig eingehen. Sie bezeugen ihren Willen zur lebenslangen Liebe, Wertschätzung und Treue – ohne Bedingungen. Sie erklären ihre grundsätzliche Bereitschaft, Kindern das Leben zu schenken und sie im Glauben zu erziehen.[103]

Dann spenden sich die Brautleute gegenseitig dieses Sakrament durch ihr Ja-Wort. So nimmt der Bräutigam den Ring der Braut und spricht: *N., vor Gottes Angesicht nehme ich dich an, als meine Frau. Ich verspreche dir die Treue in guten und bösen Tagen, in Gesundheit und*

---

103 Es gibt keine schönere Art in die gleiche Richtung zu schauen, als wenn man auf die gemeinsamen Kinder schaut. Das ist der Inbegriff der Freude, des in die gleiche Richtung Schauens und auch für die Kinder ist die Festigkeit einer solchen Ehe der Rahmen, in dem sie sicher und geborgen aufwachsen können.

Krankheit, bis der Tod uns scheidet. Ich will dich lieben, achten und ehren alle Tage meines Lebens. Dann steckt der Bräutigam der Braut den Ring an und spricht: *Trag diesen Ring als Zeichen unserer Liebe und Treue: Im Namen des Vaters und des Sohnes und des Heiligen Geistes.* Damit wird zum Ausdruck gebracht, dass er seine Frau bewusst von Gott her als Geschenk annimmt. Das gleiche sagt und vollzieht dann die Braut.

Das Jawort vor dem Traualtar verleiht dieser Paarbeziehung Endgültigkeit. Alle sollen es sehen: Ich gehöre nicht mehr mir, sondern dir – und du gehörst nicht mehr dir, sondern mir! Wir gehören zusammen und wollen zeitlebens füreinander da sein.

Die christliche Ehe wird durch den ausgesprochenen Ehe-Willen begründet und durch die sexuelle Vereinigung vollzogen. Deshalb ist die anschliessende sexuelle Vereinigung in der Ehe gleichsam ein „liturgisches Tun". Sie ist leibliches Zeichen für göttliches Wirken. Nach dem katholischen Verständnis ist der Geschlechtsverkehr eine Ganzhingabe, in der Mann und Frau nichts voneinander zurückhalten. In ihm drückt sich das Geschenk einer gegenseitigen Lebenshingabe aus.[104]

Mit diesem Ja beginnt das Abenteuer der Ehe. Dieses Abenteuer des gemeinsamen Weges kann nur bestehen, wer von vorne herein jedes „Wenn und Aber" ausschliesst. Dies in der Gewissheit: Gott ist immer mit uns und für uns. Wir können die Beziehung zu Ihm aufkündigen, Er aber bleibt der Treue *„wenn wir untreu sind, bleibt er doch treu, denn er kann sich selbst nicht verleugnen" (2 Tim 2,13).* Fällt unsere Kraft aus, so ist Seine Kraft da.

Dabei ist nicht das Mass der Liebe, das die Eheleute in die Ehe einbringen entscheidend, sondern das Mass der Liebe Gottes. Von Seiten der Eheleute bedarf es nur den festen Willen zu lieben, sich immer neu einander und dem „Dritten im Bunde" zu öffnen und sich jeden einzelnen Tag wieder neu wandeln zu lassen.

Der Partner ist *das* Geschenk Gottes

Nach christlichem Verständnis ist der Partner nicht jemand, den man sich „nimmt", sondern den man von Gott empfängt. Wie auch immer

[104] In diese personale Ganzhingabe von Mann und Frau passen keine Scheidung, kein Ehebruch, kein ausserehelicher Geschlechtsverkehr und letztlich auch keine Empfängnisverhütung. Paare, die künstlich verhüten, halten nämlich das voneinander zurück, was vielleicht die grösste Gabe Gottes an sie ist – ihre Fruchtbarkeit, das heisst die Fähigkeit, mit Gott zusammenzuwirken bei der Erschaffung eines neuen Lebens, das zur Ewigkeit berufen ist.

zwei Menschen sich kennengelernt haben und zueinander gereift sind, dahinter sehen sie meist die Fügung Gottes. Dabei wird der Partner nicht einfach nur als irgendein Geschenk von Gott wahrgenommen, wie das viele andere Menschen auch sein könnten, nein der Partner ist *das* Geschenk Gottes an ihn!

Für ein Geschenk sagen wir „Danke". Ein kostbares Geschenk ist uns heilig. Oft sage ich (Leo Tanner) in einer Traupredigt den Brautleuten, dass Gott ihnen heute ein wunderbares Geschenk mache. Dann lade ich den Bräutigam ein, seine Braut anzuschauen und frage ihn: „Bist du zufrieden mit dem Geschenk Gottes?" Dann strahlt er in der Regel übers ganze Gesicht und bejaht dies. Ebenso reagiert jeweils auch die Braut. In sonnigen Tagen ist es leicht, „Danke" zu sagen.

Wie ist das fünf, zehn oder zwanzig Jahre später? Ist da der Partner immer noch das grosse Geschenk Gottes? Auch dann, wenn die guten Gefühle füreinander nicht mehr so stark sind, wenn Verletzungen und so manche tiefe Enttäuschungen da sind? Die Ehe ist nicht das Paradies, auch wenn es der Wunsch Gottes ist, möglichst viel Erfüllung in der Ehe zu schenken. Sie ist jedoch für die Eheleute *der* Weg ins Paradies.

Die Ehe ist *die* Chance in der Liebe zu wachsen. Mann und Frau bringen dabei ihre ganz persönliche Lebensgeschichte in die Ehe mit ein: viele Gaben, Fähigkeiten und Möglichkeiten, aber auch Prägungen, Verletzungen und Defizite. Wenn Eheleute negative und störende Seiten aneinander entdecken, können Gedanken und Gefühle aufkommen, wie z. B. mit der Heirat dieser Person einen Fehler gemacht zu haben oder der Wunsch kommt auf, am liebsten wieder allein und frei zu sein.

Um in Krisen und Enttäuschungen daran festzuhalten, dass mein Partner oder meine Partnerin auch jetzt das grosse Geschenk Gottes für mich ist, braucht es Glauben. Es braucht den Glauben, dass die Verwundungen, Defizite und Sünden des andern, unter denen ich leide, für mich eine Wachstumschance, eine Heilungs- und Heiligungsgnade beinhalten.

Schwierigkeiten und gegenseitiges Unverständnis in der Ehe können dazu anregen, die eigenen Defizite und Prägungen zu erkennen und diese aufzuarbeiten. Dabei wird nicht selten bewusst, dass jetzige Streitigkeiten und Probleme, auch mit verspäteten menschlichen Entwicklungsphasen zu tun haben.[105] Dieses Wissen kann helfen, den Ehepart-

---

105 Der Psychologe Erik Erikson beschreibt acht Stadien unserer seelisch-psychischen Entwicklung, der acht Reifephasen entsprechen. Werden die entsprechenden

ner besser zu verstehen und ihm den nötigen Freiraum und Freiheit zu geben. Denn Gottes Wille in der Ehe ist auf die Heilung und Erlösung der Menschen gerichtet und nicht in erster Linie auf die irdische Bequemlichkeit.

Durch die Ehe hat der individuelle Weg zu Gott, einen individuellen Namen bekommen: den Namen des Ehepartners. Gott ruft den einzelnen und begegnet ihm besonders durch den Ehemann, durch die Ehefrau, durch die gemeinsamen Kinder. Gott ist der, der durch den anderen beschenkt und beglückt. Zugleich werden der Ehepartner und die Kinder für mich zur Herausforderung um lieben zu lernen.

Für ein Geschenk, ja für das kostbarste Geschenk, sagen wir gerne „Danke!“ Echte Dankbarkeit zeigt sich gerade auch darin, dass Eheleute auch in schwierigen Zeiten Gott danken und füreinander dankbar sind im Vertrauen, dass Er jetzt Seine Kraft gibt und die Liebe wachsen lässt.

Aus dem Bund heraus leben

Jesus verbindet sich in Seiner Menschwerdung mit jedem Menschen und nimmt ihn in das Geheimnis Seiner Liebe hinein. Ein besonderer Moment dieser Freundschaft ist die Taufe. Hier wird ein Mensch in den unwiderruflichen Bund der Liebe Gottes und damit in eine unversiegbare Quelle der Liebe hineingenommen.

Ein Bund entsteht dann, wenn beide Partner bewusst Ja zueinander sagen. Wirksam und fruchtbar wird z.B. der Taufbund erst, wenn wir bewusst in diesen Bund mit Gott eintreten. In der Taufe feiern wir das Ja Gottes zu dem Täufling, Seine Erwählung zum Kind Gottes. Gott ist den Bund mit dem Menschen eingegangen. Ein wunderbares Geschenk! Wer von dieser Liebe Gottes und Seiner Erwählung berührt wird, beginnt dankbar aus dieser Quelle Seiner Liebe heraus zu leben. Christliche Liebe ist ein Sich-schenken und Sich-empfangen aus der Fülle Gottes heraus.

So ist der gelebte Bund mit Gott die Voraussetzung für eine wirklich christliche Ehe und eine wirklich christlich gelebte Sexualität. Dieser Bund des einzelnen wird immer neu in der Feier des „Neuen und Ewigen Bundes“, in der Eucharistie gegenwärtig und wirksam. Deshalb wird das Sakrament der Ehe meist inmitten der Feier der Eucharistie ge-

---

menschlichen Reifeprozesse im entsprechenden Alter nicht vollzogen, müssen sie später nachgeholt werden. Vgl. Linn Matthew: Glaube, der heilt, in den acht Lebensstadien. Verlag Styria Graz Wien Köln, 1999.

spendet, dem unwiderruflichen Bund der Liebe Gottes, dem Neuen und ewigen Bund. Mit der Feier der Eheschliessung innerhalb der Feier der Eucharistie, bezeugt das Brautpaar, dass sie ihren Ehebund aus der Kraft des allumfassenden Bundes Gottes miteinander leben möchten. So kann und will jede gemeinsame Mitfeier der Eucharistie die Liebe zueinander neu beleben und stärken.

Mein Leib, hingegeben für dich!

Vor einigen Jahren lernten wir (Birgit und Corbin) Sr. Servita kennen, eine Missionarin der Nächstenliebe in Äthiopien. Während eines Heimaturlaubs fragte sie an einem Gebetsabend die Jugendlichen: „Was antwortet ihr, wenn jemand zu euch sagt: „Ich liebe dich“? Die einzig angemessene Antwort lautet: „Ich liebe dich auch.“

Dann sagte sie weiter: „In jeder Eucharistiefeier macht uns Jesus eine ultimative Liebeserklärung, wenn Er sagt: „Das ist mein Leib hingegeben für dich!“ Was antworten wir darauf? Die einzige angemessene Antwort auf eine solche Liebeserklärung ist, dass auch wir zu Jesus sagen: „Jesus, das ist mein Leib, hingegeben für dich!“

Sie erklärte uns: Wenn ich in Äthiopien zu den Armen gehe und in der Hitze lange Wege zu Fuss gehe, weil wir kein Auto haben und ich müde werde, dann sage ich: „Jesus, mein Leib hingegeben für dich“. Und wenn ich eine Arbeit tue, die nicht so angenehm ist, dann sage ich: „Jesus, das ist mein Leib hingegeben für dich.“

Als ich (Birgit) dieses Zeugnis von Sr. Servita hörte, traf mich das ganz tief und ich dachte, das ist die Weise, wie jeder Christ aus der Gnade der Eucharistie leben kann: Wenn eine Frau schwanger ist und ihr Kind vielleicht unter Mühen in sich trägt: Das ist mein Leib, hingegeben für dich! Wenn Eltern in der Nacht immer wieder für ihre Kinder aufstehen: Das ist mein Leib, hingegeben für dich! Wenn wir Tag für Tag unserer Arbeit nachgehen: Das ist mein Leib, hingegeben für dich!

Ganz offensichtlich wird das in der Ehe. Die Ehe lebt davon, dass sich die Ehepartner in den vielen Bereichen des alltäglichen Lebens einander hingeben: den Müll rausbringen, die Kinder erziehen, in den Anforderungen des Alltags zusammenstehen. Aber in besonderer Weise und ganz explizit geschieht es in der sexuellen Vereinigung, denn beides, die Eucharistie und die sexuelle Vereinigung vollziehen sich in Dankbarkeit und in der sich hingebenden Liebe aneinander.

6. Die Ehe im „Herrn“ leben

Jede Ehe hat ihre eigene Geschichte und konkretisiert sich in einmaligen Situationen und Umständen. Ein Wiener Psychiater wurde nach dem Tod seiner Frau gefragt, wie er die Ehe erlebt habe. Darauf fragte er: „Welche Ehe? Ich habe mindestens acht Ehen mit meiner Frau gelebt.“ Damit wird offenbar: eine Ehe ist stets in Entwicklung. Wie jeder Mensch viele Reifungswege geht und immer neue Erkenntnisse im Leben macht, so gilt dies auch für die Ehe. Was in einer Ehe-Phase unentbehrlich war, kann in einer anderen Phase unwichtig werden. Zwei Liebende sind heute nicht mehr, was sie gestern noch waren. Jeder Tag enthält Neues.

So wächst und entfaltet sich auch die Gnade des Ehesakramentes auf je eigene Weise in dem Mass, wie ein Paar die Ehe im „Herrn“ lebt. Folgende Aspekte können auf diesem Weg des Wachstums hilfreich sein.

6.1. Zeit füreinander

Für Eheleute ist es unentbehrlich „heilige“ Zeitinseln festzulegen und einzuhalten, die der ehelichen Zweisamkeit und dem Gespräch gewidmet sind. Wo diese gepflegt werden, wächst eine Ehe in die Tiefe und die Herzensverbundenheit wird gestärkt. Lieben heisst Atmen, Einatmen und Ausatmen, Empfangen und Geben. Die Liebe erstickt, wenn dieser Rhythmus nicht respektiert wird.

In einer christlichen Ehe ist und bleibt der Ehepartner der wichtigste Mensch. Die Beziehung zu ihm hat Priorität, immer auch vor der Beziehung zu den Kindern. Die Kinder sind dem Paar für eine gewisse Zeit anvertraut, doch früher oder später werden sie das Elternhaus und die Eltern verlassen. Diese Priorität des Partners zeigt sich immer auch in der Zeit, die man sich füreinander nimmt. Eheleute brauchen Zeit zum Austausch, Zeit zum Besprechen von Fragen und Aufgaben, vor allem aber auch Zeiten, die frei sind vom Wälzen von Problemen. Ehepaare brauchen diese kostbaren Momente, in denen sie ihr Miteinander einfach geniessen können. Eine solche „Beziehungszeit“ muss gesucht, geplant, eingehalten und oft immer wieder den Umständen angepasst werden.

Petra und Thomas – Das Gespräch bei einer Tasse Kaffee

Als wir uns kennenlernten und als Frischverliebte am Anfang unserer Ehe, war es uns wichtig unendlich viel Zeit miteinander zu verbringen. Wir hatten Freu-

de und konnten das Leben geniessen. So lernten wir uns kennen und fanden auch innerlich zueinander. Später haben wir auch als Eltern uns zum Ziel gesetzt, während aller Alters- und Entwicklungsstufen unserer Kinder, als Ehepaar Zeit füreinander zu finden.

Vor mehr als 24 Jahren haben wir im Alter von 21 und 23 Jahren geheiratet. Nach zwei Jahren Ehe kam unser erstes Kind zur Welt und hat unseren Alltag grundlegend verändert. Wir waren nicht mehr nur Ehepartner, wir wurden Eltern und trugen gemeinsam die Verantwortung für unsere kleine Familie.

Die gemeinsame Zeit war uns von Anfang an wichtig. So engagierten wir einen Babysitter um gemeinsam auszugehen. Zeit, die wir ausschliesslich zu zweit verbringen wollten, ohne Kinder, Nachbarn, Verwandte, Freunde – nur wir zwei. Wenn wir miteinander einen Spaziergang machten oder in einem Restaurant uns gegenüber sassen (ohne Ablenkung durch Arbeit, Haushalt und Kinder), entstanden tiefe Gespräche und wir kamen uns auch als Liebende näher.

Als sich die Familie vergrösserte und sich nach und nach drei weitere Kinder zu uns gesellten, wurde es zunehmend schwieriger, uns Zeit für unsere Zweisamkeit zu nehmen. Wir haben in unserem Familien- und Arbeitsalltag erlebt, dass wir uns als Ehepaar trotz räumlicher Nähe, innerlich voneinander entfernten.

Dank der liebevollen Unterstützung unserer Eltern, konnten wir uns aber sogar Zeit für ein Ehewochenende oder einen kinderfreien Kurzurlaub nehmen. Es ist uns wichtig, dass unsere Ehe frisch bleibt und wir mit- und aneinander wachsen können. In dieser Zeit konnten wir ganz Partner sein und wieder wie Jungverliebte die Zweisamkeit geniessen. Dies war aber nur möglich, weil wir täglich das Gespräch bei einer Tasse Kaffee nach dem Mittag oder Abendessen suchten und so am Alltag des anderen teilnehmen konnten. Durch unsere gemeinsamen Aktivitäten wie Freizeitsport, Glaubenskurse, Musik und unseren individuellen sich ergänzenden Talenten, erhalten wir Energie für den Alltag. So sind wir uns nie fremd geworden. Ein ausgewogener Umgang mit unserer Zeit fordert uns heraus, so ist es für uns wichtig immer wieder die gesetzten Prioritäten für Gott, Ehepartner, Kinder, Erholung, Beruf, Dienste, Freunde und Freizeit zu überdenken und mit unserer Zeitplanung und unseren Zielen abzugleichen.

Für die Kinder war es immer schön, wenn wir uns Zeit füreinander nahmen. So haben wir einmal einen Ehe-Kurs besucht und ihnen am Morgen danach ein Schöggeli (kleine Schokolade) auf den Frühstücksteller gelegt. Als dann der hl. Nikolaus dieselben Schöggeli mitbrachte, kam die prompte Frage: „War der St. Nikolaus auch am Ehekurs?"

Heute sind unsere Kinder zu Jugendlichen und jungen Erwachsenen herangewachsen. Langsam verlassen sie das Haus und wir geniessen unsere Zeit zu Zweit bei einem Saunabesuch, Theaterabend, einer Wanderung oder einem Glas Wein.

Wir legen nach Möglichkeit jeden Abend gemeinsam den Tag in Gottes Hände und segnen unsere Kinder. Vor dem Gutenachtkuss segnen wir uns gegenseitig und danken Gott für das Geschenk unseres Ehepartners, der Ehe und unserer Familie.

Sara und Livio – Die wichtigste Zeit: der tägliche Alltag

Die wichtigste Zeit füreinander in unserer Ehe ist uns bis heute, Gott sei Dank, Tag für Tag einfach geschenkt, ohne dass wir sie uns nehmen oder suchen müssten. Als wir heirateten war uns durchaus bewusst, wie wichtig die gemeinsame Zeit sein würde. Wir planten deshalb von Anfang an regelmässig Eheabende, genossen ein feines Essen, ein Glas Wein, einen Kinobesuch, besuchten Konzerte, Tanzkurse und später auch einen Alpha Ehekurs. Die geplanten Abende fielen oft auch ins Wasser, besonders als unsere Kinder noch klein waren. Doch wir gaben nie auf. Vieles davon war uns nur möglich durch einen Kinderhütedienst (Babysitter). Wichtig geworden sind uns die jährlichen kinderfreien Wochenenden, unsere Bibelgruppen mit anderen Ehepaaren und unsere Ehejubiläen, die wir alle fünf Jahre mit einer Städtereise feiern. Heute, wo unsere Kinder erwachsen sind, haben wir wieder viel mehr Zeit füreinander, die wir oft mit Wandern verbringen.

Ganz besonders wertvoll erleben wir eine tiefe Freundschaft zu einem anderen Ehepaar. Mit ihnen genossen wir jedes Jahr Familienferien und tauschten uns offen über unser Ehe -und Familienleben aus. Bis heute pflegen wir den Kontakt und verbringen miteinander immer wieder Ehepaarzeiten.

Wichtig sind und bleiben uns die gemeinsamen Essenszeiten jeden Tag und der Kaffee danach. Da haben wir Zeit miteinander zu reden, Freud und Leid zu teilen, die eigenen Bedürfnisse einander mitzuteilen und gemeinsame Aktivitäten zu planen. Auf die sonntäglichen Gottesdienste können wir uns verlassen; sie verbinden uns durch die vielen Ehejahre.

Trotz all den wertvollen geplanten "Zeiten füreinander" bleibt für uns die wichtigste Zeit der "tägliche Alltag": Hier erleben wir einander hautnah, unverfälscht und ganz konkret. Unser miteinander Reden, Austauschen und Auseinandersetzen würde ohne das alltägliche Arbeiten inhaltslos leer bleiben. Im Mitbekommen, was jeder in seinen Aufgaben tut und erlebt, wie er sein und sie ihr Leben anpackt und was daraus wird, das ist es, was uns die Zeit füreinander und miteinander in all den Jahren so unverzichtbar wertvoll werden liess.

6.2. „Rollen" in der christlichen Ehe (Eph 5, 21–33)

Ich (Leo Tanner) habe es schon mehrmals in der Sakristei erlebt, dass eine Lektorin sich weigern wollte, im Gottesdienst die folgende Lesung vorzutragen in der es heisst: „*Ihr Frauen, ordnet euch euren Männern unter...*" und „*Wie aber die Kirche sich Christus unterordnet, sollen sich die Frauen in allem den Männern unterordnen*" *(Eph 5,21.24)*. Solche Sätze, aus dem Zusammenhang herausgerissen, werden in unserer Zeit als unverständlich empfunden werden. Ich ermutigte dann jeweils die Lektorin, dass hier der ganze Zusammenhang zu beachten sei.

Paulus schreibt: „*Einer ordne sich dem andern unter in der gemeinsamen Ehrfurcht vor Christus. Ihr Frauen, ordnet euch euren Männern unter wie dem Herrn (Christus); denn der Mann ist das Haupt der Frau, wie auch Christus das Haupt der Kirche ist; er hat sie gerettet, denn sie ist sein Leib. Wie aber die Kirche sich Christus unterordnet, sollen sich die Frauen in allem den Männern unterordnen. Ihr Männer, liebt eure Frauen, wie Christus die Kirche geliebt und sich für sie hingegeben hat, um sie im Wasser und durch das Wort rein und heilig zu machen. So will er die Kirche herrlich vor sich erscheinen lassen, ohne Flecken, Falten oder andere Fehler; heilig soll sie sein und makellos. Darum sind die Männer verpflichtet, ihre Frauen so zu lieben wie ihren eigenen Leib. Wer seine Frau liebt, liebt sich selbst. Keiner hat je seinen eigenen Leib gehasst, sondern er nährt und pflegt ihn, wie auch Christus die Kirche. Denn wir sind Glieder seines Leibes. Darum wird der Mann Vater und Mutter verlassen und sich an seine Frau binden und die zwei werden ein Fleisch sein. Dies ist ein tiefes Geheimnis; ich beziehe es auf Christus und die Kirche. Was euch angeht, so liebe jeder von euch seine Frau wie sich selbst, die Frau aber ehre den Mann*" *(Eph 5,21–33)*.

Paulus stand unter dem Einfluss der damaligen römischen Kultur. Das römische Gesetz gab dem Familienvater das uneingeschränkte Herrschaftsrecht über alle Familienmitglieder. Da die Christen im römischen Reich nicht anerkannt und deshalb verfolgt wurden, wollte Paulus dem römischen Staat durch Äusserungen, welche dem römischen Gesetz widersprachen, nicht noch weitere Gründe zur Verfolgung geben. Deshalb lehnte Paulus sich nicht gegen die damalige Rechtsordnung auf, sondern stellte das damalige Gesetz unter die Ordnung des Reiches Gottes, um so von innen her, durch den Heiligen Geist, eine völlig neue Sichtweise und Wandlung zu bewirken. Dadurch änderte sich bei den Christen nicht die Rollen von Mann und Frau, aber sie wurden aus einem anderen Geist heraus und mit einer neuen Vision gelebt.

Die beiden grundsätzlichen Blickrichtungen

Gemeinsam ist: „*Einer ordne sich dem andern unter in der gemeinsamen Ehrfurcht vor Christus*" *(Eph 5,21)*. Die christliche Ehe hat zwei

Blickrichtungen. Gemeinsam schauen Frau und Mann auf Jesus Christus, ihren gemeinsamen Herrn. Er ist der Dritte im Bunde, ja noch mehr: Er ist der Herr ihrer Ehe. Ihm vertrauen die Eheleute ihr gemeinsames Leben an und sie ordnen sich Seinen Weisungen der Liebe zum gegenseitigen Wohl unter. Das geht nicht ohne beständigen Dialog, ohne das Hören und Wahrnehmen der Bedürfnissen und Wünsche des Anderen.

Wenn Jesus der „Herr" der Ehe ist, geht das Hören noch in eine andere Richtung. Christliche Eheleute fragen nicht zuerst nach ihren persönlichen Wünschen, sondern nach dem Willen ihres gemeinsamen Herrn: Wie sieht Du es, Jesus? Wie möchtest Du, Jesus, dass ich meinen Ehepartner jetzt liebe, damit er durch mich die Liebe Gottes erfährt und an Heiligkeit wachsen kann? Was möchtest Du in dieser schwierigen Phase wachsen lassen? Solche Fragen nach Ihm, nach dem Willen des Herrn, lösen uns aus unserer egoistischen Verfangenheit.

Die zweite Blickrichtung geht auf den Partner: *„Einer ordne sich dem andern unter..."* Die Unterordnung ist also nichts anderes als ein Aspekt und ein Erfordernis der Liebe. „Sich dem geliebten Menschen unterzuordnen ist für den, der liebt, nicht demütigend, sondern es macht ihn glücklich. In diesem Falle bedeutet sich unterordnen, den Willen des Partners, seine Meinung und seine Empfindlichkeiten zu berücksichtigen, in gegenseitigem Einvernehmen zu entscheiden, nicht allein, gelegentlich auf den eigenen Standpunkt verzichten zu können."[106] Es geht um eine liebevolle Loyalität, in der sie sich einander in den Aufgaben ergänzen und unterstützen zum Wohl von Partner, Ehe, Familie und Gesellschaft. Die gegenseitige Unterordnung zum Wohl des Anderen gehört zu dem Neuen an der christlichen Ehe, aber in Wirklichkeit ist dies etwas sehr Altes. Denn sie entspricht Gottes ursprünglichem Plan.[107]

Die Berufung des Mannes und der Frau

Diese Haltung des Dienens, in dem ein erlöstes Mit- und Füreinander in der Ehe offenbar wird, wird nun konkreter dargelegt. Es geht darum, dass der Mann seinen Platz kennt und annimmt und den Platz und

---

106 Raniero Cantalamessa in: Die Kirche lieben. Meditationen zum Epheserbrief. S 110.

107 „Die Liebe schliesst jede Art von Unterwerfung aus, bei der die Frau Dienerin oder Sklavin des Mannes, also Objekt einseitiger Abhängigkeit, werden könnte. Die Liebe bringt es mit sich, dass gleichzeitig auch der Mann seiner Frau und damit dem Herrn selber untergeordnet ist, so wie die Frau dem Mann" (Papst Johannes Paul II. 89. Katechese vom August 1982).

die Berufung der Frau wertschätzt und umgekehrt. Für den Mann gilt: *Ihr Männer, liebt eure Frauen, wie Christus die Kirche geliebt …* Wie liebt Christus Seine Kirche? Christus liebt die reale, konkrete Kirche mit ihren Fehlern. Er ist gestorben, um sie „rein und heilig“ zu machen. Das heisst: Er liebt in der Kirche eine Schönheit , die jetzt noch gar nicht offenbar ist. Dadurch kann sie zu dem werden, wozu sie berufen ist, nämlich im himmlischen Jerusalem zur *„Braut, die sich für ihren Mann* (Christus) *geschmückt hat“ (Offb 21,2)*, zu werden. So soll der Mann seine Frau lieben.

Die Männer sollen *ihre Frauen so … lieben wie ihren eigenen Leib*. Was ist typisch für das Verhältnis von uns zu unserem Körper? Wir haben ihn ein Leben lang, 24 Stunden am Tag. Weil wir wissen, dass wir ohne Körper nicht weit kommen, ergreifen wir eine Menge konkreter Massnahmen. Wir lassen ihn nicht verhungern, verdursten oder verkümmern. Wir pflegen ihn, waschen ihn. Wir ziehen ihn den Umständen entsprechend an. Wir spannen einen Schirm über ihm auf, wenn es regnet. Wir sorgen für ihn. Wir gönnen ihm Ruhepausen und Entspannungsphasen. Wir schützen ihn vor Gefahren.

Das ist das Modell wie Männer ihre Frauen im Reich Gottes lieben. Darum gilt: *Wer seine Frau liebt, liebt sich selbst.* So dient es immer dem Mann selbst, wenn er seine Frau liebt. Und der Mann schadet sich selbst, wenn er sie nicht wertschätzt.

Wie soll nun die Frau auf diese Liebe antworten? Für die Frau heisst dies: *Ihr Frauen, ordnet euch euren Männern unter wie dem Herrn (Christus); denn der Mann ist das Haupt der Frau, wie auch Christus das Haupt der Kirche ist; er hat sie gerettet, denn sie ist sein Leib. Wie aber die Kirche sich Christus unterordnet, sollen sich die Frauen in allem den Männern unterordnen.* Das Mass oder besser die innere Haltung der Unterordnung zeigt die Kirche: Wie ordnet sich die Kirche Christus unter? Die Kirche hat erkannt, dass alles, was Jesus tut reines Beschenken ist. Darum ordnet sie sich Ihm aus Liebe unter, um die ganze Fülle des Segens anzunehmen, den Jesus ihr schenken will. Wenn der Mann die Frau so liebt, wie oben erwähnt, dann ist es für sie das Beste, wenn sie sich aus Liebe ihm unterordnet und damit seine Sorge und Liebe annimmt.[108]

108 Ist das für Frauen erniedrigend? Wie sähen die Ehen aus, wenn die Männer so, wie Paulus es hier schreibt, ihre Frauen lieben würden, sodass sie eher bereit wären zu sterben als die Würde ihrer Frau zu missachten?! Ganz anders sieht es natürlich dann aus, wenn der Mann die Frau nicht so umsichtig und hingegeben liebt, sondern sie ausnützt. Die Selbstachtung verlangt dann, dass die Frau sich nicht entwürdigen lassen darf.

Wir (Corbin und Birgit) verwenden zur Erklärung dieser Stelle ein Bild: Corbin nimmt einen Regenschirm und spannt ihn über uns beide auf. Seine Aufgabe als Mann ist es diesen Schutz, diese Liebe, diese Sorge über mich auszubreiten. Ich ordne mich dieser Liebe unter, indem ich diese Sorge und Liebe annehme und mich freiwillig unter diesen Schirm stelle. Damit erlaube ich Corbin mir zu dienen und bin für diese Liebe empfangsbereit. Ich kann natürlich auch sagen, ich will mich nicht unter diesen Schirm stellen, dann werde ich eben nass oder ich muss mir selber einen Schirm organisieren... Das Ziel ist, dass Frau und Mann ein möglichst optimales Team sind, indem sie sich gegenseitig mit ihren Gaben unterstützen und ergänzen.

Zum besseren Verständnis der „Rollen" von Mann und Frau einige vertiefende Hinweise:

– Hinweise für Männer[109]

Die besondere Berufung der Frau ist es, einen Herzensraum zu öffnen, in dem Andere aufleben können. Die Frau hat die Gabe ein wohltuendes „Ambiente", eine Atmosphäre zu schaffen, in dem die Familie sich emotional entfalten kann. Die Welt der Frau ist das Herz: „Wie geht es dir? Was hast du auf dem Herzen?" Frauen vergessen weniger schnell als Männer, dass es im Leben mehr um Beziehung als um Dinge geht. Frauen sind empfindsamer. Sie haben „dünnere Wände". Sie haben die Fähigkeit, Dinge intuitiv, emotional zu begreifen. Das macht sie auch emotional verletzlicher.

Frauen sind „Wellen" vergleichbar. Das heisst: Es kann ihnen schlechter und besser (manchmal zyklusbedingt) gehen, ohne dass es dafür äusserliche Ursachen gibt. Frauen können oft Stimmungsschwankungen haben. Dagegen kann man oft nichts tun. Doch Männer werden da manchmal schnell nervös, weil sie etwas tun (!) wollen. Doch wenn es der Frau schlecht geht, wünscht sie sich nicht unbedingt eine Lösung, sondern Herzensnähe. Sie möchte einfach nur, dass der Mann mit dem Herzen zuhört und ganz für sie da ist.

„... sollt ihr Männer im Umgang mit euren Frauen rücksichtsvoll sein, denn sie sind der schwächere Teil; ehrt sie"... (1 Petr 3,7.) Es ist die Aufgabe des Mannes, die Frau zu ehren, ihr Wert, Würde und Identität zuzusprechen. Z. B.: „Du hast dafür eine wirkliche Begabung. Wie kann

---

109 Viele der folgenden Hinweise sind aus zwei Vorträgen von Dr. Johannes Hartl entnommen zum Thema: „Die Kunst eine Frau zu lieben" und „Die Kunst einen Mann zu lieben".

ich dich darin unterstützen, dass du das noch besser ausüben kannst?" Dann spürt die Frau: Ich werde geliebt!

Eva war die Krone der Schöpfung. So ist es ein Teil der Berufung als Frau sich schön zu machen. Das Bedürfnis schön zu sein, ist so tief verwurzelt, dass sich dies die Frau einiges kosten lässt. Eine Frau muss hören, dass der Mann sie schön findet und sie ermutigt, sich schön zu machen. Das Bedürfnis, schön zu sein, geht weit über den Körper hinaus. Die tiefste Sehnsucht nach Schönheit wird erst dann gestillt, wenn die Frau sich im Inneren schön fühlt. Denn *„nicht auf äußeren Schmuck sollt ihr Wert legen, auf Haartracht, Gold und prächtige Kleider, sondern was im Herzen verborgen ist, das sei euer unvergänglicher Schmuck: ein sanftes und ruhiges Wesen. Das ist wertvoll in Gottes Augen" (1 Petr 3, 3–4).*

Leitung im Reich Gottes (Haupt sein) bedeutet Verantwortung für den Anderen wahrzunehmen, seinen Weg, seine Entwicklung zu fördern. Das geht nur durch Dienen, wie Jesus sagt: … *„wer bei euch groß sein will, der soll euer Diener sein" (Mk 10,43).* Der Mann leitet seine Frau durch dienen, indem er z. B. als erster um Vergebung bittet: „Bitte verzeih, ich habe einen Fehler gemacht." Die Frau leiten heisst, in ihr das zu sehen suchen, was Gott in ihr sieht. Daher soll der Mann Gott darum bitten, ihm den Wert, die Würde und die Gaben seiner Frau zu zeigen. Die Frau wird dann eine Lady, wenn der Mann sie wie eine Lady behandelt. Und sie wird eine Handlangerin, wenn der Mann mit ihr umgeht wie mit einer Dienstmagd. Durch seine Leitung wirkt der Mann wesentlich daran mit, wie seine Frau sich fühlt und sich entwickelt.

Ein Letztes: Eine Frau hat viele kleine und grosse Geheimnisse. Deshalb soll der Mann immer ein Hörender, ein Entdeckender sein, der davon ausgeht, noch vieles in der Frau zu finden, von dem er jetzt noch nichts ahnt.

– Konkrete Hinweise für Frauen

Das Herz des Mannes richtet sich auf die Welt. Männer denken in Kategorien des Sinnvollen, Effektiven, des Notwendigen. Die Arbeit ist Teil seines göttlichen Auftrages, die Welt zu hüten, zu bebauen, sie zu verändern. Ein guter Mann liebt seine Arbeit und sehnt sich nicht danach, endlich zuhause zu sein. Er ist nicht dafür geschaffen, nur um die Frau glücklich zu machen, rechtzeitig nach Hause zu kommen und dann auch noch für die Kinder da zu sein. Die Frau soll den Mann in seiner Arbeit ermutigen und ihn darin segnen. Danach darf sie ihn auch ermutigen, für die Kinder da zu sein.

Männer sind ein Stück weit wie „Gummibänder". Sie haben Sehnsucht nach der Frau, doch dann zieht es sie wieder weg. Kaum sind sie weg, bekommen sie wieder Sehnsucht und gehen zur Frau. Doch nach einiger Zeit drängt es sie wieder weiter. Frauen fragen oft: „Warum musst du immer wieder gehen. Wir haben es doch so schön!" Gott hat es in den Mann hineingelegt nach draussen zu gehen, ... Wenn er das darf, dann kommt er auch gern wieder heim. Es ist Aufgabe der Frau dem Mann Freiheit, Freunde und Hobbys zu gönnen. Das hat nichts mit fehlender Liebe zu tun. Männer brauchen einfach mal andere Männer, wo sie unter sich über Männer-Themen reden können.

Die Frau ist als *Hilfe* Gottes für den Mann geschaffen *(vgl. Gen 2,18)*. Die Frau ist von Gott befähigt, Seine, nämlich Gottes, *Hilfe* für ihn zu sein. Was geschieht, wenn die Frau dies nicht ist und ihn stattdessen kritisiert und (beständig) an ihm herumnörgelt? Die Worte einer Frau haben Macht! Die Frau darf den Mann nie in Gegenwart Anderer schlecht machen. Sie kann ihn unter vier Augen darauf hinweisen, dass sie etwas anderes abgemacht haben. Es ist die Aufgabe der Frau, ihren Mann mit Wertschätzung und Respekt zu behandeln. Wenn ein Mann diese emotionale Unterstützung und das Geehrtwerden von seiner Frau nicht erfährt, besteht die Gefahr darin, dass er dies woanders sucht. Viele ziehen sich emotional aus der Familie heraus, stürzen sich dann in die Arbeit oder in eine Affäre.

Es ist Aufgabe der Frau, den Mann durch Gebet zu unterstützen. Sie soll aber nicht darum beten, dass er sich so ändert, wie sie ihn haben möchte. Es geht darum, den Mann darin zu unterstützen, dass er in die ganze Fülle seiner Berufung hineinfindet und die Fülle der Liebe Gottes erfährt. Dies auch dann, wenn der Mann die Frau verletzt hat oder sie beide miteinander Streit haben. Deshalb ist es wichtig, dass die Frau ihr inneres Leben nährt und pflegt. Das befreit sie von der Versuchung, ihr Glück vom Mann zu erwarten! Wenn die Frau durch ihr inneres Leben von Gott Liebe und Erfüllung erhält, dann wird sie dadurch frei von der Abhängigkeit von ihrem Mann. Sie wird frei ihn auch dann zu lieben und ihm zu verzeihen, wo er weit hinter seiner Berufung zurück bleibt. Sie hat dann ein volles Herz, das geben kann.

6.3. Sexualität in der Ehe

Ein wichtiger Aspekt der Ehe ist die Sexualität. Doch erfüllte Sexualität hängt nicht von Methoden oder Techniken ab, sondern entwickelt sich über die Vertiefung der Beziehung. Dazu gehören, wie oben dargelegt, vielen Facetten des Lebens, die das Verständnis füreinander und eine tiefe Liebe wachsen lassen. Ursprung der meisten sexuellen Probleme ist fehlende Kommunikation, die Schwierigkeit gut miteinander auszutauschen. Denn sexuelle Erfüllung ist von der seelischen Bindung zweier Menschen und von ihrem gegenseitigen Vertrauen abhängig. Glück bedeutet, bedingungslos geliebt zu sein und das gibt es auch ohne Sexualität.

Viele müssen oft erst in der Ehe lernen, Konflikte auszutragen, rücksichtsvoll zu kommunizieren und ihre Erwartungen und Wünsche, auch sexueller Art, auszusprechen. Das muss wachsen und braucht Zeit. Wichtig ist auch offen und ehrlich zu den sexuellen Grenzen zu stehen und sich gegenseitig zu helfen, liebevoll damit umzugehen. Denn die sexuellen Sehnsüchte sind nicht bei jedem Paar gleichmässig verteilt. Rein biologisch sind Männer mehr auf Sex ausgerichtet.[110] Doch wie oft man zusammenkommen will, ist von Mann zu Mann und Frau zu Frau unterschiedlich. Darüber hinaus zeigen Untersuchungen, dass sich Bedürfnisse auch wandeln.

6.4. Co-Abhängigkeiten

Menschen können aus ganz verschiedenen Motivationen heraus heiraten. So entscheiden sich nicht immer zwei stabile Menschen für einen gemeinsamen Weg. Nicht immer ist die reine, aufrichtige Liebe zum Partner der Grund, eine Ehe einzugehen. Es können verschiedene Faktoren, die den Beiden oft wenig oder gar nicht bewusst sind, mitwirken. Unter solchen Faktoren kann ein Punkt die sogenannte Co-Abhängigkeit sein, die in abgeschwächter Form in vielen Ehen vorkommen kann.

Manchmal fragen sich Menschen, warum sie so empfindlich, aufbrausend und kontrollierend sind oder warum sie sich so schwer damit tun, stabile Beziehungen zu leben. Eine Frau schreibt: „Mein Vater war alkoholkrank und gleichzeitig der Einzige in unserer chaotischen Familie, mit dem ich reden konnte, wenn ich Fragen hatte. Er redete mit mir, dem Grundschulkind (!), über das Versagen der Mutter, der Geschwister, der Oma, der Tanten und Onkel, eben all derer, die zu unserer Grossfamilie gehörten. Und immer wieder: ‚Du bist die Älteste, du hast Verantwortung, die anderen können eben nicht!' Mein Vater erwartete, dass ich die Mängel der Anderen ausglich: für meine Mutter die Wohnung putzte und die Schuhe für alle. Später beaufsichtigte ich die

[110] In der Regel gibt es in jeder Beziehung einen Partner, der verlangensstärker ist. Das kann bei der Frau oder beim Mann sein.

Hausaufgaben der Geschwister mit Schulproblemen. Ich wollte so gerne meinem Vater gefallen und vor allem gut genug sein."[111]

Solche Erfahrungen, auch wenn man sie nicht so extrem erlebt hat, können zu Verhaltensmustern führen, die man in der Fachsprache Co-Abhängigkeit nennt. Es geht um ungesunde Abhängigkeiten von Menschen. Sie kommt häufig in Partnerschaften vor, aber auch Eltern, Freunde, Arbeitskollegen und andere Personen aus dem sozialen Umfeld können Co-abhängige Verhaltensweisen zeigen. Frauen sind in der Regel häufiger betroffen als Männer.

Symptome einer ungesunden Abhängigkeit

Co-Abhängige haben gute Absichten. Doch – und darin zeigt sich ein wesentliches Symptom ihrer ungesunden Abhängigkeit – sie tun sich schwer, Grenzen zu ziehen. Es ist für sie sehr schwierig mit anzusehen, wie ein nahestehender Mensch unter seiner Abhängigkeit (Alkohol, Drogen, ...) leidet.[112] Sie versuchen, den Betroffenen in schwierigen Situationen zu entschuldigen oder sich darum zu kümmern, dass es ihm wieder besser geht.

Charakteristisch für Co-Abhängige ist ein erhöhtes Gefühl von Verantwortlichkeit für die andere Person und die Tendenz, Liebe mit Mitleid zu verwechseln. Co-Abhängige können süchtig danach sein, sich Sorgen zu machen. Ihr Selbstwertgefühl ist weitgehend von den Reaktionen ihrer Umwelt abhängig. Sie machen andere Personen zum Mittelpunkt ihres Lebens. Sie suchen nach Anerkennung und opfern alles dafür, was bis zur völligen Selbstverleugnung und Selbstentwertung gehen kann. Sie haben meist wenig Vertrauen in sich selber, Schwierig-

---

111 Zitiert nach: Weisses Kreuz Zeitschrift für Lebensfragen 3/2009. S. 6

112 Suchtkranke brauchen fachmännische Hilfe, wie auch ihnen nahestehende Personen (Partner, Familienmitglieder,...). „Eine mir nahstehende Person ist Alkoholiker. Was kann ich tun? Folgende Punkte sollten sie für sich verinnerlichen: Ich kann an der Trinkerei des Abhängigen nichts ändern. Ich drohe und kontrolliere nicht mehr. Ich verwöhne und versorge den Abhängigen nicht mehr länger. Ich werde für den Abhängigen nicht mehr lügen und ich lasse mich auf keinerlei Diskussionen mit dem Abhängigen ein. Ich verstehe, dass er/sie krank ist. Aber ich werde sein/ihr Verhalten nicht tolerieren. Ich setze klare Grenzen, was ich in Kauf nehme und was nicht. Ausserdem sage ich verbindlich, was ich tun werde, wenn er an seinem Verhalten nichts ändert. Ich tue etwas für mich. Ich besuche eine Selbsthilfegruppe, in der ich mich mit anderen Angehörigen austauschen kann. Ich möchte glücklich und zufrieden leben, auch wenn der Andere sich nicht ändert. Ich unternehme Dinge, die mir Spass machen."
(http://www.sprechzimmer.ch/sprechzimmer/Fokus/Alkoholabhaengigkeit/Co_Abhaengigkeit/Alkohol_Co_Abhaengigkeit.php 7. 8. 2015)

keiten, über ihre Gefühle zu reden und lassen sich ausnützen. Sie haben oft Schuldgefühle, wenn sie ihre eigenen Bedürfnisse anmelden.

Wege aus der Co-Abhängigkeit

Es ist leichter Co-abhängig zu bleiben, als heraus zu kommen und gesund zu werden. Aber Veränderungen sind möglich. Hilfreich ist hier die Begleitung durch eine Fachperson. Rolf Trauernicht weist auf folgende Schritte hin:[113]

1. Die Existenz der Probleme anerkennen: Wenn wir die bestehenden Probleme verleugnen oder verdrängen, leben wir in unseren alten Gefühle weiter. Schnell geben wir dann anderen oder den Umständen die Schuld für unsere Lebenssituation und unser Verhalten.

2. Die Vergangenheit anschauen: Es gehört zur emotionalen Reife als Erwachsene sich gründlich der eigenen Vergangenheit zu stellen, einen Weg der Versöhnung suchen, um frei für ein neues Verhalten zu werden. Dabei geht es nie um Schuldzuweisungen, sondern um die Klärung, was wir als Kinder erlebt, wie wir darauf reagiert und was wir über viele Jahre eingeübt haben.

3. Die eigenen Bedürfnisse wahrnehmen: Die Bedürfnisse unseres Körpers, unserer Seele und unseres Geistes sind ein Signal. Wie müssen diese Zeichen wahrnehmen, auf sie eingehen und unter Umständen auch tun, was sie fordern. Wenn das geschieht, werden wir beziehungsfähiger und freier.

4. Äussere Grenzen setzen: Jeder muss selbst entscheiden, wer ihn wie berühren darf, wie viele Aufgaben er annehmen will, wie viel Besuch er verkraftet oder mit welchen Problemen er sich beschäftigen will. Wer diese Grenzen nicht setzt, überfordert sich ständig. Es geht dabei nicht um das Ablehnen von Verantwortung, sondern um das Erlernen der Fähigkeit, kontinuierlich an Leib und Seele gesund zu bleiben, gerade um die Aufgaben des Lebens aktiv wahrnehmen zu können.

5. Innere Grenzen setzen: Wir können nichts an den Verletzungen, die wir erlebt haben und an den Problemen, die auf uns zukamen, ändern. Doch es ist jetzt unsere Verantwortung, wie wir nun darauf reagieren. Wer z. B. häufig sagt – „Du ärgerst mich." „Die anderen nerven mich." „Wenn du netter wärst, bräuchte ich nicht so viel zu essen." Oder „wenn du sie nicht so ansehen würdest, wäre ich nicht eifersüchtig." –

---

113 Ausführlicher bei Rolf Trauernicht: Warum Beziehungen so kompliziert sein können. Weisses Kreuz Zeitschrift für Lebensfragen 3/2009. S. 4-5.

zeigt, dass er nicht wahrnimmt, dass es seine freie Entscheidung ist, ob er sich ärgern lassen will und wie er darauf reagiert.

6.5. Geistliche Quellen der Ehe

Es gibt keine einfache Ehe, keine problemlose Beziehung, denn immer sind zwei Egoisten beisammen und das ist nie einfach. Wahrhaft zu lieben ist immer schwierig. Liebe ist nicht etwas, was man hat oder fühlt, sondern etwas, was man tut – „lieben" ist ein Tunwort. Lieben heisst, sich entscheiden zu lieben. Liebe bedeutet sich hinzugeben, sich selbst zurücknehmen, dem andern den Vortritt lassen, nachts aufstehen für die Kinder usw. Wie grosszügig und liebevoll waren der Mann zu seiner Frau und die Frau zu ihrem Mann als sie verliebt waren?!

Deshalb die Frage: Wie kann die innere Glut der Liebe beständig gewärmt werden? Was nährt die Liebe?

Beten – aus Gottes Liebe leben

Das meist verborgene Problem mancher Eheschwierigkeiten liegt nicht zwischen den Ehegatten, sondern zwischen ihnen und Gott. Nur zu oft erwarten die Eheleute unbewusst voneinander die innere Erfüllung, die nur Gott geben kann. Die erste und fundamentalste Beziehung ist darum, auch in der Ehe, die Beziehung zu Jesus Christus. Seine Liebe ist die Quelle der gegenseitigen Liebe.

Wo die Beziehung zu Gott, das Trinken aus der lebendigen Quelle vernachlässigt wird, können Langeweile, Verlust der inneren Freude und das Abflauen der Liebe zum Ehepartner die Folge sein. So ist das gemeinsame und persönliche Gebet für eine christliche Ehe nährend und inspirierend.

Nun können aber Verheiratete entdecken, dass sie ihre Ehe nicht „im Herrn", sondern eigentlich ohne Ihn leben. Obwohl Jesus durch ihr Ja-Wort der Dritte im Bunde ist, haben sie keine Beziehung zu Ihm. Dann ist es das grösste Geschenk für den Partner, die Kinder und letztlich auch für sich selbst, wenn sie diese Quelle neu suchen und beginnen aus ihr zu leben.

– Aus der Kraft des Dritten

Ich (Leo Tanner) erinnere mich an die Hochzeit meines Patenkindes. An dieser Feier waren viele Personen dabei, die aus der Kirche ausgetreten waren und keinen Zugang zum christlichen Glauben hatten. In der Predigt wies ich auf das Geschenk der christlichen Ehe hin, nämlich in allen Situationen ein grosses liebendes DU in Jesus, dem grossen Partner und Freund, zur Seite zu haben. Jeder Mensch hat dann und wann Probleme mit sich selbst; er hat Mühe sich anzunehmen und sich von Herzen zu bejahen – einfach so wie er ist. Zu diesem Mangel an Eigenliebe können in der Partnerschaft noch Unsicherheit und Fragen dazukommen: wie soll ich mich jetzt verhalten; wie soll ich mich in dieser Situation entscheiden; was ist richtig? Schnell kann dann in solchen Situationen das Gefühl des Alleinseins aufkommen.

Da ist es ein grosses Geschenk, wenn ich weiss: mir und uns zur Seite steht Jemand, der mich und uns persönlich total liebt und nur das Allerbeste für mich im Sinn hat. Er will mir immer neu Liebe schenken und meine Liebesdefizite auffüllen. Zugleich weiss Er in allen Fragen und Problemen unserer Ehe einen guten und heilbringenden Weg und Er will uns diesen Weg auch zeigen. Das gibt Vertrauen und vermittelt Geborgenheit. Christliches Leben und christliche Ehe bedeutet, diesen grossen Freund als Partner zu haben.

Ich war überrascht, wie viele Personen nach dieser Trauung auf mich zugekommen sind und mit mir das Gespräch gesucht haben: so hätten sie das noch nie gesehen. Ja, wenn das so sei, dann möchten sie diesen grossen Partner auch kennenlernen. Ein ca. 30-jähriger Lehrer, schon vor Jahren aus der Kirche ausgetreten, sagte zu mir: „Ich beneide dich. Ich möchte auch so leben können."

Jesus Christus als der Dritte im Bunde legt Seine göttliche Liebeskraft in die Eheleute und hilft, den immer wieder aufbrechenden Egoismus und alle Schwierigkeiten zu überwinden. Er gibt auch die Kraft, Leid und Schweres durchzustehen, nach Versagen wieder aufzustehen.

– Sakramente

Dazu wollen auch die Sakramente helfen. Im Busssakrament treten wir vor Jesus hin und fragen nach *unserer* Schuld und nicht nach dem Versagen des Partners. Wir suchen unseren Anteil an den Missverständnissen, Konflikten und Verletzungen zu erkennen und vor Gott zu tragen. Von Ihm her kommt immer Verständnis, Annahme und Vergebung. Dort erhalten wir vom Heiligen Geist die Kraft, das zu tun, was wir aus uns selbst heraus nur schwer können, nämlich uns einander immer wieder zuzuwenden, aufrichtig um Vergebung zu bitten und zu verzeihen und so jede Verhärtung des Herzens dem anderen gegenüber zu überwinden.[114]

---

114 Auch in einer gescheiterten Ehe werden diejenigen, die sich an Christus wenden, erfahren, dass ihre Wunden geheilt werden. Sie werden die göttliche Liebe des

Eine nährende Quelle ist besonders die Eucharistiefeier, in der uns Jesus in Seine Liebeshingabe hineinnimmt: „Das ist mein Leib, der für euch hingegeben wird." Diese Seine Liebe nährt uns, sodass auch wir in den verschiedenen leidvollen und schwierigen Situationen mehr fähig werden, auch unser Leben aus Liebe hinzugeben. Doch Jesus Christus gibt uns diese Kraft und diese Gnade nicht im Voraus, sondern täglich neu, wenn wir uns Ihm öffnen. So will diese Gnade des Ehesakramentes täglich neu angenommen und ins eheliche Leben integriert werden. Dann wirkt sie während des ganzen Ehelebens als „Dauersakrament".

Eine gemeinsame Vision entwickeln – Fruchtbarkeit

Christliches Leben ist berufen, Frucht zu bringen und dem Leben zu dienen. Die Ehe ist darauf angelegt, das Leben weiterzugeben: *„Gott segnete sie, und Gott sprach zu ihnen: Seid fruchtbar und vermehrt euch, bevölkert die Erde" (Gen 1,28a).* In der Fruchtbarkeit erhalten wir Anteil an der Schöpfungskraft Gottes selbst. Wir sind berufen, zusammen mit Gott Mitschöpfer des Lebens zu sein. Ein Kind zeugen bedeutet für den Christen, dem mütterlich-väterlichen Herzen Gottes ein Wesen zu schenken, das von Ewigkeit her geliebt ist und Er in alle Ewigkeit lieben wird.

Heute wird der Wert des Kindes oft den eigenen Interessen untergeordnet. Doch als Getaufte wollen wir einem Höheren dienen als uns selbst. Alle Erfolge der Männer und Frauen, für die sie so viel Kraft, Wissen und Zeit einsetzen, verblassen im Vergleich mit einem Kind, das als Abbild Gottes zur Ewigkeit berufen ist.[115]

Entstaube die Perle ...!

Die Macht der Gewohnheit und die Zermürbung des Alltags können immer wieder dazu führen, dass die Wahrnehmung der Kostbarkeit und der besondere Glanz des Partners ein Stück weit verloren gehen. Deshalb gilt von Zeit zu Zeit immer wieder: Entstaube die Perle, die du geheiratet hast!

Ein Ehekurs kann ein hilfreicher Weg zur Erneuerung und Vertiefung der Ehe sein. So können sie auch tiefer erfahren, was die besondere

---

ewigen Bräutigams kennenlernen, der ihnen auch jetzt hilft und Wege zeigt, wo und wie sie Erfüllung erfahren können und ihr Leben zum Segen wird.

115 Eheleute, bei denen der Kindersegen ausbleibt, will Jesus trösten und ihnen aufzeigen, wo sie reiche Frucht bringen können. Gott als Dritter im Bunde will auch sie, die Ehe als ein Ort der Geborgenheit und der Fruchtbarkeit erfahren lassen. Wo immer Eheleute gemeinsam dienen und sich in einem Bereich gemeinsam für das Reich Gottes einsetzen, stärkt dies die innere Verbindung.

Gnade des Sakramentes ist: die Einheit. Diese Einheit mit Jesus Christus lässt die Liebes-Einheit einer Ehe wachsen. Dann wird die Ehe zu einem Ort der besonderen Gegenwart Jesu in der Welt. Kraft strahlt vom Leben solcher Ehen aus. Die Eheleute erfahren im Herrn und beieinander eine tiefe Geborgenheit. Dann dürfen sie wirklich erleben, dass das Geschenk ein Paar zu sein mit den Jahren immer noch tiefer und schöner wird.

* * *

http://www.

www.familienmitchristus.de Familien mit Christus ist eine Katholische Gemeinschaft und ein Geistliches Zentrum für Familien. Die Seminare für Ehepaare mit Kindern stärken den persönlichen Glauben, stärken den inneren Zusammenhalt von Familien und befähigen Eltern, ihren Kindern bessere Begleiter auf dem Lebensweg zu sein.

In vielen Diözesen **(www.dbk.de, www.kath.de)** bieten verschiedene kirchliche Verbände vor allem an Wochenenden Kurse für Paare und Familien an, die Referate: „Ehe und Familie". Ähnliches ist in den evangelischen Kirchen zu finden (www.ekd.de). Einige Bildungshäuser bieten spezielle Eheseminare und Familienkurse an. www.christ-konkret.de ist ein christliches Veranstaltungsportal für den deutschsprachigen Raum, ein Navigationssystem im Dschungel tausender guter christlicher Angebote.

www.marriage-encounter.at/www.me-deutschland.de/ www.me-schweiz.ch. Marriage Encounter (ME) ist eine weltweite Bewegung in der katholischen Kirche mit dem Ziel die Beziehung in der Ehe zu vertiefen. ME ist eine Gemeinschaft von Ehepaaren, Priestern und Ordenschristen die sich gegenseitig ermutigen und stärken, ihre Beziehungen und ihre je eigene Berufungen mit Offenheit, Vertrauen und Freude zu gestalten und zu leben. Dazu gibt es Wochenendkurse und in vielen Ländern regionale Gruppen, die sich regelmässig treffen.

www.team-f.de ist eine christliche Beratungsorganisation, die Seminare und Beratung für Ehepaare und Familien anbietet. Mit ihren lebenspraktischen Angeboten machen sie Mut zu Ehe und Familie und helfen, einen stabilen Beziehungsalltag zu ermöglichen, auch zum Thema: Paar und Ehebeziehung.

www.ehekurs.ch/www.ehekurs.org: Der ehe-kurs. Sieben Treffen wecken Freude und Tiefgang in der Partnerschaft. Der Kurs beginnt mit einem gemütliches Essen. Nach dem praktischen und humorvollen Impuls wird das Gehörte im Zweiergespräch vertieft. Die Themen: 1. Tragfähige Fundamente bauen. 2. Die Kunst zu kommunizieren. 3. Konfliktbewältigung. 4. Die Kraft der Vergebung. 5. Der Einfluss der Familie – Vergangenheit und Gegenwart. 6. Zärtlichkeit und guter Sex. 7. Liebe ist ...

Gary Chapman: **Die fünf Sprachen der Liebe.** Dieses Buch zeigt, wie Kommunikation in der Ehe gelingt und sich Ehepartner besser verstehen lernen. Es gibt auch Ehepartnern, die sich auseinander gelebt haben, neue Hoffnung. Interessant und spannend geschrieben mit vielen Beispielen.

Roland Kopp-Wichmann: **Frauen wollen erwachsene Männer. Warum Männer sich ablösen müssen, um lieben zu können.** Reagiert er fast immer beleidigt, wenn man ihn kritisiert? Hält er auffällig oft Kontakt zu seiner Mutter? Der Autor erläutert die psychologischen Hintergründe dieser Ablösungsproblematik und lädt Mann und Frau in humorvoller und teilweise provozierender Weise dazu ein, mutig Neues auszuprobieren: damit er endlich erwachsen fühlen und lieben kann.

7. Familienplanung: Empfängnisregelung – Empfängnisverhütung

Mit dem Beginn eines verbindlich gemeinsamen Lebensweges steht jedes Paar vor einer herausfordernden Zeit. Jeder ist von Seiten seines Elternhauses, seiner bisherigen Lebenserfahrungen und der Kultur geprägt, in der er aufgewachsen ist. Aus diesem „so war es bei dir" und „so war es bei mir" muss ein gemeinsamer Weg gefunden werden. Dies gilt auch in Bezug auf die Familienplanung.

Zur Familienplanung gehört die Bejahung des Kindes als Geschenk Gottes, wie auch die Frage nach der Zahl der Kinder. Gott hat uns mit Verstand begabt, der uns fähig macht zu überlegen, wie vielen Kindern wir ein geborgenes Zuhause geben können. Wir sind auch verantwortlich zu sehen, wo unsere Grenzen oder die Grenzen des Ehepartners, beziehungsweise der Ehepartnerin liegen.

7.1. Methoden der Empfängnisverhütung

Die Frage des Umgangs mit der gemeinsamen Fruchtbarkeit ist sehr komplex. Keine Verhütungsmethode ermöglicht es, eine Schwangerschaft mit 100%iger Sicherheit auszuschliessen. Nur mit der Natürlichen Empfängnisregelung, auch sympto-thermale Methode genannt, kann man die sicher unfruchtbare Zeit im Zyklus der Frau bestimmen. Ansonsten lässt sich eine Schwangerschaft nur ausschliessen, wenn man sexuell enthaltsam lebt. Bei allen Verhütungsmethoden bleibt zumindest eine geringe Wahrscheinlichkeit, schwanger zu werden, sogar bei der Sterilisation![116]

Der „Pearl-Index" gibt Auskunft zur Sicherheit einer Methode der Empfängnisregelung. Er gibt an, wie viele Schwangerschaften entstehen, wenn 100 Frauen ein Jahr lang eine bestimmte Methode anwenden. Einige Methoden erreichen eine sehr hohe Zuverlässigkeit. Allerdings müssen bei den verschiedenen Methoden auch mögliche Risiken und Nebenwirkungen betrachtet werden. Es ist daher ratsam, sich ausführlich zu informieren!

---

116 Bei der Sterilisation entsteht durch die Durchtrennung von Ei- respektive Samenleiter ein bewusster Schaden im körpereigenen Gewebe. An anderer Stelle wünschen wir es uns, dass der Körper, z.B. nach einem Sturz, die entsprechende Verletzung wieder heilt. Nach der Sterilisation versucht er das auch. Meist gelingt es nicht, so dass es immer noch eine recht hohe Verlässlichkeit dieser Methode gibt. (Vgl. Ute Buth: Mädelskram. S. 279).

Empfängnisverhütung oder Frühabtreibung

Zentral ist die Frage: Verhindert eine Methode die Befruchtung der Eizelle durch die Samenzelle oder setzt sie später an, indem sie die befruchtete Eizelle auf dem Weg in die Gebärmutter behindert oder die Einnistung stört?

Mit dem Verschmelzen von Ei- und Samenzelle ist ein neuer Mensch entstanden und die menschliche Erbinformation komplett. Dieses neue Leben teilt sich unaufhörlich weiter und entwickelt sich. Nichts kommt später von aussen hinzu, das den Menschen zum Menschen machen würde. Wir glauben, dass im Moment der Verschmelzung von Eizelle und Samenzelle, Gott die unsterbliche Seele erschafft, die Originalität des Menschen, das Ich, die Person.[117] Deshalb sind alle Methoden zur Familienplanung abzulehnen, welche die Möglichkeit einer Frühabtreibung beinhalten oder die Gesundheit der Frau oder des Mannes beinträchtigen können. Das Problem besteht darin, dass viele Methoden der Empfängnisverhütung ganz unterschiedliche Wirkmechanismen haben.

Hormonelle Verhütung („Pille“ u.a.)

Nehmen wir die sogenannte „Pille“. Sie und alle anderen hormonellen Verhütungsmethoden haben grundsätzlich mehrere unterschiedliche Wirkmechanismen. Sie greifen in den natürlichen Ablauf des fraulichen Körpers und dessen Hormonhaushalt ein. So ist die „Pille“ ein hochwirksames Hormonpräparat, das eine Schwangerschaft vortäuscht. Ein solcher Eingriff in den Hormonhaushalt kann gravierende Nebenwirkungen haben. Deshalb ist es ratsam die Nebenwirkung aller Präparate zu kennen, bevor sie angewendet werden.

Die zunächst angestrebte Wirkung der „Pille“ ist die Unterdrückung des Eisprungs. Wenn kein Eisprung stattfindet, kann es auch nicht zu einer Schwangerschaft kommen. Der zweite Wirkmechanismus besteht darin, dass ein fester Schleimpfropf im Gebärmutterhals erhalten bleibt, der das Aufsteigen der Samenzellen verhindern soll. Wenn die Samenzellen nicht zur Eizelle gelangen, kann ebenfalls keine Schwangerschaft entstehen.

---

[117] „Von dem Augenblick an, in dem die Eizelle befruchtet wird, beginnt ein neues Leben, welches weder das des Vaters noch das der Mutter ist, sondern das eines neuen menschlichen Wesens, das sich eigenständig entwickelt. Es würde niemals menschlich werden, wenn es das nicht schon von diesem Augenblick an gewesen wäre.“ (Kongregation für die Glaubenslehre in der lehramtlichen Instruktion“ Donum vitae“ 1987)

Als dritte Wirkweise kommt der sogenannte Tubenfaktor hinzu. Er besteht in einer Veränderung der Funktion der Eileiter, sodass die befruchtete Eizelle, also der neue Mensch, nicht zeitgerecht zur Gebärmutter transportiert wird und darüber hinaus auch die Ernährung gestört wird, sodass er auf dem Weg „verhungert". Als vierte Wirkung ist die Nidationshemmung aufzuführen; durch sie wird die Gebärmutterschleimhaut nicht genügend aufgebaut, um die befruchtete Eizelle aufzunehmen. Sie kann sich dadurch nicht einnisten und wird abgestossen. Die letzten beiden Wirkungen sind eine Abtreibung im frühesten Stadium.[118]

Die „Pille danach"

Sie ist die umgangssprachliche Bezeichnung für ein hormonell wirksames Präparat, das – nach einem Geschlechtsverkehr eingenommen – eine ungewollte Schwangerschaft verhindern kann. Von der Wirkung her kann sie die Befruchtung verhindern oder die Nidation hemmen (Frühabtreibung).

Das Kondom

Das neben der Pille am meisten verbreitete Verhütungsmittel ist das Kondom. Es hat wie jedes Verhütungsmittel Vor- und Nachteile. Als Vorteile des Kondoms können genannt werden: Das Kondom schützt eingeschränkt vor sexuell übertragbaren Krankheiten, z. B. HIV, AIDS, Chlamydien, Syphilis. Es ist leicht vielerorts rezeptfrei erhältlich. Es greift nicht in den Organismus ein.

Bei Nutzung des Kondoms kann es zu Anwendungsfehlern kommen. Die Verwendung des Kondoms, z. B. das Aufziehen oder das Rausziehen nach dem Verkehr, wird oft als Unterbrechung des Liebesspiels und somit als störend erlebt. Der Pearl Index des Kondoms liegt, je nach Untersuchung, zwischen 2 und 15.

7.2. Empfängnisregelung

Bis weit ins 19. Jahrhundert hinein war es in der Wissenschaft weitgehend unbekannt, dass es einen Wechsel von fruchtbaren und unfruchtbaren Tagen im Zyklus der Frau gibt. Dem Österreicher Dr. Knaus und dem Japaner Dr. Ogino gelang es dann unabhängig voneinander, die fruchtbaren Tage im Zyklus zu lokalisieren. Sie zeigten Rechenregeln

[118] Vergleichbares gilt auch für die sogenannte „Spirale". Auch sie kann empfängnisverhütende und frühabtreibende Wirkung haben.

auf, die einen wissenschaftlichen Fortschritt darstellten, heute jedoch als veraltet zu betrachten sind.

Natürliche Empfängnisregelung

1951 begann Prof. Dr. Rötzer mit der Entwicklung der sympto-termalen Methode, die auf der kombinierten Beobachtung von Aufwachtemperatur und Körpersymptomen (v.a. Zervixschleim, Muttermund) basiert, was eine hohe Sicherheit ergibt.[119] Sie erlangte eine solche Popularität, dass sie als *die* Natürliche Empfängnisregelung (NER) schlechthin gilt.

In der Natürlichen Empfängnisregelung finden Frauen durch Selbstbeobachtung einen natürlichen Zugang zu ihrem Körper und dessen Besonderheiten. Auch der Mann kann seine Frau so auf besondere Weise kennenlernen. Beide lernen, mit der gemeinsamen Fruchtbarkeit umzugehen. Schliesslich ist der Mann theoretisch täglich fruchtbar, die Frau bringt die unfruchtbaren Zeiten in die Ehe. Anhand weniger Regeln kann die fruchtbare Zeit eingegrenzt und so die sicher unfruchtbare Zeit im Zyklus ermittelt werden.

Bei Kinderwunsch ist die Kenntnis der fruchtbaren Tage eine grosse und wirksame Hilfe. Soll eine Schwangerschaft vermieden werden, wird das Paar an den fruchtbaren Tagen enthaltsam leben. Die Sicherheit bestimmt das Paar eigenverantwortlich – je nach Situation können die Regeln strenger oder grosszügiger ausgelegt werden. Je erfahrener ein Paar in der Methode der NER ist, desto enger kann die fruchtbare Zeit eingegrenzt werden. Die NER ist ein partnerschaftliches Modell. Sie kann nur angewendet werden, wenn beide Partner sie mittragen.[120] Dann allerdings hat sie das Potential, auch über die Empfängnisregelung hinaus viele positive Begleiterscheinungen hervorzubringen.

Erfahrungen mit der Natürlichen Empfängnisregelung (NER)

Wissenschaftliche Untersuchungen (2002 in den USA und 2008 in Deutschland, Österreich, Schweiz und Südtirol) zeigen, dass bei Paaren, die NER praktizieren, die Scheidungsrate bei 3% liegt. Bei Paaren,

---

[119] Diese Methode gehört zu den sichersten und kann bei richtiger Anwendung einen Pearl-Index von bis zu 0,2 erreichen, was deutlich besser ist als das Kondom (2–15) und leicht besser als die Pille (0.2–0.8).

[120] Wenn ein Partner sich nicht für diesen Weg entscheiden kann, ist ein Weg zu suchen, den beide verantworten können und der Würde beider entspricht. Die Ehe darf wegen der Empfängnisregelung nicht aufs Spiel gesetzt werden. Sie ist das höhere Gut.

die regelmässig den Gottesdienst besuchen, persönlich und auch als Paar regelmässig miteinander beten, liegt die Scheidungsquote sogar nur bei 0,6%. NER tut also der Ehe gut und macht Ehen stabiler.

Umfragen zeigen: Die periodische Enthaltsamkeit steigert die Vorfreude und Freude an der Sexualität beträchtlich. Frauen gewinnen durch die Beobachtung der Abläufe in ihrem Körper eine selbstbewusste Beziehung zu ihrem Körper. Der Mann nimmt Rücksicht auf den Rhythmus des Körpers der Frau und bringt ihr dadurch grosse Achtung entgegen. Er nimmt sein sexuelles Verlangen zurück und erweist so der Frau auf andere Weise seine Liebe, wozu es viele Möglichkeiten gibt. Die Frau darf sein, was sie ist und wie sie ist, nämlich eine fruchtbare Frau, ohne deswegen weniger geliebt oder geachtet zu werden. Sie muss sich nicht verändern, wenn sie oder der Mann ein sexuelles Verlangen haben.

Petra – hilfreich in den unterschiedlichsten Phasen der Ehe

Ich bin sehr dankbar, dass wir die Lebensweise der NER kennengelernt haben und als unseren Weg des Umgangs mit der Fruchtbarkeit gewählt haben. Sie war uns in den unterschiedlichsten Phasen unserer Ehe hilfreich. Es gab Zeiten, da wünschten wir uns sehnlichst ein Kind; wie wunderbar war da das Wissen um die beste fruchtbare Zeit im Zyklus! Dann kamen auch Zeiten, wo uns ein weiteres Kind überfordert hätte. Die sicher unfruchtbare Zeit im Zyklus verlässlich feststellen zu können, war dann für uns ein grosses Geschenk. Zwischendurch befanden wir uns in der Situation, dass wir uns zwar noch weitere Kinder wünschten, aber vielleicht ein wenig mehr Abstand zwischen den Geburten auch geschätzt hätten: Da konnten wir die Regeln der NER entsprechend anpassen.

Die enthaltsamen Zeiten fallen auch mir als Frau nicht immer leicht. Aber sie bewirken immer wieder einen Spannungsbogen zwischen Enthaltsamkeit aus Liebe und Hingabe aus Liebe, der die Beziehung sehr lebendig hält. Wir können uns immer wieder neu auf einander freuen. Die eheliche Hingabe erfolgt so aus Sehnsucht und nicht aus Gewohnheit.

Mein Mann ist beruflich viel unterwegs. Die Tatsache, dass er gelernt hat zu warten, bedeutet für mich auch eine Prophylaxe gegen Untreue. Diese Gewissheit gibt mir eine grosse innere Ruhe, die dann auch die gegenseitige Anziehung fördert.

An den fruchtbaren Tagen als Ehepaar zusammenzukommen und zu wissen, dass jetzt ein Kind entstehen kann, gibt der ehelichen Hingabe eine besondere Qualität. Das Bewusstsein, dass Gott uns die Sexualität als Ausdruck unserer gegenseitigen Liebe geschenkt hat und dass er uns damit gleichzeitig an seinem Schöpfungsgeschehen teilhaben lässt, versetzt uns in dankbares Staunen.

Weitere Erfahrungen ...

„Die NER ist ein gemeinsamer Weg. Wie schön ist es, wenn mein Mann mir am Morgen das Thermometer reicht und die Tabelle führt. Er lebt mit meinem Zyklus mit. Er weiss, wo ich stehe, und manchmal versteht er sogar besser als ich, warum meine Stimmungen schwanken. Ich bin voll und ganz angenommen wie ich bin."

„Die gegebenen Zeiten von freien Tagen für Geschlechtsverkehr und von Tagen der Enthaltsamkeit kommt mir als Mann eigentlich entgegen. Ich kann mich auf das was kommt einstellen: jetzt ist Pause – das gibt Raum für andere Dinge, für Gespräche, Ausgang (Ausgehen), Zärtlichkeiten, Arbeit und Projekte. Oder: es ist Zeit für Sex. Ich freue mich darauf, der Gedanke ist mir schon Vorfreude den ganzen Tag über."

„Natürlich gibt es die Tage, an denen Enthaltsamkeit gar nicht lustig ist. Im Rückblick sind diese harten Momente aber ein Zeichen von Liebe. Sie zeigen ganz spürbar und erfahrbar, was der andere wert ist. Es ist es mir Wert, um deinetwillen zu warten."

„Geschlechtsverkehr auf diese Weise erleben zu dürfen ist etwas sehr Wertvolles. Das ermöglichen die natürlichen Methoden. Nur so ist eine ganze Hingabe von mir an meinen Mann möglich. Weil ich unverändert bin – weil er unverändert ist. (Besser: Weil mein Körper nicht manipuliert ist – und auch der meines Mannes nicht. Verständlicher für Deutsche) Es steht nichts zwischen uns. Ich habe den Eindruck, das kommt dem nahe, was im Buch Genesis steht: und sie werden ein Fleisch."

„NER macht unheimlich kompetent: wir selber entscheiden, was wir wollen. Wir wissen genau, wie die Sicherheiten sind. Wir tragen gemeinsam die Verantwortung für die Fruchtbarkeit."

7.3. Familienplanung nach der Weisung der kath. Kirche

Herausgefordert durch die neuen technischen Möglichkeiten, nahm Papst Paul VI., 1968 in der Enzyklika „Humanae vitae" zu den Möglichkeiten und Grenzen verantwortbarer Elternschaft, Stellung. Das Rundschreiben schlug hohe Wellen, denn es bezeichnete jede Form der (künstlichen) Empfängnisverhütung als sittlich unerlaubt: „Die Kirche bleibt sich durchaus in ihrer Lehre treu, wenn sie die Inanspruchnahme der unfruchtbaren Perioden für erlaubt erachtet, während sie den Gebrauch von Mitteln, die sich direkt gegen die Fruchtbarkeit richten, als unerlaubt verurteilt... Im ersten Fall benützen die Ehegatten eine Anlage der Natur; im andern Fall verhindern sie den Ablauf der natürlichen Vorgänge." (Nr. 16)

Dahinter steht folgende Sichtweise: Gott hat Mann und Frau in ihrer Sexualität gut gemacht. Die Fruchtbarkeit ist ein Geschenk Gottes und keine „Krankheit", die bekämpft werden muss. Das Ernstnehmen und Respektieren der Natur der Frau, ihre vorgegebenen Zyklen und Anlagen gehören zum Ja zur Schöpfungsordnung. Während die Kirche diese Form der Empfängnisregelung bejaht, lehnt sie die Empfängnisverhütung grundsätzlich ab. Weshalb?

Wenn künstlich verhütet wird, dann ist es, als sage man dem Anderen bei der körperlichen Vereinigung: „Ich gebe mich ganz hin, aber gleichzeitig muss ich mich vor deiner Fruchtbarkeit schützen". Die künstliche Verhütung kann als eine objektive Demütigung der Frau (und des Mannes) angesehen werden, denn damit wird zum Ausdruck gebracht: So, wie du geschaffen bist, bist du nicht liebenswert, sondern nur, wenn du dich präparierst oder dich vor dem Mann (der männlichen „Gabe") schützest.

Die Frage der Empfängnisregelung und Empfängnisverhütung wird, auch wenn die Lehre der Kirche klar ist, in der Praxis der katholischen Gläubigen kontrovers diskutiert und praktiziert.[121] Die anderen christlichen Kirchen erlauben weitgehend künstliche Verhütung, sofern sie keine frühabtreibende Wirkung hat und die Wahl der Methode im gegenseitigen Einverständnis nach christlichen Grundsätzen getroffen wurde.[122]

---

121 Besonders die oben genannte Aussage der Enzyklika (Nr. 16) hat grosse Kritik hervorgerufen. Als Folge davon nahmen die deutschen Bischöfe dazu in der *Königsteiner Erklärung* vom 30. August 1968, in Österreich mit der *Mariatroster Erklärung* und in der Schweiz mit der *Solothurner Erklärung* Stellung. Darin wird – vereinfacht gesagt – diese Aussage der Enzyklika dahingehend abgeschwächt, dass jeder Gläubige in dieser Frage sich auch auf das eigene Gewissen berufen dürfe. Faktisch hatte dies zur Folge, dass die Aussage der Enzyklika nicht mehr ernst genommen wurde und das Bewusstsein, dass Empfängnisverhütung nicht dem Plan Gottes entspreche, im normalen kirchlichen Volk und auch in der kirchlichen Ehevorbereitung weitgehend verloren gegangen ist. Anlässlich des 40. Jahrestages des Erscheinens der Enzyklika sagte der Vorsitzende der Österreichischen Bischofskonferenz, Kardinal Schönborn, in einer Predigt im März 2008 in Jerusalem, dass die *Mariatroster Erklärung* eine „Sünde des europäischen Episkopats" sei, die von heutigen Bischöfen bereut werden sollte.

122 Vgl. dazu auch: Thomas Schirrmacher: Familienplanung – eine Option für Christen? Alle christlichen Konfessionen sind eins, dass Kinderfreundlichkeit und verantwortungsvolle Planung der Familienerweiterung vereinbar sind. Umstritten ist jedoch, auf welche Verhütungsmethoden dabei zurückgegriffen werden darf. In dieser idea-Dokumentation nehmen sich ausgewiesene Experten der Klärung dieser Frage an und berücksichtigen dabei sowohl theologische, als auch medizinische Aspekte.

* * *

http://www.

www.iner.org gibt umfangreiche Informationen über NER, Kurse, Kontaktpersonen, ...

Josef Rötzer, Elisabeth Rötzer: **Natürliche Empfängnisregelung. Die sympto-thermale Methode – Der partnerschaftliche Weg.** Die natürliche Empfängnisregelung (NER) basiert auf der Auswertung von zwei oder mehr Körperzeichen zur Bestimmung der fruchtbaren Tage im Zyklus. Konsequent angewendet, ist diese Methode sehr zuverlässig. Sie erfordert einerseits die Bereitschaft, täglich die Körperzeichen zu notieren, und hilft andererseits, den Körper und seine Signale sehr gut kennenzulernen. Das Buch beinhaltet konkrete Praxisanleitungen, Hinweise und Erfahrungen.

Ingrid Trobisch, Elisabeth Rötzer: **Mit Freuden Frau sein.** Aus unzähligen Gesprächen mit Paaren in Europa, Afrika und Amerika ist dieses Buch entstanden. Freude an der Sexualität, Selbstannahme, natürliche Empfängnisregelung, Schwangerschaft, Geburt, Stillen und Klimakterium sind die grossen Themen.

Maria Eisl, Andreas Laun (Hrsg.): **Die Dynamik der Liebe. Neue Gesichtspunkte zur sympto-thermalen Methode nach Rötzer.** Die Entdeckung, dass die Lebensweise der Natürlichen Empfängnisregelung die Wahrscheinlichkeit einer Scheidung senkt, ist sensationell! Sofort stellt sich die Frage: Warum ist es so? Das Arztehepaar Walter und Michaela Rhomberg untersuchte in einer internationalen Umfrage Zusammenhänge und stellt hier die Ergebnisse vor.

8. Christliche Kindererziehung

Jesus sagt zu seinen Jüngern: *„Wer ein solches Kind um meinetwillen aufnimmt, der nimmt mich auf“ (Mt 18,5).* Wenn Eltern ein Kind empfangen, dann vertraut Gott ihnen das Leben eines Menschen an, der völlig ohnmächtig, angewiesen und schwach ist. Es liegt nun ganz in der Hand der Eltern, wie sie dieses Kind „prägen“. Sie sind berufen, ihr Kind, das eine eigene Identität, Berufung hat, ins Leben zu führen. Eltern sind somit die ersten „Stellvertreter“ Gottes für ihr Kind.

Erziehen – ins Leben investieren

Einen Menschen zu erziehen ist eine der wichtigsten und bedeutsamsten Aufgaben. Erziehen bedeutet in das Leben und in die Berufung von Menschen zu investieren. Diese Investitionen sind äusserlich kaum sichtbar, doch werden sie die Welt mehr prägen als Millionen von Euros die in Projekte investiert werden. Denn die Kinder von heute sind die Verantwortungsträger von morgen.

Die Situation von Kindern und Erziehenden ist unterschiedlich: Kinder können in einer intakten Ehe aufwachsen, allein bei der Mutter oder beim Vater, allein oder mit Geschwistern in einer sogenannten Patchworkfamilie oder bei Grosseltern. Die Erziehenden ihrerseits bringen ganz unterschiedliche Erfahrungen mit. Viele heiraten kirchlich und versprechen ihre Kinder im Glauben zu erziehen. Doch – was sie darunter verstehen, wissen sie oft nicht einmal selbst, ausser, dass man gut und nett ist und dann die Kinder später in den Religionsunterricht schicken möchte.

Erziehung beginnt im Leben der Eltern

Eltern (Erzieher) vermitteln zuerst das, was sie leben. Kinder übernehmen mehr das, was vorgelebt wird, als das, was gesagt wird. Die Treue und Liebe der Eltern in der Ehe, vermitteln dem Kind Geborgenheit. Die Liebe, welche die Eltern selbstverständlich zu Gott haben, entzündet in den Herzen der Kinder Liebe und Sehnsucht nach Gott. Ihr Vertrauen in Gott weckt Vertrauen in den Kindern.

Kleine Kinder im Alter von 2–6 Jahren haben eine ganz besondere Offenheit für Gott. In diesen Jahren wird das geistige Fundament des Kindes grundgelegt. Darum ist diese Zeit für die Erziehung entscheidend wichtig. Ich (Leo Tanner) rate Taufeltern, auch wenn sie noch wenig Herzenszugang zu Gott haben, jeweils am Abend vor dem Bett des Kindes laut ein Vaterunser zu beten, darin ihre Ehe und das Leben des

Kindes dem himmlischen Vater anzuvertrauen und dann das Kind mit einem Kreuzchen auf die Stirn zu segnen. Dazu können sie sagen: „Wir haben dich sehr lieb. Du bist unser Schatz. Wir haben grosse Freude an dir. Und so segne dich und beschenke dich mit Seiner Liebe der himmlische Vater, Sein Sohn Jesus und der Heilige Geist. Amen.“

Eltern nähren das Innenleben der Kinder vor allem durch Erzählen. Biblische und andere gute Geschichten wie Märchen, über die dann gesprochen wird, formen den Geist der Kinder. Auch christliche Hörspiele und Filme haben prägende Kraft. Dazu gehört natürlich auch das Beten und Singen, verbunden mit der Frage: „Was war heute schön? Worüber hast du dich gefreut? Wollen wir das dem himmlischen Vater (oder Jesus) sagen und Ihm dafür danken?“ Und auch: „Was war heute schwierig? Was war nicht gut? Wem geht es nicht gut? Wollen wir auch das dem himmlischen Vater (oder Jesus) sagen und Ihn um Verzeihung und Hilfe bitten?“

Zum Hineinwachsen und Vertrautwerden mit Gott können Eltern ihren Kindern auch die Kirche, das „Haus Gottes“ zeigen und erklären. Kinder zünden in der Regel gern ein Kerzchen für Jemanden an. Und je nach Situation gibt es auch eine Möglichkeit, sie schon früh in den Gottesdienst mitzunehmen.

8.1. Erfahrungen im Alltag – ein Gespräch mit Jutta Hartl

Mutter- und Vaterwerden ist nicht schwer, doch Mutter- und Vater sein dagegen eine gewaltige Herausforderung. Was kann uns helfen unsere Kinder, – mitten im Stimmenwirrwarr von Ansichten, Ideologien und heimlichen Miterziehern unserer Zeit – christlich zu erziehen? Wir sprachen mit einer Mutter, die mitten drin steht. Sie hat vier Kinder im Alter von 3, 6, 8 und 11 Jahren.

Soll man sich vor der Heirat Gedanken über die Erziehung der Kinder machen oder es einfach so locker kommen lassen?

Es ist wohl sehr sinnvoll sich vor der Ehe über viele Dinge auszutauschen. Je genauer man vor der Ehe über die Einstellung des Anderen, Bescheid weiss, desto weniger „böse“ Überraschungen erlebt man danach. Wenn die Grundeinstellung und der Lebensentwurf übereinstimmen, ist das ein entscheidender Punkt für eine Ehe. Das heisst nicht, dass man in allen Dingen genau die gleiche Meinung haben muss, aber der Grundtenor muss stimmen. Dann kann man in der Schwangerschaft konkreter an das Thema herangehen und wird auch für Einzelfragen Wege und Antworten finden.

Jede Mutter und jeder Vater haben als Kinder eine Erziehung erlebt. Was ist wichtig, wenn sie bestimmte „Dinge" bei ihren eigenen Kindern besser machen wollen?

Zunächst berührt diese Frage eine der interessantesten Eigenschaften unseres Lebens: Wir sind deutlich von unseren Eltern geprägt und stehen gleichzeitig in der Verantwortung, unser eigenes Leben zu leben. An wenigen Punkten wird das so deutlich wie beim Umgang mit den eigenen Kindern. Viel zu oft ertappt man sich dabei, in eben jene Verhaltensmuster zu fallen, die man selbst bei seinen Eltern erlebt hat und immer vermeiden wollte oder man sieht später eigene unliebsame Verhaltensweisen an seinen Kindern.

Hier wird die Aufarbeitung der eigenen Lebensgeschichte zu einer wesentlichen Grundlage für eine gute Elternschaft. Wir machen alle Fehler. So wie unsere Eltern Fehler gemacht haben, werden auch wir Fehler machen. Vielleicht andere, aber niemand wird in der Erziehung alles richtig machen. Eine gute Auseinandersetzung und Klärung der eigenen Geschichte dauert manchmal Jahre. Doch zu anerkennen, was man alles an Gutem von seinen Eltern empfangen hat, wie auch, wo man sich jetzt anders entwickeln möchte, befreit zu selbständigem Handeln.

Was verändert sich bei einer Mutter während der ersten Schwangerschaft?

Die Veränderung, die geschieht, wenn eine Frau ein Kind erwartet ist weitreichender als man oft auf den ersten Blick sieht. Bevor ich Mutter werde, bin ich in erster Linie für mich selbst verantwortlich und tue was ich gerne tun möchte und mir gefällt. Mit einer Schwangerschaft kommt eine neue Dimension dazu.

Plötzlich bin ich nicht mehr für mich alleine verantwortlich, sondern für ein kleines zartes Wesen, das mein Leben gehörig durcheinander bringt. Ganz konkret in Übelkeit, Stimmungsschwankungen und Müdigkeit, die ich meist nicht kontrollieren kann. Auch was ich esse und das was ich tue, hat nun Auswirkungen auf das Kind. Der Blickwinkel wird ein anderer. Ich übernehme Verantwortung für einen Menschen, der mir anvertraut ist. Meine Wünsche und Bedürfnisse rücken in den Hintergrund, um für das neue Leben, das Kind da zu sein. Zwar geschieht dies schon, wenn ich heirate und einen Mann an meiner Seite habe, doch das wunderbare und herausfordernde Geschenk der Mutterschaft geht viel tiefer und ist weitreichender.

Was soll vor der Geburt des ersten Kindes geklärt sein?

In den ersten Monaten nach der Geburt werden wir in erster Linie voll damit beschäftigt sein, die Grundbedürfnisse des Babys zu stillen, durch stillen, füttern, wickeln und schlafen. Gerade deshalb ist es sinnvoll sich schon vor der Geburt damit zu befassen, wie man sein Kind erziehen möchte. Diese erste Zeit ist sehr turbulent und man ist froh wenn man zu dem Nötigsten kommt. Da hat man oft weder die Ruhe noch die Kraft sich mit dem Thema Erziehung auseinander zu setzen. Wenn man sich nicht vorher damit beschäftigt, kann es passieren, dass wir einfach nur reagieren, nicht agieren.

Da ist es sehr sinnvoll, sich darüber klar zu werden, wie ich erziehen möchte, was meine Ziele in der Erziehung sind, welche Werte ich vermitteln will. Hier kann es hilfreich sein, sich erstmal über verschiedene Möglichkeiten zu informieren, um dann den für mich passenden Erziehungsstil zu finden. Aber nicht nur der Erziehungsstil, die Methode wie man es machen kann, sollte im Vordergrund stehen, sondern auch die Frage nach der „geistigen Erziehung" unserer Kinder: Wie kann ich meinen Kindern einen lebendigen Glauben vermitteln, sie lehren, selbst auf den Heiligen Geist zu hören.

Dabei ist es sehr wichtig, dies gemeinsam mit dem Partner zu klären. Eins zu sein und die gleiche Linie zu haben, ist für Kinder extrem wichtig. Dies vermittelt ihnen Sicherheit und Geborgenheit.

Heute wirbt die Politik mit der Vereinbarkeit von Mutterschaft und Beruf...

...und meint damit eigentlich, dass kleine Kinder möglichst schnell in die Krippe abgeschoben werden, damit Mami arbeiten gehen und verdienen kann. Ich halte diesen Trend für erschreckend. Natürlich gibt es Extremsituationen, in denen ausserfamiliäre Betreuung von Kleinkindern unumgänglich ist. Doch als Mutter von vier Kindern bin ich fest davon überzeugt, dass keine Erzieherin der Welt einem Kind das geben kann, was die eigene Mutter geben kann: nämlich mütterliche Liebe.

Es sind gerade die Bindungsforscher und Psychoanalytiker, die ihre Stimme erheben und vor den gravierenden Schäden zu früher Kinderbetreuung in der Kita warnen. In den ersten Lebensjahren lernt das Kind, stabile Bindungen einzugehen. Und die erste und wichtigste Bindung, die ein Kind erlebt, ist die zu seiner Mutter.[123]

---

[123] Vgl. Das Memorandum der deutschen psychoanalytischen Vereinigung (DPV) veröffentlicht bei: http://www.familie-ist-zukunft.de/seite/?p=268.

Was motiviert Sie ganz für ihre Familie da zu sein?

Was mich in erster Linie motiviert, ganz für meine Familie da zu sein, ist die Tatsache, dass ich nahe an meinen Kindern dran sein möchte, in Beziehung mit ihnen. Als Erzieherin ist mir die Bedeutung der frühkindlichen Bindung zur Mutter bekannt. Denn in den ersten drei Lebensjahren wird so vieles grundgelegt, was für das spätere Leben unserer Kinder entscheidend ist.

Deshalb möchte ich ein Coach für meine Kinder sein, sie stärken, ermutigen, aufs Leben vorbereiten, lebensfähig machen. Im Alltag möchte ich ihnen Werte vermitteln, helfen Entscheidungen zu treffen, mit ihnen im Gespräch sein, ... Ich möchte spüren wie es meinen Kindern geht, was sie bewegt und all dies nicht nur im weltlichen Bereich, sondern auch in der geistlichen Dimension des Reiches Gottes. Natürlich kann dies auch eine berufstätige Mutter, aber es ist so viel einfacher, wenn man zu Hause ist und Zeit hat. Ich bin sehr froh und dankbar, diese Möglichkeit zu haben!

Worin besteht das Fundament einer christlichen Erziehung?

Das Fundament einer christlichen Erziehung ist meine eigene Gottesbeziehung, mein gelebtes Leben als Vorbild. Authentizität ist alles! Die Kinder spüren sofort, wenn jemand nur Dinge erzählte, aber nicht lebt. Dazu ist die Bibel, das Wort Gottes, die Grundlage schlechthin. Gott ist unser himmlischer Vater, der in allem für uns da ist. Wir wollen uns Seiner Sorge öffnen und Ihn zum Vorbild nehmen in allem was wir tun und leben.

Wie sieht das konkret im Alltag aus?

Grundsätzlich versuchen mein Mann und ich, unsere Kinder als geistliche Personen „für voll zu nehmen". Kinder lernen nicht erst mit vierzehn Jahren zu sündigen, deshalb muss eine Erziehung zum Leben mit Gott schon früher beginnen. Dabei geht es aber um viel mehr als „religiöse Erziehung" und die Einübung spezieller Rituale. Es geht um eine ganzheitlich vom Evangelium geformte Lebensperspektive. Wie gehen wir als Christen mit Vergebung um? Wie können wir mit Gott lernen, unsere Gefühle zu kontrollieren? Wie wird ein Streit ausgetragen? Das alltägliche Leben bietet dazu sehr viele Trainingsmöglichkeiten, um die „Kultur des Reiches Gottes" zu fördern.

Wichtig ist uns, dass Kinder nicht nur religiöse Regeln oder Pflichten aufgedrückt bekommen, sondern in die Freiheit selbst zu wählen und in eine echte geistliche Selbstverantwortung geführt werden. Ein konkretes Beispiel: Zwei meiner Kinder streiten sich und jedes beharrt in seiner Position, ist wütend und eine Versöhnung ist zunächst nicht möglich. So lege ich jedem die Wahlmöglichkeit dar: „Entweder Du verharrst in Wut, Ärger und bleibst so in der Macht des Bösen oder Du stellst Dich in das Licht Gottes (was ist damit gemeint: etwa: gibst ihm deine bösen Gedanken und Wünsche) und lässt Dir von Ihm helfen da heraus zu kommen." Ich habe es noch nie erlebt, dass eines meiner Kinder sich nicht für das Licht entschieden und sich wieder versöhnt haben, manchmal früher, manchmal später...

Was für eine „Rolle" hat der direkte Bezug auf Gott in der Erziehung?

Wir trainieren unsere Kinder, geistlich selbst aktiv zu sein. Das bedeutet zum Beispiel, dass wie sie bei einem Problem anleiten, kurz zu beten und dann auf Gottes Stimme zu hören, was er zu ihnen jetzt gerade sagt (ihnen jetzt in den Sinn kommt). Wir erleben, dass unsere Kinder geistliche Erfahrungen machen und sehr genau spüren können, ob sie sich vom Heiligen Geist leiten lassen oder von einem anderen Geist. Kinder sind geistliche Persönlichkeiten!

Was möchten Sie als Mutter, als Wesenszug Gottes, Ihre Kinder erfahren lassen?

Es gibt viele Dinge, die ich nennen könnte, aber am wichtigsten finde ich, bedingungslose Liebe, welche die Freiheit lässt, selbst zu entscheiden.

Was ist die Hauptfunktion von „Stellvertreterschaft Gottes" für den Vater?

Ich habe den Ausspruch gehört, dass jeder Junge tief in sich drin die Frage habe: „Hab ich's drauf?" (Kann ich das? Schaffe ich das?) und jedes Mädchen die Frage: „Bin ich schön?" Es mag eine Überzeichnung sein, doch der eigene Vater hat eine besondere Vollmacht, diese Frage in die eine oder andere Richtung zu beantworten. Wie und ob er sie beantwortet: die Auswirkungen werden höchst gravierend sein! (Persönliche Ergänzung) Der Vater hat Vertrauen ins Leben draussen zu vermitteln und er ist der erste Mann im Leben eines Mädchens.

Welche Erziehungsfallen locken heute?

Ein grosses Problem ist, wenn jemand bei seiner Erziehungsaufgabe in ständiger Angst lebt, etwas falsch zu machen. Dann kann man in verschiedene „Fallen" geraten. Drei möchte ich kurz ansprechen: Die Verwöhnung, die darin besteht, den Kindern alles bieten zu wollen, was man selbst nicht hatte. Dann die Überbehütung, in der man die Kinder vor den Härten des Lebens schützen will und sie dadurch unbewusst entmündigt. Als Drittes die Inkonsequenz, in der man den Kindern keine gesunden Grenzen setzt und sie bei Grenzübertretungen nicht die entsprechenden Folgen erleben lässt.

* * *

http://www.

Christliche Kinderliteratur, Hörspiele, DVD's, ... gibt es viel. Hilfreich sind z.B. **www.adoniashop.ch,** **www.cap-music.de** und **www. bibellesebund.ch/de/at**. Diese Bewegung unterstützt Kinder und Jugendliche dabei, die Bibel und Jesus kennenzulernen. Speziell katholisch sind z. B.: **www.miriam-verlag.de** und **www.canisi-edition.com** (katholische Comics),dann auch **www.ddmedien.com** (mit vielen guten Kinderartikel ...)

Die ersten beiden Bücher zeigen, dem Gespräch mit Jutta Hartl folgend, wie Erziehung im Reich Gottes aussehen kann.

Danny SilkGloryWord: **Erziehung mit Liebe und Vision. Herzensverbindungen eingehen statt Machtkämpfe austragen.** Bei diesem Buch spielt das Herz der Eltern und das Herz der Kinder spielt dabei die zentrale Rolle. Wenn beide Seiten verstehen, wie sich ihr jeweiliges Verhalten auf das Herz des anderen auswirkt, werden die Herzen geschützt und Beziehungen können gedeihen. Kinder (und Eltern!) lernen dadurch, in rechter Weise mit der grossen Freiheit umzugehen, die Gott ihnen zugedacht hat.

Monika Flach: **Das Königreich Gottes in Ehe & Familie. Erziehung – eine Frage der Weltsicht**! Dieses Büchlein ist ein Türöffner für ein erneuertes Denken in Erziehung und Familie. Sehr praxisnah vermittelt die Autorin, dass Kinder ein geistliches Leben führen können und wie das in ganz konkreten Lebenssituationen Gestalt gewinnt.

Cheri Fuller: **"Öffnen Sie die geistlichen Fenster Ihres Kindes".** Kinder haben während ihrer Entwicklung geistige Fenster, Zeitspannen, während denen ihr Herz und ihr Verstand besonders offen sind für das Staunen über die göttliche Schöpfung, für Gottes Wesen durch die Bibel zu entdecken, im Gebet mit ihm zu sprechen und auf ihn zu hören und ihn kennenzulernen durch das Leben in ihrer Familie und Kirche. Dieses Buch öffnet die Augen für die grossen Chancen dieser Fenster.

Gary Chapman: Schlafräuber & Wonneproppen. **Wie Kinder eine Ehe verändern.** Nichts verändert eine Ehe so sehr, wie die Geburt eines Kindes. Heiss ersehnt lässt das Kind jeden Tag zu einem ganz besonderen Erlebnis werden. Irgendwann stellt sich die Frage: „Und wo bleibe ich mit meinen Bedürfnissen? Wo bleiben wir als Paar?" Chapman macht ausdrücklich Mut: „Sie können eine glückliche Ehe führen und gleichzeitig gute Eltern sein!"

Peter Neysters, Karl Heinz Schmitt: **Durch das Jahr – durch das Leben Das christliche Hausbuch für die Familie.** Dieses Buch begleitet durch das ganze Leben: Liebe und Partnerschaft, Hochzeit und Ehe, Geburt und Taufe, mit Kindern leben, Kommunion und Firmung, Krank sein, alt werden sowie Sterben und Tod. Es enthält Rituale für den Alltag, christliche Grundgebete, den Sonntag feiern, Feste und Bräuche im Jahreskreis, Advents- und Weihnachtszeit, Fastenzeit und Ostern, Heiligen- und Namenstagskalender.

Lisa Bergren: **Der Himmel ist ein Geschenk des Himmels.** „Papa, was genau ist eigentlich der Himmel?“, will der kleine Eisbär eines Tages von seinem Vater wissen. Zusammen machen die beiden einen Ausflug und sprechen darüber, was der Himmel ist … und was er nicht ist. Der kleine Eisbär stellt Fragen wie: „Wie kommen wir in den Himmel?“, „Sind wir dann Engel?“. Geduldig und liebevoll gibt der Papa Antwort. Für Kinder ab 4 Jahren.

Gary Chapman / Ross Campbell: **Die fünf Sprachen der Liebe für Kinder.** Unsere ganze Liebe gilt unseren Kindern. Doch fühlen sich diese auch wirklich geliebt? Jedes Kind spricht und versteht eine ganz bestimmte „Muttersprache“ der Liebe. Das sind die Signale, die ihm eindeutig sagen, dass seine Eltern es lieben. Dieses Buch hilft, diese Muttersprache seines Kindes zu erkennen und ist so im weitesten Sinne ein Erziehungsbuch.

9. Wenn ein Paar keine Kinder bekommt ...

Heute leiden viele Paare darunter, dass sie keine Kinder bekommen. In der Schweiz ist nach Schätzungen jedes sechste Paar ungewollt kinderlos, in Deutschland etwa 15% aller Paare; Tendenz eher zunehmend. Die Situationen sind unterschiedlich: Es können Paare sein, die mehr Kinder haben wollten, die zu einem frühen Zeitpunkt ihr Kind – durch Fehl- oder Totgeburt, durch eine Krankheit, den plötzlichen Kindstod oder einen Unfall – verloren haben und ihr weiterer Kinderwunsch bleibt unerfüllt. Es können auch Paare sein, die nie eine Schwangerschaft erlebt haben.

Ursachen

Ungewollter Kinderlosigkeit können körperliche Ursachen bei der Frau und beim Mann zugrunde liegen. Weitere Ursachen können in ihrer Lebensführung da sein.[124] Die Ursachen liegen zu je einem Drittel genauso häufig beim Mann wie bei der Frau. In ca. 15–30 Prozent sind es kombinierte Ursachen, die in der körperlichen und psychischen Konstitution der beiden Partner ihren Grund haben. Und manchmal kann man auch gar keine Gründe feststellen.

Der unerfüllte Kinderwunsch führt die Betroffenen meist in eine grosse emotionale Belastung. Dazu können auch Krisen oder Stress im Berufs- oder Privatleben von Männern und Frauen die Fruchtbarkeit negativ beeinflussen. Ebenso spielt das Alter eine Rolle: Eine Frau ist am fruchtbarsten zwischen 20 und 30 Jahren. Mit 35 Jahren sind die Aussichten schwanger zu werden und ein gesundes Baby zu bekommen nur noch halb so gross wie mit 25 Jahren. Männer bleiben zwar grundsätzlich zeugungsfähig, doch nimmt die Qualität der Spermien im Laufe der Zeit kontinuierlich ab. Mit zunehmendem Alter sinken also die Chancen, schwanger zu werden. So kann auch das Aufschieben des Kinderwunsches zu ungewollter Kinderlosigkeit führen.

9.1. Das Ausbleiben der Schwangerschaft ...

In der Regel wünscht sich ein Ehepaar ein oder mehrere Kinder. Wenn keine Schwangerschaft eintritt, dann beginnt eine Unruhe, ein Hoffen und Bangen, ein ängstlicher Blick auf die nächste Periode... und dann ist man wieder enttäuscht. Dies ist ein sehr zermürbender Vorgang. Der

---

[124] Mehr dazu: www.frauenaerzte-im-netz.de/de_ungewollt-kinderlos-ursachen-der-kinderlosigkeit.

Fokus auf die gewünschte Schwangerschaft kann immer grösser werden und so den weiten Horizont des Lebens einengen.

Vielleicht entscheidet sich in dieser Situation ein Paar, sich medizinisch untersuchen zu lassen. Wenn dann die ärztlichen Untersuchungen bestätigen, dass sie auf „natürlichem" Weg kein Kind empfangen können, gerät ein Paar in eine Krise. Der eingeschlagene Weg ist zu Ende. Das Paar steht vor einer Mauer. Am Anfang will man die Realität nicht wahrhaben. Man lehnt sich dagegen auf: Das darf doch nicht wahr sein! In der Folge können Ehepartner emotional richtig durchgeschüttelt werden. In diesem Schmerz kann nach der Schuld gesucht werden. Oft wird auch Gott angeklagt: Gott, – Warum? Eine Frage, auf die es keine befriedigende Antwort gibt.[125] Das Paar fällt in eine Trauer.

Diese Trauer kann lange anhalten. Besonders schmerzlich kann es sein, wenn die Frau anderen Müttern mit ihren Kindern begegnet. Völlig unverständlich ist für das Paar, wenn sie von Abtreibungen bei Bekannten hören. Paare mit unerfülltem Kinderwunsch dürfen sich eingestehen, dass die natürliche, von Gott gegebene Folge ihrer Liebe, nämlich Kinder zu haben, die ihr gemeinsames Erbgut tragen, fehlt.[126] Sie dürfen den Schmerz darüber zulassen

Diese Trauer geht sehr tief. Die Rolle der Mutter, des Vaters werden nie erlebt werden. Wenn einer von beiden die Trauer nach einer angemessenen Zeit nicht loslassen kann, kann dies zu einer grossen Belastung für die Ehe werden. Dazu wird auch das Umfeld kinderloser Paare von diesem Leiden berührt: Die Eltern werden nie zu Grosseltern, die Geschwister nie zu Tanten und Onkeln. Kinderlose Paare erleben viele Lebensbereiche nicht, wie Kindergarten, Kindergeburtstage, Schule … Manchmal können sogar Freundschaften mit anderen Frauen daran zerbrechen, weil Mütter sich nun eher mit anderen Müttern treffen.

Für Familie und Freunde ist es oft sehr schwierig, mit solcher Trauer umzugehen. Deshalb versuchen manche, die Trauernde damit zu trös-

---

125 Dass viele Paare keine Kinder bekommen können, hat nichts mit Gottes ursprünglichem Willen zu tun. Denn der Schöpfergott selbst hat den Paaren den Wunsch ins Herz gegeben, Kinder zu bekommen und das Leben weiterzugeben. Kinderlosigkeit ist eine der Folge des grossen Bruches, Folge des Sündenfalls. Doch sicher ist: Gott trägt diesen Schmerz, diese Trauer mit ihnen

126 Trauer hat viel Facetten: Jeder Mensch hat irgendwelche Bereiche, in denen er trauert. Andere Paare trauern über Kinder, die zwar zunächst entstanden, dann aber nie geboren wurden; oder über Kinder, die geboren wurden, aber bald starben; oder über Kinder, die aufwuchsen, dann aber eine ganz andere Entwicklung nahmen, als sie sich erhofft hatten; oder Eltern, die am Grab ihres Kindes stehen; oder Menschen, die keinen Partner gefunden haben, oder …

ten, in dem sie auf „gute Aussichten" hinweisen. Doch man kann die Trauer über das nie geborene Kind nicht wegtrösten und auch nicht wegreden. Am besten helfen wir, indem wir einfach zuhören, Verständnis und Geduld für ihre Trauer haben, Interesse zeigen und nachfragen, wie es ihnen geht, ... und dies alles ohne sie zu belehren.

Hanna – sich mutig der Realität stellen

Hanna und Pennina waren die beiden Frauen von Elkana. Während Pennina Kinder hatte, war Hanna unfruchtbar. Kinderlosigkeit war in Israel ein Makel und äusserst demütigend. Denn Kinder zu gebären und so dem Mann Nachkommen zu verschaffen, war die zentrale Aufgabe der Frau. Deshalb galt in der altorientalischen Gesellschaft eine Frau, die keine Kinder gebären konnte, als unbrauchbar und nutzlos.

Zu diesem Schmerz Hannas kam noch hinzu: *„Ihre Rivalin aber kränkte und demütigte sie sehr", ... (1 Sam 1,6)*. So ging es Jahr für Jahr. Obwohl Elkana sie liebte, war die Traurigkeit beständig da. Hanna erlebte, wie ihrem bereits angeknacksten Selbstwertgefühl immer wieder neue Schläge versetzt wurden. Lange hielt sie diese Demütigungen und diesen Schmerz aus. Doch dann *„stand Hanna auf und trat vor den Herrn" (1 Sam 1,9)*. Hanna verlässt ihre Opferrolle und handelt. Ohne ihren Mann um Erlaubnis zu fragen, wendet sie sich direkt an Gott und macht dann ein Gelübde. Sie vertraut: Gott kann eingreifen und mir aus dem Elend heraushelfen.

Doch zuerst erfährt Hanna den Vorwurf des Priesters Eli: *„Wie lange willst du dich noch wie eine Betrunkene aufführen? Sieh zu, dass du deinen Weinrausch los wirst!" (1 Sam 1,14)* Doch Hanna wehrt sich gegen diesen Verdacht und stellt mutig klar: *„Nein, Herr! Ich bin eine unglückliche Frau. Ich habe weder Wein getrunken noch Bier; ich habe nur dem Herrn mein Herz ausgeschüttet" (1 Sam 1,15).*

Nun greift Gott ein und beendet nach einem langen Weg der Demütigung, Hannas Erniedrigungsgeschichte mit der Geburt Samuels. Normalerweise gehörte ein Kind dem Vater. Doch indem Hanna ihrem Kind den Namen gibt, entzieht sie ihn der Verfügungsgewalt ihres Mannes. Samuel bedeutet: Von Gott erbeten. Hanna hält sich an ihr Gelübde und stellt ihren Sohn einzig Gott zur Verfügung. Sie gibt ihrem Sohn Samuel damit die Möglichkeit, sein Leben von Gott her zu verstehen und nicht von seiner Bedeutung für andere. Sie selbst will ihn auch nicht für sich gebrauchen, um ihr Bedürfnis Mutter zu sein mit ihm auszufüllen. Sie gibt ihn nach der Entwöhnung für immer Gott zurück und in die Obhut des Priesters im Tempel.

Durch ihren Lobgesang erhält Hanna einen besonderen Platz in der Heilsgeschichte Gottes. Sie preist Gott als den, der machtvoll in die Geschichte eingreift. Hanna bezeugt, dass Leben unverfügbar ist und Gott gehört.[127]

Wie weiter?

Wenn Paare keine Kinder bekommen, müssen sie ihre eigene Planung aus der Hand geben. Das zu akzeptieren, kann unglaublich schwer sein und führt früher oder später zur Frage: „Und was jetzt?". Dann beginnen sie nach möglichen neuen Lebenswegen Ausschau zu halten, eventuell erwägen sie die Möglichkeit von künstlicher Befruchtung, von Adoption, von Pflegekinder oder...?

Medizinische Möglichkeiten

Die Medizin bietet je nach Ursache verschiedene Möglichkeiten, den Kinderwunsch durch eine Behandlung dennoch zu erfüllen.[128] In der Regel sind die meisten Behandlungen zeitaufwendig und anstrengend. Sie können seelisch sehr belastend und auch teuer sein. Nicht immer stellt sich der gewünschte Erfolg ein. Wenn ein Paar unbedingt eigene Kinder haben möchte, dann muss es die Frage beantworten, um welchen Preis und wozu? Die Beantwortung dieser Frage zeigt auch, welche Grundhaltung das Paar dem Leben gegenüber hat und wie sie unser irdisches Leben verstehen.

9.2. Die Sicht der Kirche

Christliche Paare verstehen ihr Leben von Gott her. Deshalb stellen sie die Frage nach dem Willen Gottes. Sie wissen: Trotz der neuen medizinischen Möglichkeiten gibt es kein Recht auf eigene Kinder, denn *„Kinder sind eine Gabe des Herrn, die Frucht des Leibes ist sein Geschenk" (Ps 127,3).* Sie wissen: Kinder sind auch nicht dazu da, um die Eltern glücklich zu machen. Dies wäre (fast) eine Form von „Missbrauch". Kinder haben vielmehr eine eigenständige Berufung. Sie sind Leihgabe Gottes an ihre Eltern. Diese sind dazu da, den Kindern und ihrer Lebensberufung zu dienen. Hier geht es wiederum um die Grundhaltung: Von Gott zu empfangen – oder selbst (sein Lebensglück) bestimmen

[127] Ausführlicher vgl. Ulrich Kühn: Gott befreit zu einem fruchtbaren Leben. Weisses Kreuz, Zeitschrift für Lebensfragen Nr. 33 I/2008. S. 3.

[128] Vgl. dazu z. B.: Methoden der künstlichen Befruchtung. Weisses Kreuz, Zeitschrift für Lebensfragen Nr. 33 I/2008. S. 7. Ute Buth: Ich warte noch auf dich - oder entsprechende Informationen im Internet.

wollen. Kinder selber zu machen oder zu passendem Zeitpunkt machen lassen – oder Kinder zu empfangen.

Alles Leben kommt aus der Schöpferhand Gottes. Hinter jedem Leben steht als Ursprung die Liebe Gottes. Das führte die Kirche zur Erkenntnis: So wie der Mensch aus der Liebe Gottes hervorgegangen ist, soll jeder Mensch aus der Liebe zweier Menschen hervorgehen. Zur Würde jedes Menschen gehört es, dass an seinem Beginn das freie Geschenk der Liebe steht.

Jede Form der künstlichen Befruchtung trennt nun den Zeugungsakt vom liebenden Geschlechtsakt.[129] Die künstliche Befruchtung ist kein Akt mehr, in dem sich zwei Personen in Liebe einander hingeben. Deshalb lehnt die Kirche alle Arten von künstlicher Befruchtung ab. Dies beinhaltet die Zeugung im Reagenzglas, die künstliche Besamung der Geschlechtsorgane der Frau (sei es durch Drittpersonen oder innerhalb der Ehe), das Einfrieren von Spermien, Eizellen und Embryonen sowie die Leihmutterschaft. Die Kirche erlaubt hingegen alle medizinischen Untersuchungen und Hilfen im Vorfeld des Geschlechtsaktes, die mithelfen, dass eine Schwangerschaft entstehen kann.

Neue Lebensperspektiven

Wenn ein Paar in der Trauung ihre Ehe, dem Dritten im Bund, Jesus Christus anvertraut hat, dann dürfen sie darauf vertrauen, dass Er auch für die Fruchtbarkeit ihrer Ehe sorgt. Konkret heisst dies: Wenn wir als Paar keine eigenen Kinder bekommen, dann hat Gott Wege bereit, um unser Leben dennoch fruchtbar zu machen und uns zu erfüllen. Wir dürfen also Gott fragen: „Welche Wege hast Du für uns bereit?" Wenn

---

[129] Die Zeugung des Lebens wird damit der Macht von Menschen (Medizinern, Biologen und Technikern) anvertraut. So bieten heute bereits Firmen den Frauen an, ihre Eizellen einzufrieren, damit sie länger bei ihrer Arbeit und sie dann später, wenn sie es möchten und von wem auch immer durch künstliche Befruchtung noch zu einem Kind kommen können. Durch solche künstliche Befruchtung wird der Manipulierbarkeit menschlichen Lebens Tür und Tor geöffnet!
Bei einer Invitrofertilisation kommt es zudem meist zu mehreren überzähligen Embryonen. Die künstliche Befruchtung führt (trotz scheinbar guter Absicht) zur Herrschaft des Menschen über Leben und Tod. Zudem geht ein Paar, das sich künstlich befruchten lässt, für das Leben eines einzigen Kindes das hohe Risiko ein, dass mehrere Leben (im embryonalen Zustand) zerstört werden müssen oder zu Forschungszwecken missbraucht werden. Die Kirche sieht deshalb in der künstlichen Befruchtung einen Widerspruch zur Würde der ehelichen Vereinigung und der Fortpflanzung, selbst dann, wenn alles getan wird um überzählige Embryonen auszuschliessen.

wir nach dem Willen Gottes fragen, ist es wichtig, dass wir nicht an unseren Wünschen und Vorstellungen festhalten. Wir geben Gott die Freiheit, den einen oder anderen Wunsch aus unserer Hand zu nehmen und stattdessen etwas anderes hineinzulegen. Dabei gehört es zur Verantwortung des Paares selbst neue Lebensperspektiven zu entwickeln – beruflich, im sozialen Bereich oder durch gemeinsame Freizeitaktivitäten.

Wenn ein Paar die Sehnsucht spürt, eine Familie zu gründen, dann kann die Adoption eines fremden Kindes eine mögliche Alternative darstellen. In diesem Fall ist eine Beratung zum Sondieren und Abwägen aller Optionen und zur Vorbereitung einer Adoption, bei den zuständigen Ämtern und anerkannten Stellen hilfreich. Das wird, auch im betenden Erwägen der verschiedenen Schritte zu einem Ja oder Nein führen.

Wichtig ist, dass das adoptierte Kind nie das Gefühl vermittelt bekommt, nur ein Ersatz für das fehlende leibliche Kind zu sein. So ist die Adoption eine hervorragende Möglichkeit, einem Kind oder mehreren Kindern ein Zuhause zu geben. Ein Autor eines Buches über Waisenhäuser schrieb, dass es keine Waisenhäuser bräuchte, wenn jede Frau, die könnte, ein Kind zu sich nehmen würde. Übrigens: Auch Jesus wurde von Josef adoptiert. Viele Adoptiveltern bezeugen trotz aller Schwierigkeiten, dass sie nie bereut haben, Kinder zu adoptieren. Sie gehören zum Kostbarsten, was ihnen anvertraut wurde.

Andere Paare stellen fest, dass dies nicht ihr Weg ist. Sie werden erfahren, dass Gott auch für sie Wege bereit hat. Denn Fruchtbarkeit kann sich auch ohne eigenes Kind entfalten. Es gibt viele Möglichkeiten für Frauen und Männer schöpferisch, kreativ, fruchtbar zu sein. Im sozialen, künstlerischen und auch im geistlichen Bereich (z. B. als Mentor, Coach und geistlicher Begleiter) können wir für Andere Mutter oder Vater werden. Paulus bezieht dies auch auf den Glauben: *„Hättet ihr nämlich auch ungezählte Erzieher in Christus, so doch nicht viele Väter. Denn in Christus Jesus bin ich durch das Evangelium euer Vater geworden“ (1 Kor 4,15).* Es ist ein Zeichen für ein gereiftes christliches Leben, wenn ein Paar sagen kann: „Gott hat andere Gedanken als wir. Doch Er hat einen guten Plan mit uns! Sein Wille geschehe!“. Was auch kommt, wir dürfen die Gewissheit haben, dass Gott uns liebt. Er freut sich, wenn wir in Seinem Willen leben möchten.

Marianne und Kurt – der Weg zu einer „neuen Familie“

Wir lebten bereits einige Zeit zusammen bis wir spürten, dass wir zueinander gehören. Dann haben wir geheiratet. Da wir beide aus intakten Fami-

lienverhältnissen kamen und Kinder liebten, wünschten wir uns natürlich sehr eine eigene Familie.

Wir waren von Beginn an offen für ein Kind, lebten unbeschwert und hatten keinen Zeitdruck. Doch unser Umfeld wurde unser grösster Druck. Wir wurden beobachtet und immer wieder auf ein Kind angesprochen. Denn viele dachten, dass wir „nur" deswegen geheiratet hätten, um eine Familie zu gründen.

Dann kam immer wieder die Enttäuschung von Monat zu Monat, von Jahr zu Jahr. Sie wurde immer grösser. Jeder von uns begann an sich selbst zu zweifeln. In all den Jahren waren wir gegenseitig froh, dass keiner von uns das „Problem" beim Anderen suchte. Dennoch: Es war eine harte Zeit, in der auch unsere Beziehung stark geprüft wurde. Es war immer ein Aufstehen und Niederfallen, teilweise in sehr kurzen Abständen. Uns beiden half, dass wir in dieser Zeit Gott tiefer kennenlernen durften. Wir besuchten Glaubenskurse, erlebten eine uns stärkende Gemeinschaft, in der wir auch mit unseren Gaben mithelfen konnten. Das gemeinsame Gebet und der Besuch des Gottesdienstes stärkten uns immer neu.

Nach einigem hin und her entschieden wir uns dann, aktive Schritte zu unternehmen. Wir machten die üblichen medizinischen Untersuchungen. Zuerst versuchten wir es mit Ernährung, gesundem Leben, Sport, Ausgleich, ... Da trotz all dem keine Schwangerschaft eintrat, wurde uns empfohlen, dass Marianne mit der Arbeit aufhören soll, damit sie keinen beruflichen Druck mehr habe. So haben wir es fast zwei Jahre lang gemacht, doch die Enttäuschungen nahmen kein Ende.

Durch medizinische Beeinflussung wurden wir dann „gedrängt", es mit künstlicher Befruchtung zu versuchen. Das setzte uns stark unter Druck, schränkte uns im Alltag ein und brachte Spannungen in unsere Beziehung. Marianne wurde so stark in einen Strudel gezogen, dass sie keinen Ausweg mehr sah. Während dieser Zeit hatten wir Gespräche mit unserem Traupriester, der uns aufgezeigt hat, dass die künstlichen Befruchtung nicht mit dem Glauben zu vereinbaren sei. Das führte dazu, dass Marianne nach reiflicher Prüfung entschied, damit aufzuhören und alle Massnahmen abzusetzen. Dieser Entscheid löste bei Kurt Unverständnis aus. Er war von diesem Moment an sehr blockiert und hatte damit lange zu kämpfen.

Rückblickend stellten wir fest, dass wir in dieser Zeit zunehmend fremd gesteuert wurden. All diese medizinischen Massnahmen hatten nebst der finanziellen Belastung enormen Einfluss auf uns, unser Umfeld und unsere Familien. Trotz eines grossen Kinderwunsches würden wir heute, nach all dem, was dieser „Weg" mit uns gemacht hat, ihn niemandem empfehlen.

In der Folge lernten wir noch mehr, Ja zur Kinderlosigkeit zu sagen, unsere Gefühlsschwankungen zuzulassen, sie und unsere Zukunft in Gottes Hände zu legen. Dabei fühlten wir uns oft so stark von Gott getragen und verstanden, dass in uns die Gewissheit wuchs, dass Er für uns eine andere Aufgabe vorbereitet hat. So begannen wir im Glauben danach zu suchen. Das gab uns un-

endlich viel Kraft und Ausdauer und öffnete uns völlige neue Türen.

Eine besondere Freude waren (und sind) für uns unsere sieben Patenkinder, die in regelmässigen Abständen zu uns kommen und mit denen wir auch Ferien verbringen. Dazu kommt, dass zwei Neffen eine Zeit lang fast bei uns „zuhause" waren. Wir freuten uns sehr, dass wir all diesen Kindern unsere Liebe schenken durften.

In der Suche nach „unserer" Aufgabe begannen wir die Frage nach einer Adoption von Kindern zu prüfen. In dieser Zeit erhielt Kurt aufgrund seines grossen Engagements am Arbeitsplatz vom Direktionsleiter eine Auszeit. Für uns beide war schnell klar, dass wir diese Auszeit gemeinsam verbringen und diese Zeit Kindern in armen Verhältnissen schenken wollten. Die Suche nach einer geeigneten Möglichkeit gestaltete sich schwieriger, als wir dachten. Doch unser Traupriester stärkte uns im Glauben. So wuchs in uns die Gewissheit, dass eine Türe aufgehen wird. So geschah es auch. Wir lebten mehrere Monate in einem Waisenheim in Tansania mit. Alles klappte und wie erlebten hautnah die Führung Gottes. Bald spürten wir, dass dies „unsere" Familie ist.

Mit der Planung einer Familie haben wir begonnen, mussten sie dann unverrichtet abschliessen und dürfen heute für 32 Waisenkinder da sein. Was für ein Geschenk! Wir können heute recht gut mit der Kinderlosigkeit umgehen. Und dennoch gibt es immer mal wieder Momente, wo, besonders bei Marianne, die Tränen kommen. Doch wir können uns über jedes neugeborene Kind in unserem Umkreis freuen und es auch als Geschenk Gottes sehen. Wir sind dankbar für „unsere 32 Kinder" jedes Jahr mehrere Wochen da sein zu können und für sie von hier aus zu sorgen.

* * *

http://www.

www.weisses-kreuz.de/wir-vor-ort/963. Die katholische Ärztin Dr. Susanne van der Velden hilft mit natürlichen Methoden Paaren, die unter einem unerfüllten Kinderwunsch leiden.

Susanne Zehetbauer: **Ich bin eine Frau ohne Kinder. Begleitung beim Abschied vom Kinderwunsch.** Jede zehnte Frau bleibt ungewollt kinderlos. Wo zahlreiche Ratgeber damit locken, „wie es doch noch klappen könnte", nimmt dieses einfühlsame Buch betroffene Frauen ernst in ihren Gefühlen. Zahlreiche psychologische und spirituelle Impulse helfen, den Schmerz zu verarbeiten und zu entdecken, was dem Leben in Zukunft Sinn verleiht.

10. Ehelos (zölibatär, als Single, ...) leben

Immer mehr Menschen in unserer Gesellschaft leben allein. Das kann ganz unterschiedliche Gründe haben. Nicht wenige Menschen bleiben unfreiwillig aufgrund bestimmter, oft nicht selbstverschuldeter Gründe ohne Partner. Manchmal haben sie eine Krankheit oder eine Beeinträchtigung oder sie sind psychisch nicht stabil genug. Manchmal liegt es an äusseren Umständen: Wer beruflich stark eingespannt ist und in einer kleinen Gemeinde lebt, hat unter Umständen wenig Gelegenheit neue Bekanntschaften zu schliessen. Andere haben so grosse Erwartungen an ihren zukünftigen Lebenspartner, dass mögliche Kandidaten es schwer haben, diesem Anspruch zu genügen. Einigen geht die Freiheit über alles. Viele junge Menschen fragen: Kann eine Liebe überhaupt ein Leben lang halten? Manchen wird die eigene Unentschlossenheit zum Verhängnis …

10.1. Berufung zur Ehelosigkeit

Doch gibt es noch einen anderen Grund für die Ehelosigkeit. In einem Gespräch mit seinen Jüngern spricht Jesus von einer neuen Lebensform im Reich Gottes: *„Nicht alle können dieses Wort erfassen, sondern nur die, denen es gegeben ist. Denn es ist so: Manche sind von Geburt an zur Ehe unfähig, manche sind von den Menschen dazu gemacht und manche haben sich selbst dazu gemacht - um des Himmelreiches willen. Wer das erfassen kann, der erfasse es" (Mt 19,11–12).* Der Verzicht auf die Ehe *um des Himmelreiches willen* wird auch Zölibat genannt.

Die Bedeutung der Ehelosigkeit um des Himmelreiches willen wird deutlich im Gespräch Jesu über die Unauflöslichkeit der Ehe. Jesus spricht von der Ehe, doch dann hebt Er das Gespräch auf eine ganz andere Ebene und sagt: *„Nach der Auferstehung werden die Menschen nicht mehr heiraten, sondern sein wie die Engel im Himmel" (Mt 22,30).* Dort im Himmel werden wir eine ganz neue Dimension von Liebe erfahren. Sie wird sich weiten auf Gott und auf alle Menschen hin.[130]

---

[130] Die Ehe in diesem Leben ist ein Vorgeschmack des Himmels. Dort werden wir teilhaben an der Hochzeit des Lammes, der Hochzeit mit Christus und Seiner Kirche. Der Mensch, der um des Himmelreichs willen zölibatär lebt, gibt seine ganze Sehnsucht nach ehelicher Gemeinschaft im Blick und in der Erwartung auf diese Hochzeit mit Christus im Himmel hin. Er überspringt praktisch die Dimension der Geschichte, obwohl er noch in der Geschichte lebt und bezeugt, dass das Reich Gottes nahe ist und die endgültige Ehe bereits begonnen hat, in der die menschliche Liebe für Frauen und Männer ihre definitive Erfüllung finden wird.

Etwas von dieser Weite und neuen Gemeinschaft von Brüdern und Schwestern, auf die wir alle zugehen, nehmen diejenigen Menschen voraus, die schon in diesem Leben nach dem Rat Jesu die Ehelosigkeit *„um des Himmelreiches willen“ (Mt 19,12)* leben. Sie geben mit ihrer Lebensweise davon Zeugnis, dass die Liebe Gottes einen Menschen in diesem Leben so erfüllen kann, dass er ohne ausgelebte Sexualität und die intime Beziehung zu einem Menschen erfüllt sein kann.[131]

Die christliche Ehelosigkeit, auch Jungfräulichkeit genannt, kann nur als Antwort auf eine persönlich erfahrene Liebe Jesu Christi verstanden werden. Menschen haben erfahren, dass ihre Liebe zu Jesus Christus stärker ist, als all ihre Erfahrungen von Verliebtheit und menschlicher Liebe. Darauf geben sie mit ihrem Leben Antwort. Denn jeder Mensch wurde geschaffen, um zu lieben und Andere zu beschenken. Unsere Sexualität ruft uns, diese Ganzhingabe mit unserem Körper auszudrücken. Der Mensch, der um des Himmelreiches willen ehelos lebt, weist diesen Ruf zur Liebe nicht zurück, sondern lebt ihn auf andere Weise.

Paulus schreibt: *„Ich wünschte, alle Menschen wären (unverheiratet) wie ich. Doch jeder hat seine Gnadengabe von Gott, der eine so, der andere so“ (1 Kor 7,7).* Paulus nennt hier die Ehelosigkeit als Charisma und ergänzt, dass der Unverheiratete sich leichter ganz in den Dienst des Reiches Gottes stellen kann: *„Ich wünschte aber, ihr wäret ohne Sorgen. Der Unverheiratete sorgt sich um die Sache des Herrn; er will dem Herrn gefallen. Der Verheiratete sorgt sich um die Dinge der Welt; er will seiner Frau gefallen. So ist er geteilt“(1 Kor 7, 32–34).*[132]

Frauen und Männer leben seit dem 3. Jahrhundert in vielfältigen Formen die Berufung des Zölibats: als Einsiedler, im Dienst einer Pfarrei als Priester, als Jungfrau im Dienst an den Menschen. Die häufigste Form ist jedoch die Form des Ordenslebens. In unserer Zeit entstehen neben den Ordensgemeinschaften neue Formen von geistlichen Bewegungen, in denen Ehepaare, Zölibatäre und Alleinstehende gemeinsam leben.

---

131 Dies schliesst nicht aus, dass es in verschiedenen Bereichen oder Punkten der Berufung zu Versuchungen und Schwierigkeiten kommen kann. Dies gilt in gleicher Weise allen gewählten Lebensformen. Solche Prüfungen lassen den Menschen reifen und wachsen. Wesentlich ist die innere Gewissheit, dass dies mein Leben ist, zu welchem ich berufen bin und dass Jesus Christus mir gibt, was ich suche und brauche.

132 Es geht hier um keine Wertung: Jede Berufung ist heilig und segensreich. Entscheidend ist dabei immer, wie sie persönlich gelebt wird. Denn wie Paulus sagt, hat jeder *„seine Gnadengabe von Gott, der eine so, der andere so“ (1 Kor 7,7).*

10.2. Einen Lebenspartner suchen

Eine weitere Gruppe von Menschen lebt allein, weil sie noch keinen Partner gefunden haben. Viele wünschen sich Ehe und Familie und sind, vielleicht nach einigen zerbrochenen Beziehungen enttäuscht, dass sie noch immer nicht den richtigen Partner gefunden haben. Es kommen Fragen auf: Wo und wie finde ich den Partner fürs Leben? Liegt es an mir, dass ich noch Single bin? Was kann ich tun, dass sich das ändert? Singles, die spüren, dass sie nicht allein bleiben wollen, gibt Frau Dr. Gudrun Kugler folgende sieben Tipps:[133]

„*1. Vervielfachen Sie Ihre Bekannten, um den „Richtigen“ kennenzulernen!:* Für einen Freundes- und Partnersuchenden ist es unerlässlich, die eigenen Bekannten zu vervielfachen. ...Gehen Sie regelmässig aus! Haben Sie keine Angst vor der Partnersuche im Internet. ... Bedenken Sie aber: Oft bestimmt der Ort auch die Art der Menschen. Folgen Sie also in der Auswahl der Orte, an denen Sie Menschen kennenlernen, Ihren Neigungen, Interessen und Lebensvorstellungen.

2. Offenheit für Freundschaft ist die richtige Einstellung für die Partnersuche!: Wie gehen Sie auf andere Menschen zu? ... Wer sein Umfeld nur auf potentielle Partner scannt, übersieht das Wesentliche. Freundschaften schliessen ist ein Schlüssel für die Partnersuche. Von jedem Menschen kann man etwas lernen. Lebensglück und Liebe liegen im Dasein für andere.

3. Zufriedenheit ist attraktiv: erfolgreiche Partnersuche durch innere Anziehungskraft: Das Ausmass der Freude bei alltäglichen Beschäftigungen, das Ausmass, in dem das Leben als sinnvoll empfunden wird und entschlossen bejaht wird und das Ausmass der positiven Einstellung zu sich selber sind das Ausmass Ihrer Anziehungskraft.

4. In äussere Attraktivität investieren: Es ist kein Geheimnis: In der Partnersuche zählen nicht nur die inneren Werte. Wir kommen nicht umhin Zeit, Mühe und Geld in unsere äussere Attraktivität zu stecken. Dabei gilt es neben den Fragen „was steht mir“ und „was trägt man gerade so“ zu bedenken: Welche Haltung oder Einstellung will ich mit meiner Kleidung ausdrücken? Wen damit ansprechen? Aber Achtung: Wer die Partnersuche zu sexy betreibt, findet vielleicht nur einen Kurzzeitpartner.

---

133 Dr. Gudrun Kugler leitet die Online-Heiratsbörse für katholische Partnersuchende www.kathTreff.org und bloggt für katholische Singles auf www.kathTreff.org/blog. Sie ist Autorin des Single-Ratgebers „Niemand ist eine Insel – wie man den Partner fürs Leben findet.“

5. Bereit werden: sich auf Partnerschaft vorbereiten: Wer einen Partner sucht, muss zuerst sich selbst finden. Sind Sie bereit, Verantwortung zu übernehmen? Sich langfristig zu binden? Für Kinder zu sorgen? Für manche heisst es, noch einen langen Weg der Vorbereitung zu gehen. Gibt es Ängste zu überwinden? Verletzungen, die Heilung brauchen? Manches liegt so tief, dass es erst entdeckt werden muss. Partnerschaftsfähig ist, wer sich selber mag, und sich gleichzeitig selber nicht mehr als das allerwichtigste ansieht.

6. Am Charakter arbeiten, damit Partnersuche und Beziehung gelingen: Ob auf Partnersuche oder ob der Partner bereits gefunden wurde: Am eigenen Charakter sollte man immer arbeiten. Denn um mit einem anderen Menschen glücklich „alt zu werden", ist es wichtig, dass beide einen guten Charakter haben.

7. Gottes Wege lieben: die Partnersuche als Vertrauenstest: Gottes Wege sind gut – auch wenn wir sie manchmal erst im Nachhinein verstehen. ... Akzeptieren Sie nicht nur ächzend den augenscheinlichen Willen Gottes. Umarmen Sie ihn voller Entschlossenheit: Gottes Wege lieben, anstatt ein Kreuz griesgrämig zu schleppen, ist die Devise. Das gibt Ihnen jene Gelassenheit, die es braucht, um einen Partner fürs Leben zu finden."

Eine Vision für das eigene Leben entwickeln

Zu einer dritten Gruppe gehören Menschen, die sich nicht für oder gegen Partnerschaft entscheiden wollen. Sie wollen offen für beide Möglichkeiten sein und ihren Weg bewusst Gott überlassen. Sie wissen: Weil Gott für unser Leben immer gute Absichten hat, sind wir auf der falschen Fährte, wenn wir um jeden Preis einen Partner haben wollen. Dieser kann sogar zu einem Götzen werden, der uns unfrei und blind für die Möglichkeiten macht, die Gott für uns jetzt bereithält. Ein arabisches Sprichwort besagt: „Wenn du dir irgendetwas ganz fest wünschst, dann lass es frei. Kehrt es zu dir zurück, dann gehört es dir wirklich."

Zu dieser Gruppe können auch Menschen gehören, denen klar ist, dass sie „allein" ihr Leben gestalten wollen. Einige können auch bewusst aufgrund der Hingabe an eine Aufgabe ledig bleiben wie z. B. Ärzte, Laienmissionare, Musiker u.a. Solche Menschen können erfahren, dass Gott ein erfülltes Leben nicht an einen Ehepartner, sondern an die Freundschaft mit Jesus und an einen besonderen Auftrag bindet.

Singlesein beinhaltet grosse Chancen: Freiheit, Unabhängigkeit in der Zeitgestaltung, Verantwortung nur für sich selber übernehmen zu müssen. Singles haben mehr Zeit für Freunde und Hobbys. Sie haben aber auch mehr Zeit für ein geistliches Leben, Aufgaben und Dienste in Kirche und Gesellschaft. Das Single-sein als Berufung zu leben bedeutet eine Vision zu entwickeln, das heisst nach Gottes Absichten Ausschau zu halten. Dazu können Fragen helfen wie: Welche Wege könnte Gott für mich bereit haben? Wo und wie könnte ich gerade dank meines Singleseins dienen? Was kann ich heute tun, damit mein Leben Frucht bringt? Dabei ist wichtig nicht zu fragen: Wer kann mir etwas geben?, sondern: Wem kann ich etwas geben? Für wen kann ich mit meinen spezifischen Begabungen eine Hilfe sein?

Fragen, Sehnsüchte, Gefährdungen...

Single- oder Verheiratetsein, beides hat Vor- und Nachteile. Entscheidend für ein gutes Gelingen unseres Lebens ist, dass wir zunächst immer auf das schauen, was uns geschenkt ist und nicht auf das, was man noch gerne hätte. Dies hilft auch zu einem versöhnten „Ja“ zum Leben als Single.

Eine Frage, die sehr schmerzlich sein kann, ist die Frage nach der Zugehörigkeit, nach der Beheimatung. Wo erfahre ich Geborgenheit? Wer ist für mich da bei Krankheit, Unfall oder im Alter und für wen bin ich da? Mit wem feiere ich schöne Ereignisse und verbringe Freizeit und Ferien? Hier wird deutlich: Singles brauchen tragfähige Freundschaften, Freundschaften in denen sie tragen und getragen werden.

Ein weiterer heikler Punkt ist das menschliche Bedürfnis nach Intimität und sexueller Erfüllung. Grundsätzlich gilt: Wir Menschen sind nicht triebbestimmt, sondern geistbestimmt. Wir werden selbst beim „Drängen des Triebes“ nicht in erster Linie von ihm gesteuert, sondern von unseren Gedanken, Vorstellungen, Wünschen und Entscheidungen. („Ist der Trieb Herr über mich oder bin ich Herr über den Trieb?“) Wir Menschen können entscheiden, uns ist es gegeben ja oder nein zu sagen.

Die Sehnsucht nach körperlicher Nähe ist in unterschiedlicher Form bei jedem Menschen vorhanden. Eine Umarmung, eine flüchtige Zärtlichkeit, eine ausgestreckte Hand sind Gesten, die gut tun. Solche Berührungen ersetzen jedoch sexuelle Gemeinschaft nicht. Diese kleinen Dinge können jedoch helfen, das menschliche Bedürfnis nach Aufmerksamkeit, nach Zärtlichkeit und Nähe zu stillen. Denn das Schönste an der Sexualität ist die Einheit und die gegenseitige Liebe. Diese Einheit und gegenseitige Liebe kann auch ohne sexuelle Gemeinschaft erfahren werden.

Dennoch bleibt eine grosse Herausforderung: Singles müssen sich bewusst dem Umgang mit ihrer Sexualität stellen. Selbstbefriedigung oder Pornografiekonsum ist auch für sie nichts Erstrebenswertes, weil dies keine wirkliche Erfüllung bringt. Diesbezüglich ist es hilfreich, bewusste sexuelle Stimulationen, wo auch immer, zu vermeiden und ihr aus dem Weg zu gehen. Das kann sich auch in der Entscheidung zeigen, „den zweiten Blick" zu meiden seinen Gedanken und Träumen nicht freien Lauf zu lassen.[134]

Wenn wir nach Gottes Berufung leben und unserer Vision folgen, dann dürfen wir aus der Gewissheit leben, dass Gott für uns sorgen wird. Er wird uns Kontakte, Begegnungen, Beziehungen, Aufgaben und Wege ermöglichen, die spannend und erfüllend sein werden.

* * *

http://www.

www.team-f.de ist eine christliche Beratungsorganisation, die Seminare und Beratung für Ehepaare und Familien anbietet. Mit ihren lebenspraktischen Angeboten machen sie Mut zu Ehe und Familie und helfen einen stabilen Beziehungsalltag zu ermöglichen, auch zum Thema: Perspektiven für Singles

www.kathtreff.org: Partnersuche auf katholisch. Singles, die sich an der Lehre der Kirche orientieren, findet man nicht an jeder Ecke. Das Internet ist eine selbstverständliche und wichtige Ergänzung in der Partnersuche geworden. Gottes Wege sind vielfältig.

www.cpdienst.com: Christlicher Partnerschaftsdienst mit dem Ziel, dass gesunde christliche Ehen und Partnerschaften entstehen und gefördert werden. Christliche Wertmassstäbe schränken den Kreis der teilnehmenden Personen in positiver Weise ein. Ein grosser Pool von partnersuchenden Christen aus allen Bildungsschichten und Altersstufen bietet breitgefächerte Möglichkeiten.

Gudrun Kugler: **Niemand ist eine Insel: Wie man den Partner fürs Leben findet.** Wie finde ich den Partner fürs Leben? Wo kann ich ihn kennenlernen? Das sind die entscheidenden Fragen von Menschen, die ungewollt alleine sind. Gudrun Kugler benennt die häufigsten Irrtümer und Fehler, die davon abhalten, den Richtigen zu finden und gibt klugen Rat, wie man an sich arbeiten kann und worauf man achten sollte, damit man einerseits authentisch bleibt, andererseits aber nicht an den Falschen gerät.

[134] Vgl. mehr dazu in Kapitel 4.3.

11. Scheidung, ... und was nun?

Das Leben vieler Menschen verläuft nicht geradlinig, sondern hält Enttäuschungen und manchen Schicksalsschlag bereit. So verläuft auch eine Ehe oft anders, als es sich zwei Menschen bei der Hochzeit gedacht haben. Sie sind mit der Absicht gestartet (und haben dies vor Gott und den Menschen versprochen) sich bis an ihr Lebensende zu lieben und einander treu zu sein. Doch die Scheidungsrate macht deutlich, dass dieses Ziel nur allzu oft nicht erreicht wird. Mit einer gescheiterten Ehe platzen die Träume von einem gemeinsamen und glücklichen Leben bis ins hohe Alter.

Im deutschen Sprachraum werden zur Zeit zwischen 40–50% aller zivil geschlossenen Ehen geschieden. Zählt man all diejenigen dazu, die ohne Heirat zusammenleben und dann auseinander gehen, vergrössert sich die Zahl immens. Ein Drittel bis die Hälfte der Geschiedenen heiraten erneut. Obwohl fast alle mit der Haltung „Ich will in meiner neuen Ehe nicht wieder die gleichen Fehler machen!“ eine zweite Ehe beginnen, gehen von diesen neuen Partnerschaften bis zu 70% wieder in die Brüche.

Ursachen des Scheiterns

Vieles kann zum Scheitern einer Ehe führen. Der Grossteil scheitert wohl an den wachsenden Herausforderungen, die an Frauen und Männer, an Mütter und Väter in der heutigen säkularen Gesellschaft gestellt werden. Vielen, auch kirchlich getrauten Ehepaaren, fehlt eine lebendige und stets wachsende Beziehung zu Gott, als Fundament einer wahrhaft christlichen Ehe. Doch nur Gott kann den Menschen zutiefst glücklich machen. Wo die Gottesbeziehung fehlt, besteht die Gefahr, dass der Ehepartner überfordert wird, weil man die Stillung der ganzen Sehnsucht nach Glück von ihm erwartet.

Ein häufiger Scheidungsgrund ist meist die mangelnde Kommunikation der Eheleute, verbunden mit fehlender Annahme und Wertschätzung. Dann ist die Untreue zu nennen. Ein Partner entscheidet sich für die Aussenbeziehung. Dadurch wird das Vertrauen innerhalb der Ehe radikal erschüttert. Weiter können Alkoholmissbrauch, Drogen und sexuelle Süchte das eigene Leben, die Ehe und Familie zerstören. Ein weiterer Grund kann auch in der mangelnden Loslösung vom Elternhaus liegen. Die Folge ist eine schwerwiegende Verletzung der ehelichen Solidarität. Krankhafte Eifersucht in der der Partner als Eigentum beansprucht wird, physische und psychische Gewaltanwendung töten die Liebe ebenso, wie permanente sexuelle Frustration. Schliesslich führen Persönlichkeitsstörungen und divergierende Entwicklungen und Interessen der Persönlichkeit zur Entfremdung.

Durch die Jahrhunderte kennt die Kirche die Erfahrung, dass auch christliche Ehen scheitern können und es in bestimmten Situationen besser ist, wenn sich Eheleute trennen. Eine offizielle Scheidung kennt aber nur das zivile Eherecht, da auch nach einer Trennung das sakramentale Eheband bestehen bleibt.[135]

Gescheitert – was nun?

Trennungen hinterlassen Spuren. In der Regel geht einer Scheidung eine jahrelange Auseinandersetzung zwischen den Eheleuten voraus. So ziehen sich die Zerwürfnisse immer weiter hin, bis es endgültig zum Bruch kommt. Ein langer Weg mit tiefinneren Verletzungen für beide Ehepartner. Eine Trennung wird dann oft als eine Befreiung erlebt. Begegnen sie dann einem neuen Partner, bricht die Hoffnung auf, endlich wieder ein „normales“ Leben führen zu können.

Doch Vorsicht! Viele sind sich nicht bewusst, wie sehr unsere Persönlichkeit durch die Verletzungen der Scheidung angegriffen wird. Unbemerkt schleppen wir den Rucksack alter Verletzungen und falscher Erwartungen in die neue Beziehung mit hinein. Eingeschliffene Verhaltensmuster können wie früher wieder auftreten, nur eben mit einem anderen Partner. Deshalb ist es wichtig, dass wir selbst (als Betroffene) zuerst wieder heil werden. Wir müssen uns darüber bewusst werden, was uns verletzt hat, womit wir unseren Partner verletzt haben und worin unser, mein persönlicher Anteil am Scheitern der Ehe besteht?

Dies ist in der Regel ein Prozess, der ca. 2–3 Jahre braucht und nicht durch rationale Entscheidungen verkürzt werden kann. Das heisst, unser Kopf plant schon eine neue Zukunft, während unsere Seele noch nicht gesund ist. Die Folge davon ist, dass wir in Gefahr sind, das Erlebte zu verdrängen mit der möglichen Folge, dass wir später bei Konflikten aus den alten Verletzungen heraus reagieren.

---

[135] „Es gibt jedoch Situationen, in denen das eheliche Zusammenleben aus sehr verschiedenen Gründen praktisch unmöglich wird. In diesen Fällen gestattet die Kirche, dass sich die Gatten dem Leib nach trennen und nicht länger zusammenwohnen. Die Ehe der getrennten Gatten bleibt aber vor Gott weiterhin aufrecht; sie sind nicht frei, eine neue Ehe zu schließen. In dieser schwierigen Situation wäre, falls dies möglich ist, die Versöhnung die beste Lösung. Die christliche Gemeinde soll diesen Menschen behilflich sein, in ihrem Leben diese Situation christlich zu bewältigen, in Treue zu ihrem Eheband, das unauflöslich bleibt“ (KKK 1649).

11.1. Versöhnung suchen

In welcher Situation getrennte Partner auch sind, es ist zuerst wichtig, sich mit ihrer eigenen Situation auseinanderzusetzen und sich so weit wie möglich zu versöhnen. Auf diesem Weg sind fünf Punkte zu beachten.

1. Der Blick auf die Kinder: Die Kinder sind die ersten „Armen“, die ersten Opfer. Sie fühlen sich oft schuldig, und für sie bringt eine Scheidung Veränderungen auf mehreren Ebenen. Deshalb die Frage: Wie sieht die Situation der Kinder aus? Was haben sie gelitten? Welche Verunsicherungen und Schwierigkeiten (auch in ihrer Beziehung zu Gott) sind entstanden? Haben wir um Vergebung gebeten? Für die Kinder ist es ausserdem eine Hilfe zu wissen: Meine Eltern haben sich vergeben.

2. Der Blick auf den früheren Partner/die frühere Partnerin: Für den verlassenen, beziehungsweise getrennt lebenden Partner, kann es schwierig sein, im Alltag mit den Gefühlen und der neuen Lebenssituation, auch praktischer und finanzieller Art fertig zu werden. Wie kann sie/er damit umgehen? Versuche ich entsprechend der eigenen Möglichkeiten ihr/sein Leben zu fördern?

3. Der Blick auf die Schuldfrage: Im Prozess der Scheidung kommt es oft zu Schuldzuweisungen. Aber auch eigene Schuldgefühle, lebensgeschichtliche Prägungen und Verletzungen werden bewusst. Auch wenn man nicht einfach sagen kann, wer an der Scheidung „schuld“ ist, gilt es, sich jetzt der Verantwortung zu stellen. Dazu können unter anderem folgende Fragen helfen: Waren wir im Umgang miteinander ehrlich? Gab es einen bewussten Bruch des Eheversprechens? Herrscht jetzt noch Anklage und Schuldzuweisung? Was müsste (oder könnte) getan werden, damit mehr Versöhnung möglich wird? Können wir uns gegenseitig um Vergebung bitten und unserem ehemaligen Ehepartner vergeben, womit er uns verletzt hat.

4. Der Blick auf die treuen Ehepaare: Eine Scheidung und eventuell neue Heirat ist nie nur etwas Privates: alles hat auch eine Wirkung auf andere. Es gibt auch heute noch Ehepartner, die in heroischer Weise in einer Ehe weiterleben, weil sie dies vor Gott und den Menschen versprochen haben. Deshalb die Frage, falls wir solche Ehepaare kennen: Ermutigen und stärken wir sie auf ihrem Weg?

5. Der Blick auf Gott und das Gewissen: Hier geht es um die Fragen: Wie stehe ich in der Tiefe des Herzens vor Gott? Vor Gottes Angesicht habe ich lebenslange Treue versprochen – wie stehe ich jetzt vor Ihm? Auch wenn man vom eigenen Partner verlassen wurde und erst nachträglich eine neue Beziehung eingegangen ist, hat man das Treueversprechen nicht gehalten. Diese schmerzliche Erkenntnis kann auch bewusst werden lassen, dass durch den Bruch des Treueversprechens auch der Leib Christi, die Kirche, verletzt wurde.

Wichtig ist einen Weg zu gehen, der zur Gewissheit führt: Ich bin mit der Vergangenheit ausgesöhnt und habe meine Schuld vor Gott gebracht. Wenn wir bereuen, ist Gott gross im Verzeihen. Seine Vergebung hilft mir, auch mir selbst zu vergeben. Das ist kein einfacher, aber ein notwendiger Schritt zu tiefem Frieden.

Weitere Wege

Für die Betroffenen gilt es zu fragen: Was will Gott jetzt? Wie sehen Seine Wege aus? Der Weg nach einer Scheidung kann unterschiedlich sein.

Ich bleibe allein

Einige entscheiden sich, aus Enttäuschung, aus gereifter persönlicher Überlegung oder auch, um den Weisungen der Kirche zu folgen, keine neue Partnerschaft mehr einzugehen. Sie bleiben (mit ihren Kindern) allein und sind dankbar für Gemeinschaft und freundschaftliche Unterstützung.[136]

Siglinde – mach dein Herz auf!

Geschieden bin ich seit 15 Jahren. Mein Mann sagte mir eines Tages – nach 18 Jahren Gemeinsamkeit, davon 13 Jahre Ehe – wir würden uns in verschiedene Richtungen entwickeln. Nachdem er sich selbstständig machte, wurde ich zu wenig für ihn. Zuviel Hausfrau, zu wenig Partnerin?? Er zu sehr Egoist!? Ich weiss es nicht so genau. Wir hörten auf, miteinander zu reden. Manchmal denke ich, ich hätte mehr um unsere Ehe kämpfen sollen. Unsere Tochter war 11 Jahre. Wir trennten uns im Guten, ohne Streit, vorwiegend unserer Tochter zu liebe. Aber, ob im Guten oder im Streit, eine Trennung der Eltern ist immer schlimm für ein Kind! Mein Mann und ich verstehen uns immer noch gut. Er hat seit 7 Jahren eine neue Beziehung. Ich blieb alleine. Für mich gilt das Hochzeitsversprechen vor Gott „Treu, bis der Tod euch scheidet."

---

136 „Als Geschiedene und Getrenntlebende, deren Ehe zerbrochen ist, fühlen wir uns oft allein, verzweifelt, nicht mehr zur Kirche gehörend. Doch unser Platz ist im Herzen der Kirche, Jesus bleibt der Dritte im Bunde, und wir dürfen aus der Kraft des Ehesakramentes leben." Zur gegenseitigen Ermutigung und Unterstützung finden regelmässig monatliche „Magnificat-Treffen" statt, für Menschen in Trennung, Scheidung und Einsamkeit, die den Weg mit Christus und der Kirche suchen. Näheres: www.hauskirche.at oder www.christlichefamilie.at.

Und wie meist im Leben kommt nach Regen Sonnenschein. Jesus war lange schon bei mir, ich hatte es nicht erkannt. Jetzt fand ich Ihn! Ich hatte das Glück in der Nachbargemeinde eine Klostergemeinschaft zu entdecken, wo mich jede Predigt tief berührte und fing an, das Neue Testament zu lesen und Gott zu vertrauen. Ich gewann neue Freundinnen, die mich zu Schweigeexerzitien mitnahmen. Ich wusste nicht mal, was Exerzitien waren. Eine Freundin sagte nur: „Mach dein Herz auf!" Mein Glaube vertiefte sich schlagartig. Ich hatte auch eine Jesusbegegnung. Er sagte zu mir, ich darf zu Ihm kommen.

Seither ist mein Leben ein einziges Geschenk. Ich fuhr mit dem Gefühl im Herzen nach Hause, nichts im Leben könnte mich erschüttern. Trotz einiger Tiefschläge in den letzten 3 Jahren (Arbeitsverlust durch Insolvenz, dadurch grosse finanzielle Probleme, Einbruch in meiner Wohnung,...) kam das Gefühl der Angst nie auf. Ich vertraute alles Gott an und es wendete sich alles zum Guten für mich. Ich bin geborgen, getragen und beschenkt von Jesus.

Wieder war es die gute Freundin, durch die ich zur Gemeinschaft „Solitude Myriam" kam. Ich bin seit dem ersten Treffen dabei und wir sind zu einer Familie geworden. Wenn einen was bedrückt, wird man aufgefangen und versucht zu helfen. Man braucht keine Scheu davor zu haben, über Probleme zu sprechen. Wir sind alle Betroffene und man fühlt sich angenommen. Auch die Freude wird geteilt und der Hl. Geist ist jedes Mal sehr spürbar im Gebet und Lobpreis. Ein Wort aus dem Markusevangelium (Mk 11,24) hat mir oft schon geholfen: „ Darum sag ich euch: Alles, worum ihr betet und bittet – glaubt mir, dass ihr es schon erhalten habt, dann wird es euch zuteil!"[137]

11.2. Eine neue Beziehung eingehen

Andere gehen, aus vielfältigen Überlegungen (vielleicht auch zum Wohl der eigenen Kinder), wiederum eine Partnerschaft ein.[138] Da ist einiges zu bedenken. Zuerst:

Ist eine neue Beziehung Gottes Wille für mich? Vielleicht hat man sich nach der Trennung über die Frage nach dem Willen Gottes gar keine Gedanken gemacht. Man fühlte sich unter Umstanden gedrängt, einem verwitweten Partner und seiner Familie zu Hilfe zu kommen oder hat inzwischen mit dem neuen Partner selbst eine Familie gegründet.

Andere stellen sich diese Frage ganz bewusst. Sie wissen, dass eine zweite kirchliche Eheschliessung für die katholische Kirche nicht möglich ist[139] und sie sich mit einer neuen Partnerschaft in eine Situation bege-

---

137 Vgl. die Homepage der Familie Solitude Myriam: http://www.familiesolitudemyriam.org/ueber-uns.

138 Vielleicht sind sie diese Partnerschaft bereits vor der Scheidung eingegangen.

139 Es gibt evang.-freikirchliche Pastoren, die, wenn der Partner durch Ehebruch die Ehe zerstört hat, eine neue Ehe erlauben. Dabei berufen sie sich auf *Mt 5,32*.

ben, die dem Gesetz Gottes objektiv widerspricht. Zugleich aber spüren sie, dass sie nicht allein (und enthaltsam) leben können oder wollen. Was nun?

Einige stellen sich vor Gott und fragen, ob sie sich an diesen neuen Partner binden und mit ihm eine neue Ehe wagen sollen? Wenn die Betroffenen ehrlich sind, können sie im Herzen spüren, ob ihre Absicht in den Frieden hineinführt oder nicht. Dann kann es auf der persönlichen, subjektiven Ebene zu einem Ja kommen, für das sie von der Kirche keine Bestätigung erhalten können. Sie treffen eine persönliche Gewissensentscheidung und sind bereit, die entsprechenden Konsequenzen zu tragen.[140]

Eine solche Gewissensentscheidung kann dem Menschen niemand abnehmen. Er trifft sie persönlich vor Gott. Wie soll die Kirche zu so einem Gewissensentscheid stehen? Die Kirche wird dieses persönliche Gewissensurteil weder bestreiten noch bestätigen. Sie überlässt das Urteil Gott. Die Kirche wünscht aber, dass die Betroffenen in Frieden die kirchlichen Folgen dieses Weges annehmen, weil der Gehorsam gegenüber den kirchlichen Weisungen mehr Segen bringt als der Ungehorsam.[141]

Warum will ich wieder heiraten? Bei oder nach einer Trennung kommen wir unweigerlich in die Phase sehr „schwieriger Gefühle". Diesen möchten wir am liebsten aus dem Weg gehen, weil sie uns viel Schmerz bereiten. Problematisch kann es sein, wenn in dieser Phase ein Partner in unser Leben tritt mit dem wir uns gut verstehen, der einfühlsam und aufmerksam ist. Da ist es gut zu fragen: Ist es wirklich Liebe, die uns verbindet oder will ich durch diese Beziehung über den Schmerz meiner früheren Ehe hinwegkommen und der Einsamkeit entfliehen? Ist es die sexuelle Anziehungskraft, die Sehnsucht nach Geborgenheit? Möchte ich, wenn ich Kinder habe und alleinerziehend bin, dass meine

---

140 Andere haben, ohne sich diese Frage zu stellen, ein zweites Mal geheiratet. Durch ein Lebendigwerden Gottes in ihrem Leben stellen sie sich erstmals die Frage: Was ist jetzt in dieser Situation der Wille Gottes? Auf jeden Fall wissen sie, dass es jetzt vor Gott unverantwortlich wäre, die eingegangene Beziehung aufzulösen – zum Schaden des Partners und der Kinder.

141 „... Falls Geschiedene zivil wiederverheiratet sind, befinden sie sich in einer Situation, die dem Gesetze Gottes objektiv widerspricht. Darum dürfen sie, solange diese Situation andauert, nicht die Kommunion empfangen. Aus dem gleichen Grund können sie gewisse kirchliche Aufgaben nicht ausüben. Die Aussöhnung durch das Busssakrament kann nur solchen gewährt werden, die es bereuen, das Zeichen des Bundes und der Treue zu Christus verletzt zu haben, und sich verpflichten, in vollständiger Enthaltsamkeit zu leben" (KKK 1650).

Kinder wieder eine vollständige Familie haben oder dass sich die finanzielle Versorgung verbessert?

Wenn man zum zweiten Mal zivil heiratet oder eine Beziehung mit jemandem eingeht, der schon einmal verheiratet war, sollte dies in dem Bewusstsein geschehen: der Partner ist kein unbeschriebenes Blatt. Das Leben als zweite Ehefrau/zweiter Ehemann erfordert von beiden Partnern Akzeptanz, Toleranz, Verständnis, Dankbarkeit und offene Gespräche bis in die tiefen Gefühlsebenen von Mann und Frau.

Patchworkfamilie

Heute spricht man von Patchworkfamilie, früher sprach man von der Stieffamilie. Die Stieffamilie war zu allen Zeiten weit verbreitet, denn bis Ende des 19. Jahrhunderts starben viele Frauen im Kindbett und der Mann heiratete wieder. Die neue Frau war nun die Stiefmutter der Kinder des Mannes und Mutter der eigenen Kinder, wenn sie noch welche bekam.

Von einer Patchworkfamilie im engeren Sinne sprechen wir heute, wenn nach einer Trennung eine Wiederheirat stattgefunden hat und beide Partner Kinder in die „neue" Ehe mitbringen. Wenn dann noch gemeinsame Kinder dazukommen, spricht man von „deinen, meinen und unseren Kindern".

Heute ist in Deutschland – nach einer Schätzung des Deutschen Jugendinstituts (DJI) in München – jede siebte Familie eine Patchworkfamilie. Es gibt eine Vielzahl von Patchworkformen. Doch immer treffen zwei Familiensysteme aufeinander, die zusammenfinden müssen, was mit vielfältigen Herausforderungen und Konflikten verbunden ist. Je nach Art der Trennung bringt jeder Teil Erfahrungen, Erwartungen und Verletzungen mit in die „neue" Familie. Dazu kommt die Frage, wie das Sorge- und das Besuchsrecht der Kinder geregelt ist. Für Kinder kann es bedeuten, dass sie in zwei Welten leben müssen, das heisst in zwei verschiedenen Familienformen mit unterschiedlichen Erziehungsstilen und Wertvorgaben.

– Erziehungsfragen

In einer Patchworkfamilie gibt es verschiedene Stolpersteine, die das Miteinander der Ehe erschweren. Erziehung und Disziplinierung der Kinder gehören zu den häufigsten Konflikten einer Patchworkfamilie. Leibliche Eltern reagieren sehr empfindlich, wenn der Stiefelternteil das eigene Kind ihrem Empfinden nach ungerecht behandelt.

Jede Mutter und jeder Vater bringt ein bestimmtes Erziehungsverhalten mit in die „neue" Familie. Zunächst geht es darum, sich den eigenen Erziehungsstil und den des neuen Partners bewusst zu machen und zu fragen, wie man damit umgehen soll.

Die Familienkonferenz gehört zu einer wichtigen Hilfe für das Miteinander in einer Patchworkfamilie. Im wöchentlichen Zusammentreffen können alle Fragen, die das Zusammenleben betreffen, angesprochen werden. Jedes Kind (altersabhängig) kann all das ansprechen, was es gut oder weniger gut findet, wo es sich benachteiligt fühlt oder denkt, dass andere Geschwister oder Stiefgeschwister bevorzugt werden. Ebenso sprechen die Eltern ihre Empfindungen und Beobachtungen an. So kann der Stiefvater deutlich machen, wie schwierig es für ihn ist, wenn seine Bemühungen zurückgewiesen werden. Gemeinsam kann man nun nach Wegen suchen, wie entstandene Konflikte gelöst werden können.

Wie in jeder Familie muss auch in einer Patchworkfamilie das Familienleben gestaltet werden. Die Negativerfahrungen, die Kinder in die „neue" Familie mitbringen, können nur langsam durch positive Erfahrungen auf der Beziehungsebene überwunden werden. Wo das gemeinsame Gebet möglich ist, ist das eine grosse Hilfe.

Regula – eine Menge Arbeit...

Scherzeshalber nennt mein Mann sich manchmal „Secondhand man" und ich mich „die Zweite". Unser Humor bringt Leichtigkeit in diese ganze „Patchworksache", die uns das Leben manchmal ziemlich schwer machen will. ...

Wir „Zweiten" haben in unserer Rolle eine hervorragende Chance, charakterlich zu wachsen! Wir gehen hier entweder selbstbewusst gereift oder verbittert kapitulierend heraus. Dabei heisst mein Hauptschwachpunkt „Verunsicherung". Zu Beginn kam ich mir vor wie das Volk Israel an der Grenze zum verheissenen Land: Die lang ersehnte Ehe – mein verheissenes Land, in dem Milch und Honig fliessen, das ich nicht einnehmen konnte, weil mich die Riesen des Landes mit allen Mitteln daran hindern wollen. Innerlich zog ich mich völlig zurück und konnte meinen rechtmässigen Platz als Ehefrau nicht einnehmen. Ganz praktisch versteckte ich mich dann z. B. bei den Übergaben der Kinder im eigenen Haus, statt bei meiner höflichen Forderung zu bleiben, dass die Kinder ohne ihre Mutter zu uns kamen.

Den Provokationen der Exfrau hilflos ausgeliefert, von meinem Mann „verraten", von seiner Familie und Freunden unverstanden – so fühlte ich mich in den Anfangsjahren. Damit ging es mir sogar so schlecht, dass ich körperliche Symptome entwickelte und regelrecht vor Überforderung krank wurde. Das war für mich ein Alarmsignal, Hilfe zu suchen. Und das war gut. Ohne Hilfe von aussen – von Schicksalsgenossinnen, Seelsorgern und Psychologen – wäre ich heute nicht so zurück im Lot und den durchaus bleibenden Belastungen und provokativen Situationen weniger gewachsen (meine Ehe übrigens auch nicht). Und ohne Gottes Hilfe hätte ich es sowieso nicht geschafft.

Mein Tipp an Betroffene: Nehmen Sie ruhig Hilfe in Anspruch. Ihr Ehepartner ist oft nicht der richtige Ansprechpartner und häufig überfordert! Sehr vieles, was deutlich schien, muss neu und persönlich definiert werden – es gibt dafür keine Norm und noch kaum Vorbilder: Wer ist mein Mann für mich, wenn er plötzlich in erster Linie Vater seiner (und einer anderen Frau) Kinder ist? Wer bin ich für seine Kinder und wer bin ich nicht? Wie verhalte ich mich, wenn Freizeit und gemeinsames Geld der neuen Ehe wie selbstverständlich in gebliebene Ansprüche der ersten Ehe fliessen? Wie fülle ich mein Leben an der Seite meines Mannes alternativ aus, wenn ich nicht bekomme, was „die Erste" schon bekam? Wie schaffe ich es, nicht zu verbittern, sondern offen zu bleiben, obwohl ich oft scheinbar nicht wirklich dazugehöre? Eine Menge Arbeit, finde ich, und das auf Dauer – vor allem, wenn Kinder aus erster Ehe im Spiel sind. Damit muss man sich abfinden und eigene Wege finden, um die Beziehungen mit Vorerfahrungen aus einer anderen Ehe und jeder Menge Befindlichkeiten angemessen zu leben.

Auch mein romantisches Bild von Partnerschaft musste ich korrigieren: Die exklusiv Erwählte, die ich sein wollte, konnte ich nie sein, denn mein Mann hatte diese Wahl schon einmal getroffen. Das tat zunächst weh – heute kann ich aber erkennen, dass ich trotzdem die Eine, nämlich Richtige für ihn bin.

Viele Dinge wurden erst in der Ehepraxis klar, z. B. wie unterschiedlich unsere Ausgangspositionen sind. Hierzu mein Tipp: Realisieren Sie das, so ehrlich wie möglich, vorher! Ich heiratete mit hohen Erwartungen an eine Ehe, weil es meine erste war – mein Mann war da an vielen Stellen einerseits sehr abgeklärt, andererseits lagen hohe Erwartungen auf uns, weil seine 2. Runde besser klappen sollte. Ich brachte Torschlusspanik und Kinderwunsch mit, mein Mann seine Kinder. Ich heiratete in seine ständig präsente Vergangenheit ein, er heiratete eine Frau mit unsichtbarem Rucksack.

Inzwischen gelingt es mir besser, die Positionen der Anderen stehen zu lassen: die Zerrissenheit meines Mannes zwischen allen Stühlen, die ihn sehr verletzlich macht, die Schwiegerelternfamilie, für die es auch eine ganz neue Situation war, die Kinder, deren Grundvertrauen einen schweren Knacks erlitten hatte, und manchmal verstehe ich sogar in Ansätzen das konkurrierende Verhalten ihrer Mutter. Ein wichtiger Schlüssel dazu ist für mich immer wieder die Vergebung, die mich von Druck und Wut frei machen kann, so dass ich wieder geniessen kann, was ich Kostbares habe – nämlich einen tollen Mann und eine tolle Ehe …[142]

---

142 Zitiert nach: Weisses Kreuz, Zeitschrift für Lebensfragen Nr. 51.3/2012 S. 10.

11.3. Versöhnung mit der Kirche suchen

Während sich viele heute nicht mehr um ein kirchliches Leben bemühen, gibt es solche, die erst durch das Scheitern ihrer ersten Beziehung und durch eine neue Partnerschaft zum lebendigen Glauben gefunden haben. Nun stellen sie fest: Während wir früher kein Interesse an den Sakramenten hatten, dürfen wir sie jetzt, wo wir sie aus dem Herzen heraus ersehnen, nicht mehr empfangen. Das tut sehr weh und führt zu vielfältigen Fragen.

Papst Johannes Paul II. hat in seinem Rundschreiben „Familiaris consortio" die Hirten der Kirche eindringlich gemahnt, „die verschiedenen Situationen gut zu unterscheiden. Es ist ein Unterschied", so sagt er, „ob jemand trotz aufrichtigen Bemühens die frühere Ehe zu retten, völlig zu Unrecht verlassen wurde, oder ob jemand eine kirchlich gültige Ehe durch eigene schwere Schuld zerstört hat. Wieder andere sind eine neue Beziehung eingegangen im Hinblick auf die Erziehung der Kinder und haben manchmal die subjektive Gewissensüberzeugung, dass die frühere, unheilbar zerstörte Ehe niemals gültig war" (Nr. 84). Hier spricht er indirekt einen ersten möglichen Lösungsweg an: die Klärung der Gültigkeit der ersten Ehe.

– Ist die kirchlich geschlossene Ehe gültig?

Wenn eine christliche Ehe geschlossen und in der geschlechtlichen Hingabe vollzogen wurde, kann diese Ehe von der Kirche nicht mehr gelöst werden. Denn Gottes Treue zur Kirche ist unzerbrechlich und die Ehe ist Zeichen für diese Verbindung Gottes mit der Kirche. Gottes Treue macht die Ehe unauflöslich, und darüber kann die Kirche nicht verfügen. Die Frage ist jedoch, ob eine christliche Ehe überhaupt zustande gekommen ist.[143] Hier gibt es ein kirchliches Verfahren, das ermöglicht, die Nichtigkeit einer Ehe festzustellen, wodurch keine Ehe auf-

---

[143] Dazu braucht es den Konsens (die gemeinsame Willensübereinstimmung) der Brautleute, das heisst, dass sie die Eigenschaften der christlichen Ehe bejahen und auch aus innerem freiem Entschluss handeln. Konkret: Die Brautleute entscheiden sich mit Hilfe des Heiligen Geistes, ihr Leben auf das Wohl des Ehegatten auszurichten (erstes Element) und offen zu sein für die Zeugung und Erziehung von Nachkommen (zweites Element). Dazu gehört ihr Wille, die Lebensgemeinschaft mit dem gleichen Partner ein ganzes Leben lang und in Treue zu leben. Wenn einer der Partner eine dieser Eigenschaften bei der Heirat von seinem Willen bewusst ausschliesst, dann ist nach kirchlichem Verständnis eine christliche Ehe nicht zu Stande gekommen, die Ehe ist also nichtig. Dasselbe kann der Fall sein, wenn ein Partner aufgrund ganz bestimmter Mängel in seiner Persönlichkeit nicht zur Eheschliessung oder zu einem ehelichen Leben fähig war.

gelöst, sondern lediglich festgestellt wird, dass eine Ehe im kirchlichen Sinne gar nie zustande gekommen ist. Damit die Kirche die frühere Ehe auf ihre Gültigkeit prüfen kann, muss der betroffene Ehepartner einen Antrag stellen.

Eine, zumindest für mich (Leo Tanner) offene Frage in Bezug auf das Zustandekommen der christlichen Ehe ist die Frage des Glaubens. Ein Sakrament setzt den Glauben voraus.[144] Ist das Ehesakrament z. B. zustande gekommen, wenn der katholische Partner zwar getauft ist, jedoch gar nicht an einen persönlichen Gott glaubt und keinen Bezug zur kirchlichen Praxis (Gottesdienst) hat?

– Freiwilliger Verzicht

In jedem Lebenstand müssen wir auf Dinge, die uns wertvoll und lieb sind, verzichten. Das gehört zu unserem Leben auf Erden. So gehört ein Stück Unerfülltheit zum Menschsein dazu. Erst im Himmel wird alles umfassend gut und erfüllt sein. So kann – eventuell im fortgeschrittenen Alter – der bewusste Verzicht auf die sexuelle Hingabe auch ein Weg zur Versöhnung sein.[145] Denn durch die sexuelle Enthaltsamkeit ist es geschiedenen Wiederverheirateten (nach einem Gespräch mit dem Priester) möglich, die Sakramente wieder zu empfangen. Ein solches Opfer aus Liebe zu Christus in der Kirche kann sehr segensreich sein.

– Gemeinschaft mit Jesus

Am schmerzlichsten und spürbarsten wird der „Konflikt" mit der Kirche oft beim Kommuniongang in der Eucharistiefeier erlebt.[146] Es kann nun verschiedene Gründe geben, weshalb Gläubige die Heilige Kommunion nicht empfangen oder noch nicht empfangen dürfen. Doch immer können sie Jesus bitten geistlich in ihr Herzen zu kommen und so Gemeinschaft mit Jesus zu haben. In dieser sogenannten Kommunion der Sehnsucht können sie zum Beispiel beten: „Jesus, ich glaube, dass

---

144 Vgl. auch (KKK 1122-1124)

145 Ebenso kann die bestehende Verbindung dann „saniert", das heisst kirchlich anerkannt werden, wenn der Partner aus der ersten Ehe gestorben ist.

146 Dass geschiedene und zivil wiederverheiratete Gläubige die Hl. Kommunion (und die anderen Sakramente) nicht empfangen können, verstehen heute sehr viele Gläubige nicht mehr und wünschen sich eine andere Praxis. Da steht die Kirche im Spannungsfeld zwischen der Barmherzigkeit Jesu und der Treue zu Seinem Wort zur Unauflöslichkeit der Ehe. Auch an der Bischofssynode zu Ehe und Familie vom 4.-25. Oktober 2015 war diese Frage ein vielfältig diskutiertes Thema. Die Kirche sucht hier Wege, um beidem gerecht zu werden. Vielleicht können nun in Einzelfällen neue Wege gefunden werden.

Du wahrhaft gegenwärtig bist in der heiligen Hostie (im Sakrament des Altares). Ich weiss, dass Du mich liebst, auch wenn ich Dich zurzeit nicht im Sakrament empfangen kann. Ich sehne mich nach Dir. Komm zu mir und lass mich Dein Erbarmen erfahren. Fülle mich mit Deiner Liebe, Deinem Geist, Deiner Kraft und Deiner Freude. Mit dem hl. Bruder Klaus bete ich: Mein Herr und mein Gott, nimm alles von mir, was mich hindert zu Dir. Mein Herr und mein Gott, gib alles mir, was mich führet zu Dir. Mein Herr und mein Gott, nimm mich mir und gib mich ganz zu eigen Dir. Amen."[147]

Wir dürfen die Eucharistiefeier nie nur auf den Empfang der Heiligen Kommunion reduzieren. Die Eucharistie ist viel mehr. Jesus begegnet und nährt uns in der Gemeinschaft der Gläubigen, in Seinem Wort und in der Vergegenwärtigung Seiner Lebenshingabe am Kreuz (Kreuzesopfer) und Seiner Auferstehung.

Heute gibt es hier in der Praxis eine Schwierigkeit. Denn während noch vor 50–60 Jahren nur wenige Personen in einer Eucharistiefeier die Heilige Kommunion empfingen, gehen heute oft Bank für Bank alle zur Kommunion gehen. Dadurch fühlen sich diejenigen, die das Sakrament nicht empfangen,[148] schnell „blossgestellt" und erleben sich als ausgeschlossen. Hier kann helfen, wenn alle, auch die Menschen, welche die Heilige Kommunion nicht empfangen, beim Kommuniongang nach vorne kommen und sich wie die Kinder segnen lassen, indem sie dazu ihre Hände gekreuzt vor die Brust halten. Denn Jesus will alle nähren und mit Seiner Liebe beschenken.

* * *

Lara – von Jesus persönlich beschenkt

Ich bin leider geschieden und Dank Gottes Barmherzigkeit seit zehn Jahren wieder glücklich verheiratet. Als Mitglied der katholischen Kirche war es mir immer wichtig, einen Weg zu finden, der trotzdem gehorsam der Kirche gegenüber ist.

Bei Exerzitien brachte ein Priester mir die geistige Kommunion nahe und bat mich innig: „Gehorsam ist immer seliger!" Zufällig las ich zeitgleich in einem Buch von Richard Rohr über den „freiwilligen Gehorsam". Dies machte mich

[147] Diese Weise der Gemeinschaft mit Jesus empfiehlt auch Papst Johannes Paul II. in seiner Eucharistie-Enzyklika den (zivil) wiederverheirateten Geschiedenen.

[148] Das können ganz unterschiedliche Menschen sein wie z. B. Ungetaufte, Kinder, Menschen, die nicht an die Gegenwart Jesu in der Eucharistie glauben, die innerlich nicht disponiert sind, die bewusst im schweren Widerspruch zu den Weisungen Jesu leben, die …

bereit, die Hl. Kommunion „geistig" zu empfangen und dies trotz Angst vor Gefühlen der Trauer und des Ausgeschlossenseins.

Da bin ich sehr dankbar, dass der Pfarrer vor Ort nicht nur Kleinkindern, sondern auch Erwachsenen die Möglichkeit gibt, bei der Kommunionspendung, wie die Anderen auch, nach vorne zu kommen und sich segnen zu lassen. Durch das liebevolle Segnen des Priesters fühle ich mich jedesmal von Jesus persönlich beschenkt. Das vermittelt mir das Gefühl des Dazugehörens und stärkt meine Verbundenheit mit der Kirche.

Dadurch erlebte ich mit der katholischen Kirche eine tiefe Versöhnung. Innerer Friede ist da. Eine immer grösser werdende Sehnsucht zog mich in die Eucharistische Anbetung und darin in eine unbeschreibliche Beglückung in der Begegnung mit IHM.

* * *

http://www.

www.team-f.de ist eine christliche Beratungsorganisation, die Seminare und Beratung für Ehepaare und Familien anbietet. Mit ihren lebenspraktischen Angeboten machen sie Mut zu Ehe und Familie und helfen einen stabilen Beziehungsalltag zu ermöglichen, auch zum Thema: Trennung und danach.

Konrad Stauss: **Die heilende Kraft der Vergebung. Die sieben Phasen spirituell-therapeutischer Vergebungs- und Versöhnungsarbeit.** Tiefe seelische Verletzungen wie z. B. eine Scheidung oder sexuellen Missbrauch bedürfen einer Heilung umfassender Art, welche durch eine „vorschnelle Vergebung" eher behindert wird. Dr. Konrad Stauss, zeigt wie therapeutische Bemühungen und seelsorgliche Zuwendungen helfen, dass durch die lösende und heilende Kraft von Vergebung, verletzte Menschen heil werden.

Unterwegs zur Erfüllung aller Sehnsüchte

Als Abbild Gottes sind wir geschaffen mit der Sehnsucht geliebt zu werden und zu lieben. Doch wir erfahren im Leben vielfältige Brüche, Enttäuschungen, Verletzungen, Mangel,... Wir alle erfahren, dass unsere Sehnsüchte grösser sind, als die uns geschenkte Erfüllung. Weshalb ist das so? Stimmt da etwas nicht?

Ein Fisch wird an Land niemals wirklich glücklich werden, weil er für ein Leben im Wasser geschaffen wurde. Ein Adler wird im Hühnerstall niemals wirklich glücklich werden, solange er nicht fliegen kann. Und so werden wir auf dieser Erde nie restlos glücklich sein können, weil wir für mehr geschaffen wurden, für eine so grosse Fülle von Glück und Herrlichkeit, die uns nur die Ewigkeit geben kann. Darum begleitet uns eine innere Unruhe, ein Suchen nach etwas, was wir oft nicht genau beschreiben können. Eine der grundlegenden Sehnsüchte des menschlichen Herzens besteht darin, von Jemandem, der faszinierend und atemberaubend ist, auf einzigartige Weise, geliebt zu werden.

Diese uns faszinierenden, beglückenden und all unsere Sehnsüchte erfüllenden Liebe wird Gott uns geben. In den glücklichsten Momenten der Liebe haben wir davon eine Kostprobe erhalten. Diese Kostprobe zeigt, dass es mehr gibt. Wir alle gehen auf eine Hochzeit, auf *„die Hochzeit des Lammes“ (Offb 19,7)* zu. Jesus, der strahlende Bräutigam wird uns, Seine Braut, herrlich und strahlend schön machen. Er wird uns von allen Verletzungen, Leiden und Enttäuschungen heilen und ganz mit Seiner Liebe erfüllen.

Dieses ewige Hochzeitsfest wird sprühen von Leben, von Glück und ist voll von stets neuen strahlenden Überraschungen. Durch den Bräutigam Jesus werden wir hineingenommen in das Leben der Heiligen Dreifaltigkeit, in ein ewiges berauschendes Miteinander, in ein sich steigerndes Fest des Lieben und Geliebtwerdens ohne Ende.

«Wir wollen uns freuen und jubeln und ihm die Ehre erweisen. Denn gekommen ist die Hochzeit des Lammes, und seine Frau hat sich bereit gemacht» (Offenbarung 19,7).

Literaturverzeichnis

Burhenne, Matthias: Mann sein – Sexualität mit Charakter. SCM Hänssler Verlag 2012

Burhenne, Matthias: Sexualität und Seelsorge. SCM Hänssler Verlag 2011

Buth, Ute: Frau sein – Sexualität mit Leib und Seele. SCM Hänssler Verlag 2012

Buth, Ute: Mädelskram. Bauchkribbeln, Deo &elternfreie Zone. SCM Hänssler Verlag 2015.

Buth Ute/Laun Andreas (Hrsg.): Schwangerschaftsabbruch. Fakten und Entscheidungshilfen. SCM Hänssler Verlag 2013.

Cantalamessa, Raniero: Die Kirche lieben. Meditationen zum Epheserbrief. Verlag Herder, D-Freiburg 2003.

Eisl Maria/Laun Andreas Laun (Hrsg): „Die Dynamik der Liebe. Neue Gesichtspunkte zur sympt-thermalen Methode nach Rötzer". Ehefamilie-Buch-Verlag A- Jeging 2. Auflage 2013.

Franziskus, Papst: Zitate aus „Evangelii Gaudium": Copyright © Libreria Editrice Vaticana/Verband der Diözesen Deutschlands.

Katechismus der Katholischen Kirche, R. Oldenbourg Verlag, D-München - Libreria Editrice Vaticana, 1993.

Lehmann, Regula: Familienerziehung? Familiensache! Just do it – bevor es andere tun! Brunnen Verlag Basel 2. Auflage 2012.

Nogrady, Gaston (Hrsg.): Konflikt Homosexualität. Fragen – Antworten – Berichte. Eine Orientierungshilfe zur Diskussion in Kirche und Gesellschaft. Herausgegeben von der sächsischen Bekenntnisinitiative. Arbeitskreis für Geistliche Gemeinde-Erneuerung in der Evangelischen Kirche e. V. 2013.

Schäller, Markus: Sex Beziehungsweise Ehe. Biblische Sexualethik für die Gemeinde. 2008 by Jota-Publikationen GmbH Hammerbrücke.

Schwaderlapp, Dominik: Für immer Ja. Ein Kurs in Sachen Liebe. Pattloch Verlag 2007.

Kuby, Gabriele: only you. gib der liebe eine chance! Fe-Medienverlag, D-Kissegg 2. Auflage 2010.

Weisses Kreuz e. V. Sexualethik und Seelsorge: „Zeitschrift für Lebensfragen" Ausgaben von 2008-2014 wie auch „Denkangebot 1-10" Vgl.: www.weisses-kreuz.de/medien-und-materialien.

West, Christopher: Theologie des Leibes für Anfänger. Einführung in die sexuelle Revolution nach Papst Johannes Paul II .Fe-Medienverlag, D-Kissegg 2. Auflage 2006.

Wladika Michael/Danhel Günter (Hg.): Kirchliche Verlobung. Reflexionen und Impulse. Be&Be-Verlag Heiligenkreuz 2012.

Wladika Michael (Hg.): Sinn und Glück der sakramentalen Ehe. Wie eine umfassende Vorbereitung auf die Eheentscheidung heute gelingt. Be&Be-Verlag Heiligenkreuz 2014.

Veröffentlichungen von Birgit und Corbin Gams

Eine Vision von Liebe
Das Buch verbindet die Theologie des Leibes mit Beispielen und Zeugnissen. Es macht deutlich, dass die christliche Sicht der Ehe und Familie dem tiefsten Sehnen des menschlichen Herzens entspricht und lässt die Liebe zwischen Mann und Frau in neuem Glanz erstrahlen. Fe-medienverlags GmbH, Kisslegg 2014, 2015

Liturgie der Liebe – Die Sprache des Leibes in ihrer ganzen Tiefe.
In seiner Hochschätzung hat Johannes Paul II. von Ehe und ehelichem Eins-werden eine neue Dimension der Theologie in diesem Bereich beschrieben und die eheliche Liebe in ein neues, wunderbares Licht getaucht. Grignion Verlag, Altötting, 2015

Vision Liebe - Eine Vision fürs Leben.
Diese 13 teilige TV-Reihe auf DVD richtet sich an alle Interessierten, die sich in das katholische Verständnis von Liebe, Sexualität, Mann- und Frausein vertiefen möchten. Geeignet für Einzelpersonen und als Einstieg für Gesprächsabende zur Theologie des Leibes.

Liebesleben. Liebe ist kein Gefühl – Gefühle kommen und gehen. „Tausende von Menschen geben sich mit diesem Müll zufrieden. Wir sind völlig overdosed von Sex. Aber bin ich glücklich? Der Film ist einsetzbar in der Jugendarbeit und im Unterricht. Das Arbeitsheft bietet 6 Einheiten für die Praxis an.

Frau sein mit Vision. 6-teilige TV-Reihe auf DVD von Birgit Gams
Wenn wir unser Leben betrachten, ist es angefüllt mit Erwartungen an uns selbst, mit Terminen und To-do-Listen. Aber was ist mit unserem Herzen? Geeignet für Einzelpersonen und als Einstieg für Gesprächsabende oder Impulsabende zum Thema Frau-sein.

Mann sein mit Vision. 6-teilige TV-Reihe auf DVD von Corbin Gams
Im Herzen eines jeden Mannes lebt eine tiefe Sehnsucht nach „mehr“. Diese Sendungen über Männer, Sex und Spiritualität laden Männer ein, eingeschlagene Wege zu überdenken und neue Ziele ins Visier zu nehmen. Geeignet für Einzelpersonen und als Einstieg für Gesprächsabende zum Thema Mann-sein.

Alle Materialien können über www.visionliebe.com bestellt werden. Dort finden sich auch weitere Informationen und Medien.

Veröffentlichungen des WeG Verlages

Glaubenskurse

Neu anfangen – Impulse für ein befreites Christ sein
Komm und sieh – Den christlichen Glauben neu entdecken
Vater unser – Leben im Reich Gottes
Brennpunkt der Liebe – Die Eucharistie verstehen und leben
Credo – Den Glauben kennen und bekennen

Zu diesen Glaubenskursen gibt es ein Kursbuch, Teilnehmerheft, eine Referenten-DVD-ROM und ein Video-DVD. Das Kursbuch eignet sich auch für die persönliche Lektüre, unabhängig vom Kurs.

Bücher

Johannes Hartl & Leo Tanner: **Katholisch als Fremdsprache. Einander verstehen – gemeinsam vorwärts gehen.** Die Autoren zeigen auf, wie das Christentum sich in der 2000jährigen Geschichte entwickelt hat, was uns mit anderen Konfessionen verbindet, was uns trennt und wie ein neues Verstehen und Miteinander möglich wird. 160 Seiten

Lebt als Kinder des Lichts! Eine geistliche Auslegung der Bergpredigt. Die Bergpredigt ist die Zusammenfassung der Lehre Jesu Christi. Sie zeigt uns Gottes Lebensprogramm. Wo Menschen sich auf diese Botschaft einlassen, beginnen sie „als Kinder des Lichts!“ (Eph 5,8) zu leben. Eine inspirierende, geistliche Auslegung der Bergpredigt mit 12 ausgearbeiteten Kleingruppentreffen. 144 Seiten

„Willst du gesund werden?” Gottes Wege zum Heil. Mit Unterscheidungshilfen zu alternativen Heilpraktiken.
Gott will in vielfältiger Weise Heilung und Heil schenken – auch heute! In diesem Buch wird Gottes Sicht über Heilung dargelegt und ermutigt Gottes Wegen zum Heil zu vertrauen. 168 Seiten

Islam – Christentum. Eine aktuelle Herausforderung
Was ist der Islam? Wie steht er zu Krieg und Terror? Welche sind die Unterschiede zum christlichen Glauben? Wie sollen wir uns Muslims gegenüber verhalten? Dieses einfach verständliche Buch gibt eine gute Grundeinführung in diese Fragen. 160 Seiten mit 17 Farbbildern

Weitere Informationen über die Schriften von Leo Tanner im WeG Verlag sowie Impulstexte, Video- und Audiovorträge und vieles mehr finden Sie unter: www.weg-verlag.ch und www.leotanner.ch